법상유식학으로 풀이한

반야심경

般若心經

법상유식학으로 풀이한 반야심경

1판 1쇄 펴낸 날 2014년 6월 5일
1판 2쇄 펴낸 날 2016년 1월 27일

저자 동현 송찬우
발행인 김재경
기획·편집 동현학림(010-9141-5482)
디자인 김현민
마케팅 권태형
제작 대명인쇄

펴낸곳 도서출판 비움과소통 서울 구로구 구로동 487-36번지 1층(구로동로 206)
전화 02-2632-8739
팩스 0505-115-2068
이메일 buddhapia5@daum.net
트위터 @kjk5555
페이스북 ID 김성우
홈페이지 http://blog.daum.net/kudoyukjung
카페(구도역정) http://cafe.daum.net/kudoyukjung
출판등록 2010년 6월 18일 제318-2010-000092호

ⓒ 동현 송찬우, 2014
ISBN 978-89-97188-56-7 03220

법상유식학으로 풀이한

반야심경

동헌 송찬우 편역

비움과소통

『반야심경般若心經』은 부처님께서 말씀하신 교설 가운데 마음의 이치
를 밝히는 첩경이자 반야사상의 핵심을 담은 경전이다.

안으로 마음의 근본을 추구해 보면 본래 따로의 형상이 없다. 그러
나 우리들은 허망하게도 실제 있다고 여기거나, 심지어 없는 모습까지
정말로 없다고 집착한다.

이처럼 '있다'·'없다' 하는 치우친 편견과 집착 때문에 어느 쪽에도
치우침 없는 평등한 일심一心의 이치와 상반되게 주관과 객관이 상대
적인 관계로 대립하게 된다. 또한 이로 인해 스스로 걸리고 장애를 받
으면서 공포를 느끼고 급기야는 자기 스스로 전도顚倒된 모습으로 전
락하고야 만다. 이러한 상태에서는 해탈解脫의 자유자재自由自在함을
끝내 자득自得할 수가 없다.

우리는 자유자재한 보살이 어떤 모습을 지니고 있는지 관조觀照해

보아야 한다. 보살은 깊은 지혜로 법공반야法空般若의 이치를 현실에서 실천 수행하면서 걸림과 공포와 전도로부터 자유자재한 열반피안涅槃彼岸으로 당도해 가고 있다.

인위적인 조작이 없는 자연무분별지自然無分別智로 색色·수受·상想·행行·식識 등의 5온五蘊은 모두 진공여래장성眞空如來藏性으로서의 모습을 지니게 된다. 거기에서는 본래 생사의 모습을 얻을 바 없다.

보살이 피안彼岸으로 건너가는 매 순간마다 이러한 이치를 여실히 관조한다면, 세간世間과 출세간出世間의 생사고해生死苦海에서 벗어나 일체의 고통과 액난을 건너 해탈할 수 있을 것이다. 이상이 본 경문의 총체적인 요점이다.

경에서는 다음의 문장으로부터 낱낱이 순차적으로 그 요점을 알기 쉽게 거듭 밝히고 있다.

부처님께서는 마침내 사리자舍利子에게 말씀하셨다.

사리자여, 진공여래장성眞空如來藏性에는 따로의 모습이 실재한다고 집착하지 마라. 그대가 말하는 삼라만상의 색온色蘊은 진공여래장성과 서로 다른 모습이 아니고, 내가 설하는 진공여래장성은 삼라만상의 색온과 서로 다른 따로의 모습이 아니다.

그러나 이 둘이 다르지 않다고 말한다면, 색온과 진공의 서로 다르지 않다고 한 모습이 오히려 다시 두 가지 모습으로 상대적인 대립을 이루게 되며, 이 두 가지를 하나로 합한다 해도 둘이 아닌 하나라는 모습이 또 다시 존재하게 된다. 실제로 내가 말하는 색온은 바로 진공을 말한 것이지 색온 밖에 따로의 진공은 없는 것이다. 또한 내가 말하는 진공은 바로 색온을 말한 것이지 진공 밖에 따로의 색온은 없는 것이다. 비단 색온만 없을 뿐만 아니라 진공까지도 없는 것이다. 이것이 어느 쪽에도 치우침 없이 원만한 진공실제중도眞空實際中道인 것이다.

다시 사리자에게 말씀하셨다.

5온제법五蘊諸法은 진공여래장성의 모습이므로 진공이라는 따로의 명칭이 없는데, 하물며 생멸生滅·구정垢淨·증감增減의 명칭과 모습이 어찌 있겠는가. 따라서 색온은 본래 일어나지 않았고, 진공은 원래 소멸하지 않았다. 색온을 말하지만 그것은 더러움이 아니며, 진공을 말하지만 그것은 청정함이 아니다. 색온에 있다 해도 증가하지 않고, 진공에 있다 해도 감소하지 않는다. 이는 분별억측이 아니라 진공여래장성 가운데 여섯의 상반된 상대적 모습들은 원래 없는 것이다.

5온제법은 모두 진공여래장성이 전체의 이치로 발현한 모습이기 때문에 진공을 떠난 색色·수受·상想·행行·식온識蘊의 실제적 모습이 없으며, 6근六根 또한 진공여래장성이 발현한 모습이기 때문에 안眼·이耳·비鼻·설舌·신身·의근意根의 모습이 없다. 6진六塵도 모두 진공여래장성이 발현한 모습이기 때문에 색色·성聲·향좀·미味·촉觸·법진法塵의 모습이 없는 것이다.

또한 18계十八界가 모두 진공여래장성이 발현한 모습이기 때문에 안계眼

界로부터 의식계意識界까지도 없는 것이다. 생로병사生老病死, 밝음, 무명無明, 4제四諦와 주관적인 깨달음의 지혜, 객관적으로 증득할 이치 등 모든 것이 진공여래장성으로 절대 평등하여, 모든 차별법상差別法相들은 따로의 실제적 모습으로 얻을 수 없다.

이러한 관조야말로 자유자재한 보살이 진공여래장성에서 발현한 일체제법一切諸法의 실상중도實相中道를 반야지혜般若智慧로 조견照見하여, 따로 얻을 것 없는 열반피안涅槃彼岸에 찰나찰나 당도해 가는 모습인 것이다.

따로 얻을 모습이 없다면, 현재의 보살로서는 자연스럽게 걸림과 공포와 전도된 꿈같은 망상이 없게 된다. 따라서 현재는 3계三界에서 생사의 모습을 보이고 있으나 끝내는 열반피안에 들게 될 것이다.

어찌 유독 현재의 보살만 그러하겠는가. 과거·현재·미래 3세三世의 모든 부처님까지도 이 반야바라밀다般若波羅蜜多의 수행을 의지함으로써 얻을 것 없는 열반피안에 당도하여 무상정등정각無上正等正覺을 다 함께 이루셨다.

그렇다면 온 대지의 모든 중생들은 진공여래장성이 전체로 발현된 모습이기 때문에 낱낱이 중도실상中道實相인 부처 아닌 자가 없다는 것을 분명하게 확신할 수 있다.

그러므로 반야바라밀다를 의지하여 실천 수행하는 진공묘지眞空妙智야말로 크게 신통한 다라니[呪]이며, 크게 밝은 다라니[呪]이며, 위없는 다라니[呪]이며, 견줄 수 없는 다라니[呪]임을 알 수 있다. 이 진공묘지야말로 2종생사의 고해苦海를 벗어나 일체의 고통과 그 모든 원인인 액난을 건너 끝내 해탈하는 허망하지 않은 진실이기 때문이다.

이처럼 진공의 이치는 오묘하기 때문에 한계가 있는 언어로서 설명하기가 쉽지 않다. 그 이유는 색법色法을 말하는 사람은 색色에 막히고, 진공을 말하는 자는 공空에 걸리며, 색과 공 어느 쪽에도 의지함이 없는 데에 이르러서는 일체세계의 인과因果를 부정하는 모양새가 되기 때문이다.

진공여래장성이 바로 색온이라면 어찌 따로의 진공이 있겠으며, 색온이 바로 진공여래장성이라면 어찌 따로의 색온이 있겠는가. 따로의 진공과 따로의 색온은 어떤 실제적 모습이 없는데, 우리는 유有가 있고, 무無가 있다고 생각한다. 이 둘의 상대적 모습에 걸리고 장애를 받아 자유자재하지 못하는 것이 바로 우리의 참 모습이다.

반야실상般若實相이 이와 같다는 것을 알고 본래의 지혜로 변함없이 중도실상中道實相의 이치를 찰나찰나 관조한다면, 스스로 자기 마음 안에서 열반피안을 자득할 수 있을 것이다.

반야지혜를 실천 수행하는 보살이 따로 있는 것은 아니다. 보살은 오로지 한결같은 오묘한 지혜로 관조하면서 실천 수행하는 사람이다. 이러한 마음을 일으킨다면 사람마다 모두 보살이지만, 스스로 관조하지 않기 때문에 현재는 범부에 머무를 뿐이다.

이러한 이치 때문에 중생마다 본래 보살이라고 하는 것이다. 그 자리는 출세간의 성스러운 보살의 형상도 없고, 세간의 어둡고 어리석은 범부의 모습도 따로 없다.

반야의 이치를 끝까지 관조하여 구경성불究竟成佛한 과거 · 현재 · 미래의 모든 부처님에 대해 헤아려볼 때, 고금古今이 모두 반야일념般若

一念과 하나의 평등일 뿐 시간적 선후의 시차가 있을 수 없다.

본 경문에서는 심心·불佛·중생衆生 모두가 진공묘지眞空妙智에서
는 본래 평등한 중도실상이고 열반피안임을 분명히 찬탄하고 있다. 우
리는 이를 확신하고 본성반야本性般若의 이치에 걸 맞는 지혜를 일으켜
실천 수행해야 한다.

지금까지 총론적으로 서술한 것처럼 본『반야심경』의 강령대의는 짧
고 간결하며 분명하다. 그러나 그 짧은 문장은 부처님 49년 장광설법
인 일대시교一大時教 가운데 21년 동안 설한 광대하고 심오한 6백부
『대반야경大般若經』의 핵심요지를 빠짐없이 원만구족하게 간직하고 있
는 정요精要이자 골수이다.

이 경문에서는 불교의 근본교의인 세간·출세간의 모든 인과차별상
因果差別相과 성性·상相이 둘이 아닌 중도실상진공中道實相眞空으로서
의 열반을 더불어 비추고 있다. 이를 근본자체로 의지해서 일으키는 3
관수행문三觀修行門과 현설반야顯說般若와 밀담반야密談般若에 이르기까
지, 모든 사상과 교리체계를 낱낱이 함축하고 있다. 실로 이는 교리적
으로나 사상에 있어서도 위대한 보고서라 할 수 있다.

이 같은 관점에서 보면, 이 경전에 함축된 사상은 단순히 반야부般若
部에만 국한되는 것이 아니다. 여기에서 진일보하여 일대장경의 근본
골간을 빠짐없이 구성하고 있다고 해도 무방할 것이다.

『반야심경』에 담긴 사상과 자리매김이 이처럼 중대한 까닭에 예로부
터 이 경전에 주소注疏를 가하여 연구하고 해석한 저서들이 시대별로

수없이 출현하여 널리 유통되어 오고 있다.

일반적으로 불자들 중 거의 대부분이 『반야심경』을 봉독하고 있다. 그러나 난해한 본 경문의 이해를 돕기 위한 해석서들은 너무나 전문적이다. 설명을 지나치게 생략하거나 앞뒤 없이 비약적인 추리로 성급히 결론을 끌어내는 경우가 허다하다. 따라서 전문적인 지식이 없는 불자들이 이 해석서를 이해하기가 『반야심경』 본문을 이해하는 것 못지않게 어렵다 해도 지나친 표현은 아닐 것이다. 이러한 이유로 경문의 의미를 명료하게 이해하면서 마음과 독송이 하나로 일치하기란 불자들로서는 실로 지난한 일인 듯하다.

이러한 현실이 『반야심경』의 대의가 세상에 환하게 드러나지 못하는 가장 큰 이유이며, 불교의 근본핵심 사상인 반야바라밀다般若波羅蜜多가 완전한 모습으로 생활화되지 못하는 까닭이기도 하다.

필자는 이러한 현실 상황을 감안하여 스스로의 고루함을 전혀 되돌아보지 않은 채 감히 이 한권의 소책자를 서둘러 펴내게 되었다. 불자들이 난해한 『반야심경』을 이해하는 데 대해일적大海一適만큼이라도 도움이 되었으면 하는 간절한 노파심이 앞섰기 때문이다.

대승불교사상을 교리적으로 체계 있게 이해하고 접근하려면 반드시 법상유식학法相唯識學에 대한 이해가 우선되어야 한다. 그러나 문제는 유식학이 난해하기 그지없는 철학적 위상을 지니고 있어서 학인學人들은 물론이거니와 불교에 관심이 있는 일반 독자들이 그 내용을 이해하기가 무척 어렵다는 점이다.

필자는 유식학을 밑바탕으로 하는 불교교리에 대한 책자를 서술하고자 고심해오던 중, 개론적 성격의 설명을 『반야심경』을 통해 독자들에게 제시해 보는 것이 좋겠다는 생각이 들어 짧지만 다양한 설명을 담은 저술을 펴내기로 결심하였다.

독자의 편의를 위하여 통별通別의 측면에 입각하여 우선 불교의 근본교의부터 통론적으로 서술하고, 경문의 순서에 따라 짧은 해설을 가미하는 형식을 취하였다. 이 같은 형식과 순서가 본 경전을 이해하는데 상당한 도움을 주리라 믿기 때문이다.

이러한 구성체계 아래 유식학 관련자료인 『성유식론成唯識論』·『대승아비달마잡집론大乘阿毘達磨雜集論』·『신유식론新唯識論』 등 많은 여타의 전적을 참고하여 유식사상이 근본교의와 맞물려 돌아가게 구성함으로써, 불자들이 『반야심경』 뿐만 아니라 유식학의 근본까지 이해하는 데 도움이 되고자 노력하였다. 이 때문에 이 책자의 제목을 감히 『법상유식학으로 풀이한 반야심경』이라 명명하였다.

『반야심경』은 예로부터 시대별로 7종의 이역본異譯本이 출현하여 유통되고 있다. 열거하면 아래와 같다.

『반야심경』의 이역본

역譯 · 공역共譯	7종 이역異譯
요진姚秦 구마라집鳩摩羅什	『摩訶般若婆羅密多大明呪經』
당唐 현장玄奘	『般若婆羅密多心經』
당천축唐天竺 불공不空	『梵本般若婆羅密多心經』
당천축唐天竺 법월法月	『普徧智藏般若婆羅密多心經』
당계빈唐罽賓 반야般若 · 이언利言들등	『般若婆羅密多心經』
송宋 자현慈賢	『梵本般若婆羅密多心經』
송천축宋天竺 시호施護	『佛說聖佛母般若婆羅密多心經』

　이상에서 열거한 7종의 이역본 가운데 당唐 현장대사玄奘大師의 번역본이 가장 널리 유통되었고, 봉송하는 불자들이 가장 많다. 따라서 본 경전을 서술함에 있어서 현장본玄奘本을 대본으로 삼았고, 필요에 따라 송나라 시호施護 역본을 보조본으로 참조하였다.

　심오하고 난해한 『반야심경』에 대해 부연 서술하는 일은 천학비재인 필자에게는 무척 어려운 작업이었다. 단지 3보三寶에 대한 예경과 신심, 그리고 원력을 가슴에 품고 수행 정진하는 조심스러운 마음으로 집필하였다.

　손보아야 할 부분을 몇 가지 고쳐 초판 수정본을 발간함에 있어서 사실 여전히 부족한 점이 적지 않다. 부끄럽지만 이 기회를 통해 새롭게 서로를 탁마하고 보완한다면, 앞으로 더욱 훌륭한 결실이 있을 것이라 발원하며 이 책의 서두를 열어본다.

원하옵건대 이 작은 공덕인연이

일체중생에게까지 두루 보편하여

나와 모든 법계유정들까지도

남음 없이 모두가 성불할지이다.

불기 2558년(2014년) 6월

東玄學林에서

東玄學人 송찬우

∎ 목 차 ∎

• 심경서설心經序說   4

1부 심경통론心經通論

❶ 세간 실상으로서의 고과론苦果論   25

    1. 업론業論   29

      1) 업의 유형   30
        (1) 상호관계성으로서의 업   30
        (2) 성질적인 측면의 업   32
        (3) 인과관계로서의 업   33
        (4) 시간적인 측면에서의 업   35

      2) 업은 모든 괴로움의 원인   38
      3) 모든 업의 원인인 미혹[惑]   42

2. 번뇌煩惱　　45

　　1) 번뇌의 종류　　45
　　　　탐·진·치·만·의·악견(貪·嗔·癡·慢·疑·惡見)　　46
　　2) 구생혹俱生惑과 분별혹分別惑　　68
　　3) 무명無明과 악견惡見의 상호관계성　　72
　　4) 일체 악업의 근원은 번뇌　　73
　　5) 모든 번뇌의 근원은 아집我執　　76

3. 아집我執과 법집法執　　79

Ⅱ 3과법문三科法門　　81

1. 5온법　　83

　　1) 5온 개관　　83
　　　　(1)색온色蘊　　86
　　　　(2)수온受蘊　　90
　　　　(3)상온想蘊　　92
　　　　(4)행온行蘊　　93
　　　　　· 선심소善心所　　95
　　　　　· 불상응행온不相應行蘊(색심법의 분야별 차별)　　110

    (5) 식온識蘊   112

2. 식상識相과 종자種子   121

3. 심왕心王과 심소心所   127

4. 3성三性   131

  1) 3성의 종류   131
    (1) 변계소집성遍計所執性   131
    (2) 의타기성依他起性   133
    (3) 원성실성圓成實性   134

  2) 원성실성과 의타기성의 상호관계   135
  3) 3성三性과 진속2제眞俗二諦   136
  4) 염정의타染淨依他   136

5. 3분三分   139

  1) 과능변因能變   140
  2) 인능변果能變   141

6. 12처十二處   143

   1) 6종무위법六種無爲法   144

   2) 12처의 성립의미   146

7. 18계十八界   149

   1) 18계의 성립근거   149

   2) 3종의근계三種意根界   150

   3) 8종근八種根   151

   4) 18계와 색심色心관계   152

   5) 계界의 의미   152

   6) 18계는 무아아소無我我所   155

   7) 계界의 차별   157

Ⅲ 불교의 근본원리   163

1. 연생론緣生論   167

   1) 동시의존관계同時依存關係   171

   2) 이시의존관계異時依存關係   172

2. 12인연十二因緣   175

    1) 12인연의 명칭과 개념   175

    2) 인연생기의 순차적 고찰[生滅流轉觀]   180

    3) 12인연의 소급관찰[眞如還滅觀]   185

    4) 3세양중인과三世兩重因果   187

    5) 12인연의 4지四支   189

    6) 연기즉공무아緣起卽空無我   191

    7) 세계와 인생은 유심연기唯心緣起   193

3. 인과론因果論 — 4제법문四諦法門   199

4. 해탈론解脫論 — 3법인三法印   205

5. 실천수행론實踐修行論 — 8정도八正道   211

2부 마하반야바라밀다심경 摩訶般若波羅蜜多心經

1. 경명 經名 이 지니는 의미   219

2. 인법진공 人法眞空 의 이치를 내증 內證 하고
   모든 고액까지 제도하다   231

   1) 아법2집 我法二執 과 2무아 二無我   233

   2) 번뇌장 煩惱障 과 소지장 所知障   241

3. 보살이 실천 수행하는 모습   245

4. 보살이 수행 관찰하는 대상   251

5. 수행관찰을 통해서 얻어진 이익   255

6. 심오한 반야법문을 배우려면
   5온이 모두 공성임을 관찰하라   263

7. 5온공상은 상주불변하고
   보편 원만하게 융합 소통한다   277

8. 공성의 이치를 증득하고
5온제법 상분별을 멀리 여의다　　281

9. 반야바라밀다를 수행하여
위없는 깨달음을 얻다　　287

1) 4종열반四種涅槃　　289

　(1) 본래자성청정열반本來自性淸淨涅槃　　294

　(2) 유여의열반有餘依涅般　　294

　(3) 무여의열반無餘依涅般　　295

　(4) 무주처열반無住處涅槃　　295

　　• 열반4덕涅槃四德　　297

　　• 법보화3신法報化三身　　300

2) 수행위차修行位次　　308

　(1) 자량위資量位　　309

　(2) 가행위加行位　　312

　　• 4종유식심사관　　314

　　• 4종여실지　　317

　(3) 통달위通達位　　322

　(4) 수습위修習位　　325

(5) 구경위究竟位   330

3) 4지심품四智心品   331

(1) 대원경지상응심품大圓鏡智相應心品   332

(2) 평등성지상응심품平等性智相應心品   333

(3) 묘관찰지상응심품妙觀察智相應心品   333

(4) 성소작지상응심품成所作智相應心品   334

10. 반야바라밀다의 신통력은 가없다   337

1부

심경통론
心經通論

『반야바라밀다심경般若波羅蜜多心經』은 6백부 『대반야경大般若經』가운데 가장 핵심적인 경전이다. 『심경心經』의 명칭은 핵심이라는 의미에서 붙여진 것이다. 이를 비유하면 마치 모든 혈맥의 흐름이 심장으로 집합해 순환하는 것과 같다.

이 경전은 우주만유의 실체가 공적空寂하다는 것을 밝혀 아공법공我空法空의 이치를 환하게 제시하고 있다. 따라서 불법 전체의 의미를 빈틈없이 명료하게 알지 못하면 『반야심경』에서 밝히고 있는 2공二空의 심오한 진리를 알기 어려울 뿐만 아니라, 어리석은 사람들의 잘못된 이해가 잡출될까 심히 염려스럽다.

그런 까닭에 본 경전을 서술하기에 앞서 불법의 진리를 통론적으로 살펴볼 필요가 있다. 이를 통해 『심경心經』의 이치를 좀 더 구체적으로 이해할 수 있을 것이다.

I

세간 실상으로서의 고과론苦果論

흔히 "불법佛法이다"라고 불가佛家에서는 말하는데, 과연 무엇을 불법이라 하는가.

이에 대해 간단히 말하면, 불법이란 현상세간의 진실한 모습을 있는 그대로 심도 있게 끝까지 추구함으로써 해결점을 제시해 주는 지극한 가르침이라 정의해도 무방할 것이다.

3계유정三界有情들의 신심身心과 그들이 의지하는 세계를 유정세간 有情世間이라 부른다. 이러한 유정세간의 진실한 모습을 부처님께서는 과연 어떻게 관찰하고 설명하시는 것일까.

모든 유정들이 탐닉하고 있는 세간世間, 그 진실한 모습을 추구해 본다면 온통 괴로움뿐이다[一切皆苦].

이것이 불교에서 바라보는 세간에 대한 정확한 관점이다. 여기에서 말하고 있는 3계고과三界苦果로서의 괴로움에 대해 구체적으로 열거해 보면 다음과 같다.

태어나는 괴로움[生苦]

늙어 쇠잔해 가는 괴로움[老苦]

병들어 신음하는 괴로움[病苦]

끝내 죽어야 하는 괴로움[死苦]

원한과 증오 속에서도 피할 수 없이 만나야 하는 괴로움[怨憎會苦]

사랑하는 사람과 어쩔 수 없이 이별해야 하는 괴로움[愛別離苦]

끝없이 추구하지만 뜻대로 얻지 못하는 괴로움[求不得苦]

무상하게 천류하는 5온 신심의 괴로움[無常五聚蘊苦]

유정세간의 한량없이 많은 괴로움의 모습은 대략 이 여덟 가지로 포섭될 수 있을 것이다. 이 가운데 5온 신심이야말로 모든 괴로움이 의지하는 근본이다.

노자老子는 이에 대해 다음과 같이 말하였다.

나에게 가장 큰 근심이 있다면 그것은 몸이 있기 때문이다. 나에게 신심身心이 없다면 무슨 근심이 있겠는가.

유정들은 누구나 할 것 없이 태어나면 늙고 병들고 끝내는 죽는다.

그 중간에 간단없이 교차하는 원한怨恨 · 은애恩愛 · 탐구貪求 등 모든 것이 어느 것 하나 괴로움 아닌 것이 없다.

한걸음 더 시야를 확대해서 우주적 측면에서 본다면, 3천대천세계 三千大天世界는 겁화劫火에 의해 소진되고, 인간들은 끝없는 전쟁으로 살육의 비명소리가 그치지 않는다. 죽은 자는 백골도 수습하지 못하고 그나마 요행히 살아남은 자도 추위와 굶주림에 시달리는 처참한 괴로움을 면치 못하는 경우가 유정세간의 일상적인 다반사다.

이처럼 세간의 실체적 모습이 온통 괴로움뿐이라는 것을 알았다면, 괴로움의 원인은 무엇이며, 왜 이러한 괴로움을 부르는지 알아야 한다.

부처님께서는 이에 대한 정확한 답변을 하셨다.

모든 세간에 충만한 괴로움의 원인은 업業일 뿐이다.

1. 업론業論

　무엇을 가리켜 '업業'이라 하는가. 우리가 일상적으로 조작하고 생각하고 분별分別하는 모든 행위가 '업'이다. 따라서 '행行'과 '업業'은 같은 뜻이다.

　이 행위를 요약하면 세 종류가 있다. 신체적인 행위[身業], 언어표현의 행위[口業], 의지적인 사려의 행위[意業]가 그것이다. 이를 신구의 3업身口意 三業이라 한다.

　이 세 가지 업은 독자적으로 이뤄지는 것이 아니고, 서로가 서로의 원인이 되고 서로가 서로를 완성시켜주는 상호 동시적 관계인 것이다. 우리의 의식에서 의지적인 마음[思慮]이 발동하면 거기에 걸 맞는 언어와 행동이 일어난다. 의지적인 마음을 현실로 실현함으로써 이 세 가지 행위는 불가분의 상관관계를 유지한다. 그러면서 우리의 일상생활을 순간순간 만들기도 하지만, 우리의 삶을 속박하고 지배하기도 한다. 따라서 신구의 3업은 서로 불가분의 관계이다.

1) 업의 유형

모든 세간 괴로움의 원인을 제공하는 신구의 3업을 그 유형에 따라 상호관계성, 성질, 인과성, 시간성 등으로 다양하게 분류할 수 있다.

먼저 '상호관계성으로서의 업'을 '불공업不共業'과 '공업共業'의 두 측면에서 살펴보기로 한다.

(1) 상호관계성으로서의 업

'상호관계성으로서의 업' 가운데 하나는 '불공업不共業'인데, 이는 공동으로 함께하지 않는 행위다. 즉 한 개인이 스스로 행하는 업이다. 가령 한 사람이 도적질을 하여 악업을 쌓거나, 한 사람이 보시를 하여 선행을 쌓을 경우를 예로 들어보자. 이 두 사람의 표현된 언어와 행동은 개인적인 것이지 다른 사람과 공동으로 함께 하지 않는다 할 수 있다.

또 하나는 '공업共業'인데, 이는 여러 사람과 함께하는 행위이다. 모든 사람들이 합작하여 어떤 사업을 공동으로 이룬 경우이다. 작게는 한 개인의 가정을 유지하는 것에서부터, 크게는 국가사회의 조직까지 어느 한 사람의 단독적인 행위만으로 이루어지지 않는다. 전체가 합심하여 공동체로 유지되기 때문에 이를 함께하는 행위인 '공업'이라 한다.

주의해야 할 것은 공업과 불공업은 성질이 외형상 동일하지 않다 해도 상호 연관관계로 유지되기 때문에 절대로 어느 한쪽만의 행위가 독립적으로 존재하지 않는다는 점이다.

일상생활에서 살펴보면, 개인의 행동은 자신에게만 국한되지 않고 다른 사람에게까지 영향을 미치는 경우가 많다. 예를 들면 한 사람이 악한 일을 일으키면, 악한 일은 자기 개인에서 끝나는 것이 아니라 많은 사람에게까지 동시에 악영향을 준다.

그렇다면 불공업은 개인에 국한되지 않고 공업을 동시에 이루고, 공업의 전체성全體性 역시 개체성個體性인 불공업을 동시에 함께 이룬다는 것을 알 수 있다.

옛 격언에 이와 관련하여 전해오는 이야기가 있다.

쑥대라 해도 곧은 삼대 속에서 자라면 절로 곧게 크고, 설사 흰모래라 할지라도 진흙탕 속에 있으면 검게 변한다.

한 집안에서 어진 덕을 행하면, 한 나라가 모두 사양하는 미덕을 일으킨다.

이는 한 개체의 행위가 모든 군중에게 동시에 영향을 미친다는 의미일 것이다.

결론적으로 공업과 불공업은 불가분의 관계에 있기 때문에 반드시 동시에 이뤄지고 있다는 점을 알아야만 한다.

(2) 성질적인 측면에서의 업

신구의 3업으로 짓는 '업'의 차별에 대해 살펴보자.

행위는 다시 성질상 세 종류로 분류할 수 있다. 착한 성질의 행위인 '선성업善性業', 악한 성질의 행위인 '악성업惡性業', 그리고 선악을 구별할 수 없는 행위인 '무기업無記業' 등이 그것이다.

첫째, '선성업'은 자신뿐만 아니라 타인도 동시에 이익이 되고, 시간적으로 금생과 내생까지 동시에 이익이 되는 행위를 말한다. 이를 '선한 성질의 행위'라 한다. 불교에서 말하는 선善은 사회에서 일반적으로 말하는 상대적인 선과는 구별된다. 불교인이라면 이 점을 간과해서는 안 된다.

선업을 세분하면 5계10선五戒十善·6바라밀六波羅蜜·4섭법四攝法 등이 있다. 이 행위는 3선도三善道와 출세간出世間에 태어나는 원인이 된다.

둘째, '악성업'은 자신과 타인 모두에게 손해를 끼칠 뿐만 아니라, 시간적으로 금생과 내생에서도 손해를 끼치는 것을 말한다. 이것을 가리켜 '악한 성질의 행위'라 한다. 이 역시 신구의 3업을 의지해서 10악업十惡業 등의 행위가 있게 된다. 이는 3악도三惡道에 다시 태어나는 원인이 됨은 두 말할 나위가 없다.

셋째, '무기업'은 착한 성질 혹은 악한 성질도 아니어서 자신과 타인 모두에게 전혀 손해와 이익이 없을 뿐더러, 역시 금생과 내생에도 손익이 없는 행위를 말한다. 이를 '선악을 구별할 수 없는 행위'라 한다.

좀 더 구체적으로 설명하면, 일상생활에서 작게는 산책이나 유희, 크게는 사농공상士農工商의 직업에 이르기까지 모두 '선악을 구별할 수 없는 행위'에 포함된다. 우리의 몸과 한 가정의 생존을 위해 일상적으로 살아가는 일들은 그 행위가 다른 사람에게까지 이익을 직접 주지 않기 때문에 '착한 성질의 행위'라고 단정하기는 어렵다. 그러나 이러한 일은 우리의 일상생활에 있어서 필요불가결하기 때문에 '악한 성질의 행위'라고도 규정짓지 못한다.

그렇지만 모든 무기업은 동기에 따라 결과적으로 선성善性의 행위로 이루어지거나 악성惡性의 행위로 이루어지기도 한다는 점을 간과해서는 안 된다.

다시 말해 자기의 이익을 추구하는 방법에 따라 선성과 악성으로 나뉜다는 것이다. 예를 들면 벼슬아치가 타인과는 무관하게 입신출세했으나 나라를 위하는 정치로 행위가 발현하면 무기업이 선성의 결과로 일어나고, 오로지 자신만을 위해 무소불위의 해악을 끼친다면 타인과는 무관했던 무기업이 결과적으로는 악성이 되는 것이다.

(3) 인과관계로서의 업

우리가 선악무기善惡無記의 3성三性으로 업을 지었을 때 과보를 받는 것이 동일하지 않게 나타나는데, 이에 대해 살펴보자.

'성질에 따른 행위'는 다시 인과관계의 측면에서 세 종류로 분류할 수 있다. 복福의 결과를 가져오는 행위인 '복업福業'과, 복이 아닌 괴로움의 원인을 제공하는 행위인 '비복업非福業'과, 그리고 이 두 가지 가운데 어느 쪽에도 움직임이 없는 결과를 부르는 행위인 '부동업不動業' 등이 바로 그것이다.

우리가 일상생활에서 신구의 3업으로 일어나는 행위를 10선업十善業 등으로 행하면, 인간이나 천상의 복스러운 결과를 부르기 때문에 이를 '복을 부르는 행위'라 한다. 반대로 악한 성질인 10악업十惡業으로 행하면 지옥·아귀·축생 또는 인간이라 할지라도 온갖 괴로움의 과보를 부르기 때문에 이런 경우에는 '복스럽지 못한 행위'라 한다.

마지막으로 10선업 이외에 지관법止觀法의 수행을 닦아 유루선정삼매有漏禪定三昧를 증득하고, 이로 인해 색계色界와 무색계無色界에서 4선8정四禪八定의 과보를 받으면, 그 선정의 경지는 복과 복아님 가운데 어느 쪽에도 흔들림이 없는 삼매三昧의 성질을 부르는 행위인 '부동업'이라 한다.

주의해야 할 것은 무기업과 부동업을 혼동해서는 안 된다는 점이다. 무기업은 선업과 악업과는 달리 훗날의 과보를 받지 않으므로 인과론적 3업에는 해당되지 않는다. 여기에서는 단지 불러들인 결과가 동일하지 않다는 측면에서 부동업을 구분했을 뿐이다.

(4) 시간적인 측면에서의 업

우리가 지은 행위에 따른 과보를 다시 시간적으로 고찰했을 때, 세 종류로 분류할 수 있다.

'시간적인 측면에서의 업'은 현재 목전에서 업을 짓고 바로 과보를 받는 '현수업現受業'과, 금생에 업을 짓고 과보는 다음 생에 받는 '생수업生受業'과, 전전생前前生에 지었던 업의 과보를 후생의 많은 생을 경유한 뒤에 받는 '후수업後受業' 등이 있다.

'시간적인 측면에서의 업'을 다시 상호관계성으로 이루어지는 공업과 불공업의 측면에서 구체적으로 살펴보자.

착한 행위의 세력이 유난히 강한 자는 바로 현생에 명예와 복을 누리고, 악한 행위의 세력이 강한 사람은 바로 금생에 감옥에 수감되거나 극형을 면치 못하게 되어 굳이 후생까지 과보를 기다리지 않는다. 이를 현생에 짓고 금생이 다하기 전에 바로 받는 '현수업'이라 한다.

다음으로 금생에 짓고 다음 생에 받는 '생수업'이 있다. 금생에 지은 선업과 악업이 극도로 강성하지 않을 경우에는, 반드시 다음 생을 기다려야 과보가 형성이 된다.

특별히 전생에 복을 많이 지은 사람은 설사 금생에 중죄의 악업을 지었다 해도 현재의 복력이 그대로 유지된다. 따라서 바로 죄과를 받지 않고 금생에 받을 복이 다해야 다음 생에 과보를 받는다.

또 지극히 박복한 사람은 현생에서 최상의 선업을 쌓는다 할지라도 현생에서 괴로움이 다하지 않아 금생에 바로 현수업의 복을 받지 않고, 반드시 다음 생을 기다려야 현생에 지은 복의 과보가 이루어진다. 이 모두를 '생수업'이라 한다.

'후수업'은 전생 또는 현생에 지은 선업이나 악업의 세력이 극히 미약하여 현수업이나 생수업이 득세할 경우 많은 생을 기다려야 그에 상응하는 과보가 비로소 이루어진다. 즉 과보를 받을 시기가 아직 미정인 상태의 행위를 '후수업'이라 한다.

이상에서 살펴 본 내용은 한 사람이 지은 세 가지 업이 행위 정도에 따라 상응하는 과보가 시차를 두고 나타나는 모습을 보여주고 있다. 즉 개인적인 불공업의 측면인 것이다. 불공업의 측면에서도 극선업極善業이나 극악업極惡業을 지었을 경우에는 이미 현수업을 받았다 해도 다시 생수업을 받고 다시 후수업으로 이어지게 된다. 이는 단순한 일과성 시간차로 끝나지 않는다는 의미이다.

가령 극선업의 경우, 인간과 천상을 백번 왕래한다 해도 그 복업福業이 다하지 않고 이어진다. 또 극악업의 경우엔 3악도에 타락하여 끝없는 고통 속에 윤회전생輪廻轉生을 반복하는데, 이 모든 것이 여기에 해당된다.

다시 여러 사람이 공동으로 짓는 공업의 측면에서 논해보자. 한 집안의 흥망과 한 나라의 운명에 이르기까지, 더 확대하면 세계의 흥망성쇠에 있어서도 불공업과 마찬가지로 '현수'와 '생수'와 '후수'의 인과관계가 따른다. 간혹 "역사는 윤회한다"는 말이 회자되기도 하는데, 이는 아주 적절한 표현으로 보인다.

인간세상에서는 공업과 불공업이 서로 불가분의 관계 속에서 인과가 개인이든 전체이든, 시차를 달리하면서 분명하고도 빠뜨림 없이 나타난다. 실로 무상無常한 인과의 윤회 속에서 인과가 역연한 상주常住의 도리가 분명하게 나타난다고 하겠다.

인과관계의 상생相生은 시간적으로 눈앞에서 혹은 다른 세상에서 분명히 나타나며, 공간적으로는 국토에서 또는 타방에서 어김없이 일어나고 있다.

선가禪家에서 자주 인용되는 『금강반야바라밀경주金剛般若波羅蜜經注』의 게송에서는 '일파재동만파수一波纔動萬波隨'라 하였다. 즉 한 파도가 움직이면 동시에 만 파도가 따라 일어나게 된다는 것이다. 이것이 3계 생사의 모습이다.

인과관계는 처음엔 단순한 행위에서 비롯되지만, 점차 걷잡을 수 없이 광대하게 이어져 그 실마리를 끝까지 추궁하기가 실로 어렵다.

이를 두고 옛 어른들은 말하였다.

유정업력有情業力의 세력은 너무도 광대하게 얽히어 참으로 사의思議하기 어렵다

지금까지 업의 모습을 분석함에 있어서 실체적인 측면에서는 신·구·의 세 가지 모습으로 분류하여 그 뜻에 대해 살펴보았다. 이를 조작하는 상호관계성의 측면에서는 '공업'과 '불공업'의 둘로 나누었고, 성질에 있어서는 '선업'·'악업'·'무기업' 등 셋으로 차별화했다. 인과가 동일하지 않은 시간적인 면에서는 '복업'·'비복업'·'부동업' 등 세

종류로 나누었고, 인과의 시간적 측면에서는 '현수'·'생수'·'후수'의 측면에서 살펴보았다.

모든 업에는 '공업'과 '불공업'이 동시에 두루 함께 통한다. 일체 중생들이 짓는 행위의 종류는 대략 살펴보면 이와 같다.

이를 좀 더 자세히 연구하고 싶으면 현장玄奘역의 『대승아비달마잡집론大乘阿毘達磨雜集論』을 참고하기 바란다.

2) 업業은 모든 괴로움의 원인

일체중생의 고통은 신구의 3업이 그 원인을 제공한다고 하였다. 그러면 모든 괴로움의 원인이 '업業'이라는 것을 어떻게 알 수 있을까.

결론부터 말하자면, 세간은 유정들의 행위와 그에 따른 과보의 연속, 즉 업과業果가 상속유전相續流轉하는 모습일 뿐이다.

'업'을 구체적으로 말하면 공작工作이며, '과果'는 현실적으로 '어떤 일을 누린다[受用]'는 의미이다. 다시 말해 중생들이 신구의 3업을 통해 어떤 종류의 공작을 하느냐에 따라 그에 상응하는 어떤 종류의 상황을 현실적으로 누리는 모습이 바로 업과의 상속순환이다.

사람이 태어나면서 삶을 누리는 동안, 사농공상士農工商 등 다양한 직업 가운데 어느 일정한 행위를 하는 형태가 바로 그 사람의 주된 업[職業]이다. 그 행위에 따라 생산하고 수확하는 바가 업에 따른 과보인 것이다.

모든 유정들은 생존하는 동안 자신이 행했던 일정한 행위에 따라 상응하는 바를 수확함으로써, 자신이 처한 상황만큼의 의식주가 부족하지 않게 된다. 이로써 생명이 일정기간 온전하게 유지되며, 생명이 온전하게 유지되면 다시 다음의 행위를 일으키게 되고, 다시 그 행위를 따라 새로운 형태의 과보를 누리게 된다.

모든 생명체는 이와 같이 왕복 순환하면서 무궁하게 인과관계를 상속해간다. 한 개인의 경우가 그러하다면 모든 인류 역시 그러하다. 심지어 모든 동물까지도 예외가 없다.

단언컨대 모든 유정들은 자신들이 행한 행위와 그에 따른 과보의 상속관계를 벗어나지 못한다. 이처럼 세간은 업과의 반복적인 상속이며, 과보의 괴로움과 즐거움은 바로 그 원인에 해당되는 행위의 선악에 의해 규정될 뿐이다.

한 사람의 행위가 부지런하고 검약했다면, 그에 따른 과보는 반드시 선량善良의 즐거움일 것이다. 반대로 게으르고 교만한 행위를 일삼았다면, 그에 상응하는 과보는 반드시 괴로움과 파괴의 연속일 것임이 자명하다. 이러한 인과관계는 개인뿐만 아니라 가정이나 한 국가 내지는 전 세계에도 적용된다.

한 사람의 인격이나 혹은 국가의 정치 · 사회 · 문화적인 측면에서 살펴보면 더욱 다양한 차이를 살펴볼 수 있다. 예컨대 현실 생활모습이 차이가 나는 경우, 그 원인인 행위의 공작형태가 선업이었느냐, 아니면 악업이었느냐에 따라 그 결과가 다양하게 나타난다.

만약 평소에 선업을 행했다면, 인격도 자애롭고 지혜롭게 형성되어

탐貪 · 진瞋 · 치痴나 허망함이 없는 진실한 품격으로 나타날 것이다. 따라서 영화와 명성이 고상하게 드높을 것이고, 사람들에게 존경을 받으면서 편안하고 안정된 삶을 누리게 될 것이다.

또한 한 국가에 있어서는 사회질서가 유지되고 올바른 정치문화와 교육이 일어날 것이다. 나아가 전 인류가 전쟁과 질병, 기아 없는 세계평화를 누리게 될 것이다.

반대로 행위가 악업의 조작으로 일어나는 경우, 그 결과는 살생[殺] · 도적질[盜] · 음행[婬] · 거짓말[妄語] · 아첨과 무의미한 말[綺語] · 이간질[兩舌] · 욕설[惡口] · 탐 · 진 · 치 등의 악한 모습으로 얼룩지게 될 것이다.

악업은 한 개인의 운명을 비천한 모습으로 타락시키는 동시에, 몸과 마음이 항상 공포스럽고 모든 재앙이 따르게 될 것이다. 이로 인해 혼란과 온갖 고통이 만연한 사회가 될 것임은 명약관화한 일이다.

현재의 과보가 이러하다면 미래의 과보 역시 이 두 갈래에서 벗어나지 않는다는 것을 미루어 짐작할 수 있다. 한 개인의 행위가 선업이냐 악업이냐에 따라 현재의 이러한 원인들은 다음 생에 인간 · 천상의 과보를 받거나, 그 반대인 경우엔 지옥 · 아귀 등 악도세계의 과보를 받게 될 것이다. 이처럼 모든 결과는 반드시 그 사람이 행했던 행위에 원인이 있다.

그러므로 모든 유정들이 현재 누리고 있는 상황이 괴로움이냐 즐거움이냐 하는 실제적 원인은 순전히 자신이 지은 행위의 선악에 따른 당연한 결과인 것이다.

어떤 사람은 이런 의문을 제기할 수도 있을 것이다.

모든 유정들의 행위에 선업善業 · 악업惡業 · 무기업無記業이라는 여러 형
태가 있다면, 반드시 선업의 행위에 따른 즐거움의 과보도 있어야 온당
한 일인데, 무엇 때문에 현실은 오직 괴로움의 과보만 있을 뿐인가.

그 의문에 대해 답해 보겠다.

우리가 현실생활에서 감정[受]으로 받아들여 느끼는 괴로움[苦受]과
즐거움[樂受], 그리고 무감각의 상태[捨受] 등 이 모든 감정형태의 차이
를 근원적인 중도제일의제中道第一義諦의 차원에서 보면 오로지 괴로움
으로 포섭될 뿐이다.

이른바 '3고三苦'라 하는 고고苦苦 · 괴고壞苦 · 행고行苦와, 이를 부르
는 원인인 선악업도善惡業道는 중도제일의제 측면에서 살펴보면 동일
하게 생사의 모습인 하나의 유루법有漏法에서 벗어나지 못한다.

설사 즐거운 감정의 과보를 받는다 할지라도 상대적으로 느끼는 즐
거움이라는 것은 결국 누린 만큼 대가를 치르게 되어 있다. 다시 말해
즐거움이 항상 즐거움 자체로 고정불변하게 존재하는 것이 아니라, 즐
거운 만큼 괴로움은 더욱 증가하게 된다. 따라서 유루선업有漏善業의
즐거움은 '3고'가운데 즐거움이 무너지면서 받는 고통인 괴고壞苦에 해
당된다.

이는 육체적인 감정에만 국한된 것이 아니다. 정신적인 측면의 부동
업不動業, 즉 고락 어느 쪽에도 치우치지 않는 유루삼매有漏三昧에 있어

서도 완전한 무루해탈無漏解脫이 아니다. 오로지 극도로 미세한 의식분별이 진행되는 불완전한 상태에서 일정기간 이루어지고 있는 무감각 상태[捨受]일 뿐이다. 그러므로 '3고' 가운데 행고의 범주에서 벗어나지 않는다. 따라서 부동업不動業 역시 괴로움으로 귀결된다.

이상에서 대략 살펴본 것처럼 '3고' 가운데 고고, 즉 괴로움 자체는 괴로움으로 받아들여지기 때문에 당연히 괴로움에 해당되지만, 나머지 즐거움을 부르는 복업福業과 유루삼매를 부르는 부동업 역시 괴고와 행고의 범주에서 벗어나지 못한다. 그 때문에 세간의 참모습은 그야말로 일체개고一切皆苦인 것이다.

그러므로 중생의 한량없는 현실적 고통은 오직 자신들이 행했던 행위가 원인이며, 그 행위에 따른 괴로움의 결과라는 점이 더욱 분명해진다.

3) 모든 업의 원인인 미혹[惑]

우리는 모든 행위의 업業이 원인이 되어, 그에 상응하는 괴로움이라는 현실적 결과를 받게 되었다는 것을 인과의 측면에서 개략적으로나마 살펴보았다. 그렇다면 다시 업의 행위는 어떤 원인으로 일어나는지에 대해 알아보기로 하자.

업은 어떤 원인에 의해, 그리고 어떤 도리에 의지해서 끝없이 일어나는 것일까. 또 어떤 이치로서 괴로움의 과보를 빠짐없이 부르는 것일까.

부처님께서는 이에 대해 단정적으로 말씀하셨다.

중생들의 모든 행위는 무명번뇌無明煩惱를 따라 일어난다.

중생들의 모든 업은 무명번뇌, 즉 '혹惑'이 직접적인 원인인 것이 분명하다. 그렇다면 무엇 때문에 '혹'이라 규정짓고 있는지에 대해 고민해 보아야 한다.

모든 유정들은 사물과 이치의 실체적 근원을 분명히 모르기 때문에 불안해하면서 순간순간 의혹을 일으킨다. 현상사물과 그것을 존재하게 하는 근본 이치, 다시 말해 이사理事의 분명한 모습에 대해 무명으로 미혹하여 잘못 분별하고 집착하기 때문이다. 이것이 일체의 무명번뇌를 일으키는 근본자체이다.

따라서 '혹'이야말로 모든 번뇌의 근본이자 모든 업의 원인이 되고, 다시 '혹'과 '업'이 한 덩어리의 원인을 이루어 그에 따른 괴로움의 과보를 부르게 된다. 이것이 바로 불교에서 말하는 '혹업고인과상속설惑業苦因果相續說'이다.

중생들의 한량없는 생사윤회의 모습은 모두 '혹업惑業'이 원인이 되고, 괴로움이라는 '고苦'가 과보가 되어 인과상속의 범주에서 벗어나지 않는다. 이러한 '혹업고惑業苦'의 상속순환을 두고 생사윤회라는 말로 표현하고 있음은 더 말할 필요가 없다.

모든 업을 일으키는 번뇌의 성질을 규명해 보면, 그 자체가 분명하

지 않은 의혹의 상태이기 때문에 당연히 고요히 안정된 확신의 상태가
아니다. 이는 자신과 타인을 혼란시키고 핍박하는 모습이다. 그러므로
불교에서는 불안정한 심리상태를 지적하여 총체적으로 요약해서 번뇌
라고 규정지은 것이다[性不寂靜 惱亂自他].

2. 번뇌煩惱

1) 번뇌의 종류

일체번뇌를 살펴보면 그 갈래가 무수히 많다. 이를 크게 분류하면 '근본번뇌根本煩惱' · '대수번뇌大隨煩惱' · '중수번뇌中隨煩惱' · '소수번뇌小隨煩惱' 등의 네 종류가 있다.

모든 번뇌를 파생시키는 근본이 되는 '근본번뇌'가 여섯 종류이고, 근본번뇌를 따라 일어나기는 하지만 작용 범주가 광대하게 일어나는 '대수번뇌'가 여덟 종류이다. 또 작용 범주가 중간쯤으로 일어나는 '중수번뇌'는 두 종류이며, 작용 범주가 극히 제한적으로 협소하게 일어나는 '소수번뇌'는 열 종류가 있다.

근본번뇌를 따라 일어나는 세 종류의 번뇌를 '3수번뇌三隨煩惱'라 한다. 이는 작용의 범주가 다를 뿐 동일하게 근본번뇌를 따라 일어나기 때문에 '지말번뇌枝末煩惱'라고도 한다.

따라서 일체 지말번뇌의 근본인 근본번뇌는 수번뇌에 상대적으로 대비해서 붙여진 이름이라는 것을 알아야 한다. 근본번뇌를 낱낱이 나열하면 탐貪·진瞋·치癡·만慢·의疑·악견惡見 등 여섯 종류로 구분된다.

여섯 종류의 근본번뇌에 대해 차례로 서술해 보기로 한다.

(1) 탐심(貪心: 탐애, 집착하는 마음)

여섯 종류의 근본번뇌 가운데 우선 '탐심貪心'부터 설명해 보기로 한다. 탐심이란 눈앞에 떠오른 모든 대상의 경계마다 탐애심貪愛心을 일으키고, 그 대상에 번뇌로 깊이 오염되어 집착하는 순간순간의 심리상태를 가리킨다.

모든 중생들은 어떤 장소, 어느 시간대이든 대상경계에 대해 끝없이 탐심을 일으키기 때문에 그 수를 이루 다 헤아리고 열거할 수 없지만, 탐심을 분류하면 크게 여덟 종류로 나눌 수 있다.

① 자체탐自體貪

자기 자체에 대해 탐심을 가지는 것을 '자체탐自體貪'이라 한다. 여기에서 말하는 자체란 우리의 신체를 의미한다. 모든 사람은 자기 자신에게 유난히 애착이 강해 자기 몸을 스스로 아끼고 보호함을 소홀히 여기지 않는다. 탐심은 단지 사람에게만 국한되는 것이 아니다. 하등

동물에게는 그 정도가 더욱 심하게 나타난다. 자체탐은 현상 생물학의 현장에서도 흔히 발견할 수 있다.

② 후유탐後有貪

'후유탐後有貪'은 단절 없이 생명이 상속되기를 희구하는 탐심을 말한다. 이는 자체탐에서 따로 구별해서 분류한 탐심이다. 어떤 이는 후유탐에 대해 다음과 같은 의문을 던질 수 있을 것이다.

> 단견斷見을 지닌 사람은 자신이 죽은 뒤엔 단멸이라 생각하는데, 그들에게 후유탐을 말하는 것이 온당하지 않지 않은가.

사실 이 문제는 생각보다 단순하지 않다. 중생들이 자체를 탐애하는 세력은 단견斷見의 수준에서 끝나는 일이 아니기 때문이다. 단견을 지닌 중생은 금생에 생명이 끝난 뒤에는 모든 것이 끝이라 생각하여 현재의 삶에 더욱 애착한다. 그런 까닭에 자체를 탐애하는 세력은 그 사람이 지닌 단견의 정도에 의해 쉽사리 무너지지 않는다. 이로 인해 단견을 지닌 자라도 어제의 삶이 흘러가면 오늘의 삶이 다시 존재하고, 오늘의 삶이 다하면 다음 날의 삶이 단절 없이 이어지게 된다.

결국 후유탐은 모든 생류生類들이 태어날 때부터 함께 한다는 결론에 이를 수 있다. 그래서 이를 가리켜 선천적으로 형성된 아집我執이라는 의미에서 구생아집俱生我執이라 한다.

③ 사속탐嗣續貪

식물로부터 인간에 이르기까지 모든 유생류有生類는 자기 종자만은 영원히 단절되지 않고 후세에까지 이어지기를 끝없이 추구한다. 이를 '사속탐嗣續貪'이라 한다. 다시 말해 자손을 낳아서 자기의 혈통이 계속 이어나가기를 바라는 탐심을 말한다. 이는 일상생활에서 흔히 볼 수 있는 현상이다.

④ 남녀탐男女貪

모든 생류들은 누구나 할 것 없이 음욕에 대한 탐심을 일으키고 그것을 굳게 집착하는데, 이를 '남녀탐男女貪'이라 한다. 사례를 꼽아보면 대중들이 즐겨 읽는 소설에서부터 시가詩歌에 이르기까지 남녀의 감정을 표현하지 않은 것이 드물다.

뿐만 아니라 우국지사가 나라를 근심하고 염려하는 마음을 아름다운 연인이나 방초芳草에 빗대어 표현하는 경우가 많다. 심지어 세상을 초월한 신선의 경지에서도 천상의 아름다운 선녀를 말하는 경우까지 있다. 이를 두고 보더라도 중생들에게 남녀탐이 얼마나 지중한지 그 일면을 엿볼 수 있다.

⑤ 자구탐資具貪

생활을 편리하게 하는 물건들은 삶의 바탕이 되는 도구를 통칭 '자구資具'라 한다. 중생들은 일상생활에서 누리는 의식주와 재물·권세·명예 등을 언제든지 탐하고 굳게 집착하는 속성이 있다. 이를 '자구탐資具貪'이라 한다.

인류의 자구탐은 원시적 수성獸性에서 전래됐다고 할 수 있는데, 금수들이 동굴이나 둥지에 필요한 양식 등을 거의 맹목적으로 쉴 새 없이 모으고 있는 것을 흔히 볼 수 있다.

⑥ 탐탐貪貪

나의 탐심 속에 내 자신이 탐했던 대상경계가 항상 나타나는 것을 '탐탐貪貪'이라 한다. 가령 어떤 남자가 여색女色을 탐하여 마음속으로 뛰어난 미인을 상상하고, 그 미인과 만나기를 간절히 고대한다고 가정하자. 하지만 상상 속의 미인을 만나지 못했을 때, 그의 마음은 항상 미인의 모습이 떠올라 못내 그리워하고 간단없이 탐애하는 마음을 일으키게 된다. 이러한 심리상태를 탐욕의 경계를 탐애한다는 의미인 '탐탐'이라 한다.

⑦ 개탐蓋貪

중생들은 과거에 누렸던 즐거웠던 일들에 대해 항상 미련이 남아 한 번 더 해보았으면 하는 습성이 있다. 이는 과거에 탐애했던 경계를 쉽사리 버리려 하지 않는 탐심이 있기 때문이다. 이를 가리켜 버리지 않고 간직하면서 탐심에 덮여있다는 의미로 '개탐蓋貪'이라 한다.

⑧ 견탐見貪

인간에게는 자신이 아는 대상이나 견해가 천박하고 식견이 짧아 설혹 잘못되었다 할지라도, 버리지 않고 굳게 탐애하는 마음이 있다. 이를 자기의 견해만이 옳다고 굳게 집착한다는 의미에서 '견탐見貪'이라 한다. 우리의 주변에서 살펴보면 견탐이 두터운 사람과는 어떤 토론이나 화합도 불가능하다는 것을 쉽게 알 수 있을 것이다.

이상 탐애하는 마음의 모습에 대해 여덟 종류로 밝혀보았는데, 다시 총론적으로 요약해 볼 필요성이 있다.

모든 유정들은 내적으로는 몸과 마음을 굳게 집착하여 실재하는 자아自我로 여기고, 다시 그 자아가 의지하고 소유하는 모든 일, 즉 아소我所에 대해 번뇌의 집착을 굳게 일으킨다.

우리의 몸과 마음이 의지하는 6근六根과 6경六境은 나의 자아를 살려주고 길러주는 작용이 있기 때문에 실재하는 나의 소유물로 집착한다. 좀 더 부연하면, 색성향미촉色聲香味觸 등이 임시 인연화합으로 취합해 있는 근신根身과 기계器界 내지는 처자, 주택, 벼슬, 의복, 음식과 재물, 명예, 이익 등의 모든 것에 대해 번뇌로 집착하고 탐애하는 마음을 일으킨다.

이러한 탐심 때문에 아我와 아소我所에 대해 굳게 집착하게 된다. 아직 얻지 못했을 때는 빨리 얻으려는 탐심 때문에 근심하고, 이미 얻고 나서는 다시 잃을까봐 근심한다. 때문에 모든 중생들은 얻었을 때나 잃었을 때 항상 근심과 고통이 뒤따른다.

중생의 이러한 번뇌의 상태를 총체적으로 '탐번뇌貪煩惱'라 하며, 이 번뇌의 근본 뿌리는 무명無明, 즉 탐진치貪瞋癡 가운데 치심癡心에 해당된다.

　(2) 진심(瞋心: 증오, 분노하는 마음)

　'진심瞋心'은 분노하는 마음을 뜻한다. 이는 사람이든 물질이든 자신의 감정에 위배되고 거슬리는 모든 역경계에 대해 원한의 마음을 일으키고, 그 경계가 부딪쳐 오면 반드시 대상에 대해 손해를 끼치는 행위를 말한다.

　유정들은 자아自我에 굳게 집착하여 나의 감정에 순종하는 경계가 부딪쳐오면 탐애심을 일으키고, 이와는 반대로 자신의 감정을 거역하는 역경계가 부딪쳐오면 바로 진심을 일으킨다. 이처럼 진심을 일으키기 때문에 내적으로는 원한이 생기고, 밖으로는 분노가 치솟아 상대방에게 핍박과 손해를 가하게 되는 것이다. 또 자신의 뜻에 거역하는 것에 대해서는 모든 수단과 방법을 동원하여 가차 없이 파괴한다. 때문에 갖가지 악행을 끝없이 조작하면서 주변의 고통을 잠시도 인내하지 못하므로 고통은 더욱 증가하기만 한다.

　이 진번뇌瞋煩惱 역시 탐심貪心과 마찬가지로 치심癡心이 근본을 이루고 있다. 사리事理를 분간 못하는 미혹이 그 본질이다.

　진심을 유정진有情瞋 · 경계진境界瞋 · 견진見瞋 등의 세 종류로 나누어 대략 살펴보겠다.

① 유정진有情瞋

　모든 중생들은 아견我見이 있기 때문에 이로 인해 인견人見이 동시에 일어난다. 또 인견으로 인해 서로 대립하여 그 과정에서 서로 진심을 일으키게 된다. 이를 '유정진有情瞋'이라 한다.

　중생들이 타인에 대해 일으키는 진심은 그 종류가 무수히 많지만, 여기에서는 우리가 의식으로 감지할 수 있는 거친 분노인 '추진심麤瞋心'과, 제6의식으로는 분별할 수 없는 미세한 분노인 '세진심細瞋心' 등 두 종류의 측면에서 분류해 보기로 한다.

　'추진심'은 눈앞에 바로 드러난 이해관계에 따른 훼방이나 칭찬 등으로 인해 일어난 모습을 뚜렷하게 분별을 할 수 있는 상태를 말한다. '세진심'은 현재 눈앞에 분명한 이해관계가 노출되지 않았다 할지라도 상대방과 의기가 투합하지 못해 항상 불편한 관계가 지속되는 상태를 말한다.

　고등동물이든 하등동물이든, 모든 중생들은 내적으로 진심을 품고 밖으로는 살생하기를 좋아하는 속성이 있다. '만물의 영장'인 인류에게서도 투쟁을 끝없이 반복하며 지내 온 무수히 많은 사례를 세간의 역사서에서 흔히 발견할 수 있다.

　현대 인문학자들 중에서 일부는 '진심은 생존경쟁이라는 필요불가결한 조건에서 나왔으므로 굳이 번뇌의 미혹으로 치부할 필요까지야 있겠는가'라고 반문할지도 모른다.

　그렇지만 이러한 시각은 삶의 본질과 거리가 먼 견해이다. 인류뿐만 아니라 만물까지도 서로 화합과 상부상조하며 생존하는 측면이 강해

경쟁이라는 극단적인 측면의 견해로만 설명할 수 없기 때문이다. 따라서 진심은 삶을 해치고 핍박하는 무명번뇌無明煩惱의 모습이라는 것을 분명히 알아야 한다.

② 경계진境界瞋

자기 마음에 맞지 않은 경계에 대해 분노를 일으키는 것을 '경계진境界瞋'이라 한다. 이 진심은 유정진의 변형되고 확대된 모습이다.

중생들은 다른 사람에게 진심을 품기 때문에 그에 상응하는 대상[境界]에 대해 분노하는 마음을 일으키고 원망한다. 상대방을 원망하면 그 원망이 사람에게만 국한되지 않고, 그 사람이 소유했던 기물마저 파괴하려 한다. 나아가 대립하던 국가를 정벌하고 그 나라의 모든 시설물까지 파괴하려 든다. 이 모든 것이 유정진이 극도로 성대하여 끝내는 경계진에까지 이른 것이다. 유정진이 한번 일어나면 그 사람이 가는 곳마다의 경계까지 그의 심기에 뒤틀리지 않는 것이 없다. 참으로 무서운 일이 아닐 수 없다. 우리 모두 크게 반성하고 점검해야 할 부분이기도 하다.

③ 견진見瞋

'견진見瞋' 역시 유정진 가운데 그 작용이 다르게 드러난 측면만을 따로 구별하여 지칭한 것이다. 이는 앞의 탐심 가운데 여덟 번째로 열거했던 견탐, 즉 자기 견해에 대한 집착과 서로 불가분의 상관관계를 이룬다.

사람들은 자기의 견해만이 옳다고 집착하면, 자기와는 다른 사람들의 견해는 용납하지 않는다. 따라서 곧은 것을 싫어하고 올바름을 추하게 여기게 되는데, 붕당朋黨이나 문벌門閥 간의 치열한 투쟁이 모두 이를 따라서 일어난다.

일반적으로 사람들은 견탐과 견진을 버리지 못하기 때문에 변함없이 자기의 견해만을 옳다고 주장한다. 따라서 자신의 짧은 소견을 모든 시비의 기준으로 삼는 지극히 어리석은 아집의 모습을 갖게 되며, 자기 주관적인 감상적 논리에 빠지게 된다. 그런 사람은 항상 올바른 진리를 추구하지 못하게 되며, 이러한 이유로 세간의 모든 시비는 절대적인 하나의 진리로 통일되지 못하는 것이다.

(3) 치심(癡心: 어리석은 마음)

어리석고 어둡다는 의미를 지닌 '치심癡心'은 모든 사물과 이치에 대해 완전히 미혹하여 껌껌하게 어두운 것을 말한다. 때문에 밝은 지혜가 일어나지 못하도록 장애하여 일체의 번뇌가 이를 근본으로 의지해서 일어나는 것이 그 현실적인 행위, 즉 행업行業이다.

이러한 어리석은 마음을 무명無明이라 부르기도 한다. 무명 때문에 사물과 이치를 밝게 통달하지 못하고, 잘못 이해하거나 아예 무지하여 전도顚倒된 지극히 허망한 분별 집착이 일어난다. 따라서 탐심貪心·진심嗔心·아만심我慢心·의심疑心 등도 이를 의지해서 생기生起한다.

분명한 것은 이 무명이야말로 세간 일체 모든 번뇌의 원초적인 근본이며, 번뇌의 모습으로 떠오른 끝없는 생사유전生死流轉의 최초 근원이기도 하다. 무명의 어리석음이 지중한 자는 옳다고 공인된 것을 틀렸다고 부정한다. 때문에 인과관계의 올바른 진리에 미혹과 혼란을 야기하여, 올바른 도리를 완전히 어기는 사악한 지경에까지 이르게 된다.

이런 중생들은 보잘것없는 소소한 원한이 있어도 반드시 보복을 하며, 정작 꼭 보답해야 할 커다란 은혜는 망각한다. 또한 광명정대하고 평탄한 길은 두렵게 여기고, 반대로 험난하고 사악한 길은 편안하게 쉴 집으로 여긴다. 그리고 충언은 귀에 거슬리고 아첨하는 말에 마음이 솔깃하여 끝내 패가망신하는 지경에 이르는데, 죽을 때까지 이러한 이치를 깨닫지 못하는 것이 우리 중생들의 일반적인 현실이다.

무명이야말로 모든 번뇌를 선도하는 최선봉장이며, 유정들을 생사의 세계로 장구하게 몰고 가는 주범인 것이다. 그러므로 무명의 맹렬한 세력은 우주가 무너지는 괴겁壞劫에 수미산須彌山을 거꾸러뜨린다는 무서운 겁풍劫風으로도 비유가 되지 않을 것이다.

무명은 모든 미혹의 근본이므로, 탐심과 진심이 일어났다 하면 반드시 함께 일어난다. 나머지 모든 번뇌도 여기에 준해서 이해하면 될 것이다.

탐진치貪瞋癡는 여섯 종류의 근본번뇌 가운데서도 근본이 되는 3독심三毒心을 말한다. 불교에서 일반적으로 말하는 악업은 3독심을 바탕으로 일어나는 모든 행위를 지적한 말이다. 이와는 반대로 일어나는 행위를 선업이라 한다.

좀 더 부연하면 10악업十惡業의 경우, 우리의 의식 속에서 국한되어 있는 상태의 악업을 탐진치라 한다. 의식 안에서 이루어지는 이러한 의업이 외형적인 신업으로 행동화했을 때는 살생·도적질·음행이라 한다. 다시 구업인 언어로 표현되었을 경우에는 거짓말·이간질·욕설·아첨하고 무의미한 말 등이라 한다. 이 점을 분명히 이해해야 그 반대인 선업도 분명하게 드러나게 될 것이다.

(4) 만심(慢心: 아만심)

'아만심我慢心'을 품은 사람은 오로지 자신만이 옳다고 여긴다. 따라서 다른 사람을 전적으로 무시하는 태도가 가장 큰 특징으로 나타난다. 아만심을 품으면 설혹 상대방이 어질고 훌륭한 덕성을 지닌 사람이라 할지라도 절대 겸손한 마음으로 대하지 못한다. 그리고 자기보다 못하다고 여겨지는 경우, 그 오만함은 설명할 길이 없다. 어떠한 좋은 말과 가르침도 쉬이 귀에 들어가지 않으므로 좋은 공덕의 길 역시 따르지 않게 된다.

이러한 사람은 처음에는 홀로 옳다고 뽐내고 자신에게 집착하다가, 스스로의 허물을 속으로 감추고자 겉은 교묘하게 포장하고 외형을 그럴듯하게 꾸미는 속임수까지 쓰게 된다. 이로 인해 그 악업이 도저히 피하지 못할 만큼 크게 자라나 결국 자포자기하는 상태에 이른다.

'아만심'은 일곱 종류로 분류하는데, 그 개요를 살펴보기로 한다.

① 아만我慢

'아만我慢'은 자기의 외형적 육신만을 굳게 집착하여 실재하는 자아自我로 헤아리기 때문에 오로지 자신만을 옳다고 굳게 믿고 거드름을 피우는 상태를 말한다. 이를 자아만自我慢의 교만심이라 한다.

② 만慢

재능과 지혜가 자기보다 못한 사람에 대해 자기가 그를 능가한다고 여기지만, 자기와 동등한 수준의 사람에 대해서 '저 사람과 동등한 수준이다'라고 여기는 마음의 상태를 '만慢'이라 한다. 그러나 여기에 약간의 의문이 있을 수 있다. '상대방과 자신을 서로 동등한 수준이라면 어찌 아만이라 할 수 있겠는가'라는 반론이 있을 수 있기 때문이다.

자신과 상대의 우열정도를 비교할 때, 그 사이에서 상대적으로 일어나는 아만심은 단지 그 범주에 걸맞는 비교로 끝나지 않는다. 실제로 그의 내면에는 이미 뽐내는 심리를 바탕으로 깔고 있기에 상호간의 비교심리가 일어난다. 그러한 근원적인 허물 때문에 이 역시 아만이란 이름이 붙여질 수밖에 없다. 비유하면 먼지 묻은 거울로 원래의 사물을 비출 때, 있는 그대로의 대상을 비출 수 없는 것과 같다.

③ 과만過慢

재능과 지혜가 자기와 동등한 상대에 대해서는 자기가 상대방을 능가한다 말하고, 상대방이 자기를 능가하는 경우에도 자기가 그보다 잘났다고 뽐내는 마음을 '과만過慢'이라 한다. 이와 같이 실제에 걸맞지 않게 한 계단 허망하게 승진해 올라간 교만심을 실제보다 지나친 아만이라 한다.

④ 만과만慢過慢

상대방이 자신을 능가하지만 거꾸로 자신이 상대방을 능가한다고 여기는 것을 과만過慢에서 더욱 아만을 부린 '만과만慢過慢'이라 한다.

⑤ 증상만增上慢

증가 향상해서 교만을 부리는 것을 '증상만增上慢'이라 한다. 아직 수행의 깨달음을 얻지 못했음에도 불구하고 '이미 나는 깨달았다'고 하거나, 약간의 분야만을 알았음에도 '매우 많이 알았다'고 뽐내는 마음의 상태를 말한다.

⑥ 비만俾慢

상대방이 많은 분야에서 자신을 능가하지만 자신은 그보다 약간 부족하다고 여기면서 도리어 상대방의 수준을 격하시키거나, 상대방보다 자신이 전혀 부족함이 없음에도 극도로 부족하다고 꾸며댄다. 이 두 가지 경우는 자신을 낮추는 듯해도 실제로는 마음 속 깊숙이 아만을 부리는 것이어서 이를 '비만俾慢'이라 한다. 이것도 앞서 '만'처럼 반론의 소지가 다분히 있을 수 있다.

상대방이 여러 분야에서 '자신보다 못하다'라고 여기는 경우, 마음에서 뽐내는 바가 있어서 상대방을 수준 이하로 낮추는 '비만'이라 할 수 있다. 그렇지만 이와 반대로 자신을 극도로 낮추고 상대방에게는 전혀 부족함이 없다고 한다면, 뽐내는 마음이 전혀 없는 것인데 어찌 비만과 동일하게 취급할 수 있겠느냐는 점이다.

그에 대한 답변은 의외로 간단하다. 아집에 쌓인 중생들은 자신을 상대방보다 극도로 부족하다고 낮추는 경우라 하더라도, 자신만이 가장 소중하다는 아만심의 뿌리가 이미 내면 깊숙이 박혀 있다. 따라서 아만심이 전혀 없지 않기 때문에 비만의 범주에 함께 포함시키는 것이다.

⑦ 사만邪慢

자신이 상대방에게 어떠한 은혜로운 덕도 베풀지 않았으면서도 도리어 큰 덕을 베풀었다고 말하며 악업의 행위를 선업인 양 믿고 뽐내는 마음을 '사만邪慢'이라 한다. 우리의 주변에는 전혀 실속 없는 말 덕을 베풀고 자랑하면서 보답을 은근히 바라는 사람들이 있다. 이러한 부류들이 사만에 해당될 것이다.

결론적으로 아만심이 많은 자들의 속성은 자신보다 덕이 높은 상대를 공경하지 않고, 올바른 가르침을 수용하지 않기 때문에 이로 인해 모든 선근종자善根種子가 끊겨 악행마저도 서슴없이 저지른다. 처음에는 거만한 마음에서 시작하여 폐단이 점차 커져 내적으로는 자신에게, 밖으로는 이웃이나 사회에 대해 전혀 반성하거나 부끄러워하는 마음이 전혀 없는 상태에 이르게 된다.

(5) 의심(疑心: 의심하는 마음)

진실한 이치에 대한 확신, 즉 신심信心과 올바른 이해를 일으키지 않고, 올바른 정도에 대해서도 머뭇거리면서 미혹과 혼란이 계속되는 상태를 '의심疑心'이라 한다.

신심과 이해가 확고하지 못하면 악법은 쉽사리 버리지 못하고, 선법은 새롭게 일어나지 않는다. 따라서 모든 질곡의 고통에서 벗어나지 못하게 되는데, 이것이 의심의 특징적인 현실작용이다.

인간의 삶이 비록 괴로움으로 점철되어 있다 하더라도 자득自得의 경지를 체득하는 경우도 종종 있다. 그런데 의심이 유난히 많은 사람은 훌륭한 친구가 좋은 경험을 이야기해주거나 올바른 선법에 대해 진실한 설명을 해주어도 확신과 이해를 하지 못하는 경우가 많다. 그로 인해 의혹으로 혼란스러워 괴로움의 악도에서 벗어나지 못해 올바른 선택의 지혜를 갖지 못하게 된다. 또 선업이 새롭게 일어나지 않기 때문에 간단없이 방황만을 계속하게 된다.

사실 우리가 궁극적으로 추구해야 할 성스러운 도는 실천하기 어려운 고비가 숱하게 많다. 때문에 의심이 많은 사람은 근시안적인 소소한 이익에 접근하기가 쉽고, 진실하고 희귀한 공덕에는 접근하기 매우 어렵다. 이는 진실을 선택하지 못하고 천박한 견해에 익숙하여 안주하는 의심에서 비롯된 허물이다.

의심이 많은 수행자는 출세간의 무루성도無漏聖道 수행은 물론 세간의 유루선법有漏善法도 아예 닦지 않는다. 소소한 눈앞의 이익만 전일소―하게 추구하고 오직 자신과 가정만을 돌보는 데 그칠 뿐이다.

만약 공익의 마음이 없는 이가 공직에 있으면, 겸손한 봉사정신은 고사하고 상관의 눈치를 보느라 복지부동하여, 결국 도움이 필요한 국민을 외면하는 결과로 이어져 그 피해의 범위가 광범위하게 퍼지게 될 것이다.

망국패가의 병통이 의심이 많은 사람들 때문에 일어나는 경우가 많다는 교훈은 어제 오늘의 일이 아니다. 수행은 물론이고 일상생활을 영위하는데 있어서도 의심은 반드시 버려야 할 커다란 미혹이다.

(6) 악견(惡見: 사악한 견해)

『유식삼십론唯識三十論』에서는 '악견惡見'에 대해 다음과 같이 서술하고 있다.

악견은 모든 진실한 이치에 대해 전도顚倒된 견해로 잘못 추리하고 헤아리는 교활한 지혜가 그 근본 성질이다. 선한 견해가 일어나지 못하도록 장애를 하므로 현실작용에서 모든 고통의 과보를 초래하는 것이 그 특징이다.

여러 논서에서 악견의 활동하는 모습에 대해 다양하게 설명하는데, 여기에서는 다섯 종류로 나누어 살펴보기로 하겠다.

① **살가야견**(薩迦耶見: 거짓되고 헛된 아집의 견해)

유정들은 5취온五取蘊에 대해 실재하는 나[我]와 나의 것[我所有]으로 굳게 집착한다. 따라서 일체의 잘못된 견해가 이를 근본 바탕으로 의지해서 일어난다.

'살가야薩迦耶'는 거짓된, 즉 실재하지 않는 몸이라는 의미이다. 모든 유정들은 거짓된 허깨비 아집의 견해를 일으키기 때문에 이를 '살가야견薩迦耶見'이라 한다.

불교에서 일반적으로 흔히 접할 수 있는 '아我'와 '아소我所'란, 유정들이 무상한 5온을 의지해서 실제로 주재하는 '아'가 있다고 헤아리고 굳게 집착하는 아집을 두고 하는 말이다. '아소'를 갖추어 말한다면 '아소유'라 한다.

무상한 5온을 실재하는 '아'로 헤아리고 굳게 집착하고 나면 다시 5온을 나의 소유, 다시 말해 진실한 주재자로서의 '아'의 소유물이라고 집착한다.

가족, 전답·주택 등의 재물, 명예·권세·이익을 포함하여 우리가 의지하며 살고 있는 세계국토, 나아가 평소 옳다 여기고 집착하는 편협한 견해까지 모두 '아소유'에 해당된다.

5온에 대한 아집이 있기 때문에 동시에 아소유집我所有執이 일어나는데, 집착하는 모습이 매우 은미하여 식별하기 어렵다. 따라서 불교를 배우는 사람이라면, 이 점을 절실하게 돌이켜 매 순간 관찰해야 잘못된 집착에 빠져들지 않고 정도正道를 행할 수 있을 것이다.

살가야견은 다시 아집견我執見으로 요약된다. 아집견이란 본래 무아

無我이다. 따라서 무상無常한 5취온에 대해 실아실법實我實法으로 잘못 분별하고 집착하는 데서 일으키는 전도된 착각의 견해다.

아집견은 다시 법아견法我見과 인아견人我見 등 두 종류로 분류할 수 있다. 집착하는 순서에 대해 말해 본다면, 처음에는 법아견에 집착하고, 그 다음엔 인아견에 집착한다. 이는 매우 심오하므로 자세한 설명은 차후 다루기로 한다.

② 변집견(邊執見: 어느 한쪽만을 집착하는 견해)

유정들은 '아'와 '아소'에 대해 굳게 집착하고 나면 바로 그 집착을 따라 '단멸斷滅' 혹은 '상주불변常住不變'의 두 가지 견해 중 어느 한쪽의 편견을 일으키게 된다. 다시 말해 단견斷見과 상견常見에 대한 어느 한쪽에 치우친 집착을 '변집견邊執見'이라 한다. 이 견해를 일으키면 단상斷常의 2변二邊을 떠난 중도행中道行을 장애하게 된다. 그 결과 번뇌생사의 고통에서 끝내 벗어나지 못한다.

먼저 '단견'에 대해 설명해 보겠다. 중생은 집착했던 '아'와 '아소유물'이 어느 일정기간 존재하다가 파괴되면서 소멸되는 것을 보면, 그것은 바로 영원히 사라지고 다시는 일어나지 않는다는 단견을 일으키게 된다. 다시 말해 사람이 일정기간 생존하다가 죽거나 또는 모든 사물이 사라지면, 다시는 새롭게 존재하지 않는다는 견해를 일으키게 된다는 것이다.

단견을 한번 일으키면 세간과 출세간의 모든 인과의 법칙을 완전히 무시하고 무소불위無所不爲의 악행을 서슴없이 자행하게 된다. 이 때문에 모든 악한 견해 가운데서도 유독 이 견해를 주의해야 한다고 불가에서 누누이 강조해 왔다.

다음으로 '상견'에 대해 말해보겠다. 그동안 실재라고 집착했던 '아'와 '아소'의 모든 사람과 법이 어느 일정 기간 잠시 머무는 모습을 보면, 중생은 소멸하지 않고 영원히 상주불변의 존재라는 상견을 일으킨다. 또한 일체 모든 사물은 고정불변한 모습으로 상주한다고 헤아린다.

주의해야 할 것은, 모든 사물이 항상 상주한다고까지 헤아리지 않는다 해도 잠시라도 실제로 머문다고 인정하는 견해를 일으키면, 이 역시 상견의 범주에 포함된다는 점이다. 잠시라도 실제적인 실체가 있어서 머문다는 생각도 벌써 상주하여 일정기간이나마 소멸되지 않는 실제법이기 때문이다.

불교에서는 단멸도 아니고 상주도 아닌 비단비상非斷非常을 올바른 중도행이라 한다. 중도행은 4성제四聖諦 가운데 도제道諦로 수행해 들어갈 수 있는 자만이 실천이 가능하다. 즉 8정도八正道의 실천을 통해서만 실현이 가능한 것이다.

변집견에서 벗어나는 방법은 4성제 가운데 멸제滅諦, 즉 모든 번뇌의 고통이 소멸한 열반에 도달해야 해결된다. 도제가 실천수행론實踐修行論이라면, 멸제는 해탈론解脫論에 해당된다.

수행인은 단상의 2견에 치우치지 않은 중도행의 실천을 통해 세간의 인과인 고제苦諦와 집제集諦를 끊고, 출세간의 과보인 피안열반으로 들어가 이고득락離苦得樂하는 것을 궁극적인 목표로 삼아야 한다. 이러한 성불열반에 도달할 수 있는 4제중도행四諦中道行을 변집견이 장애한다. 이 점을 주의 깊게 관찰해야 할 것이다.

③ 사견(邪見: 사리에서 벗어난 견해)

'사견邪見'은 인因·과果·작용作用·실사實事를 비방하는 네 가지 잘못된 견해와, 여기에 포함되지 않은 나머지 모든 삿된 견해에 대한 집착을 말한다.

'인'을 비방하고, '과'를 비방하고, '작용'을 비방하고, '실사'를 비방하는 네 가지 사견은 가장 잘못된 견해에 해당되며, 이 네 가지 잘못된 견해 이외의 모든 사집邪執까지 총체적으로 포함하여 '사견'이라 지칭한다. 그러므로 사견의 명칭과 의미는 악견 가운데서도 가장 광범위하게 적용된다고 하겠다.

네 가지 사견 가운데 '인'을 비방한다는 것은, 선행과 악행을 모두 비방하면서 어떤 결과에 대해 아무런 원인도 제공할 수가 없다고 그릇되게 집착하는 견해이다.

'과'를 비방한다는 것은, 모든 선행과 악행의 결과에 따른 과보를 비방하면서 이러한 원인에 의한 실제적 과보는 전혀 있을 수 없다고 잘못 헤아리는 견해이다.

'작용'을 비방한다는 것은, 금생으로부터 내생으로 이어지는 일은 있을 수 없으며, 종자세력을 임의로 지니는 작용도 없고, 따라서 세세생생 단절하지 않고 상속하는 종자세력의 작용이란 필연적으로 있을 수 없다고 비방하는 견해이다.

대승불교에서는 모든 유정들은 아뢰야식阿賴耶識이라는 근본식根本識이 있어서 그 가운데 제법을 생기할 종자세력을 임의로 저장해 지니기 때문에, 금생에 수명을 다하면 다시 내생에 태어난다는 종자작용설을 믿지 않는다는 것이다. 이는 유식종唯識宗에서 제시하는 '아뢰야식阿賴耶識'의 설명과 아주 거리가 먼 것이다.

또한 '실사'를 비방한다는 것은, 세간에서 생사를 초탈하고 성스러운 열반을 증득한 아라한阿羅漢이 실제로 있는데도 이를 부정하고 비방하여 믿지 않는 잘못된 견해이다.

네 가지 사견은 사회에서 통용되는 윤리적인 측면보다는 불교의 종교적 사상과 관련이 깊다고 할 수 있다. 때문에 불교에서는 이를 비방하는 모든 견해를 사견의 범주에 포함시키는 것이다. 아울러 네 가지 사견 이외의 여타 나머지 삿된 견해는 주관적인 분별로 인해 전도된 견해를 모두 망라해서 말한 것이다.

『대지도론大智度論』에서는 모든 삿된 집착을 두 종류로 묶어서 설명하고 있다.

첫째는 '증익견增益見'이다. 실재하는 아我가 정말로 있다고 집착하는 외도들이 '아'에 대해 '끝이 있다느니, 없다느니' 하고 헤아리는 견해이다.

쉽게 말하면 망상세계는 본래 없는데, 있다고 잘못 판단하고 망상의 견해를 냄으로써 군더더기를 더하는 것을 '증익견'이라 한다. 이러한 견해는 실제로 서구에서 일어난 종교사상에서 그 경우를 찾아볼 수 있다.

둘째는 '증익견'의 반대인 '손감견損減見'이다. 이 견해는 인因도 과果

도 없다고 잘못 판단하는 경우이다. 다시 말해 청정한 진여는 본래 있는데, 없다거나 혹은 줄이고자 헛된 견해를 일으키는 것을 '손감견'이라 한다.

요컨대 사견을 요약하면, 정견正見에서 빗나간 지극히 주관적인 삿된 분별망상分別妄想이다. 정도正道를 미혹하여 혹세무민하는 세간의 모든 사설이단邪說異端이 사견에 포함된다.

④ 견취견(見取見: 자기 견해만의 집착)

유정들 가운데 세간의 외도들은 스스로의 모순된 주장을 다른 종교나 사상적 견해보다 가장 훌륭하다고 여기고, 가장 뛰어난 이념 내지 사상적 주장이라는 집착을 굳게 유지한다. 따라서 그들 스스로 자신이 집착하는 견해만이 진실이고, 그 나머지는 모두 허망하고 쓸모없는 견해로 치부해 버린다.

결국 외도들은 자신들이 잘못 일으킨 견해[惡見]에 대해 강한 집착을 일으키고, 이로 인해 모든 사상적인 논쟁과 투쟁을 전개한다. 자기의 견해에만 집착한 나머지 국가 간의 이데올로기전쟁까지 감내하면서도 스스로의 입장이 옳다고 믿으며 굳은 신념을 유지해 간다. 따라서 악견에 집착심을 굳게 일으키는 잘못된 견해라는 의미로 '견취견見取見'이라 지칭된다.

⑤ 계금취견(戒禁取見: 자기 규율에 대한 애착심)

사도邪道에 속하는 외도사설外道邪說을 철저하게 신봉하는 악견의 무리는 자신들의 견해를 굳게 확립하고 나서, 그것만을 사상의 극치로 여긴다. 그리고 그 사상을 실천하는 과정에서 스스로의 방식에 따른 금지된 규율을 수립하여 법도法道로 삼고 추종하는 세력들을 종속시킨다.

그들은 잘못된 규율을 세간에서 가장 훌륭한 가르침으로 여기거나 혹은 가장 청정한 것으로 집착하여, 오직 자신들의 계율에 따라 수행하는 것만이 세간의 모든 고통에서 벗어날 수 있다고 애착심을 일으킨다.

다른 사상과 종교의 가르침에 대해 수행 방법에서 서로 차이가 있을 경우, 언쟁을 일으키고 심지어 문벌이나 종파간의 투쟁까지 불사하면서 금지된 규율에 집착심을 낸다. 잘못된 규율을 내세워 수행의 방법으로 삼고 투쟁을 일삼는 까닭에 '계금취견戒禁取見'이라 한다.

지금까지 열거한 근본번뇌를 본혹本惑이라고도 한다. 근본번뇌가 모든 지말번뇌, 즉 수번뇌의 근본이 되기 때문이다. 이 근본번뇌가 일어나 활동하는 것에는 심천深淺의 차이가 있는데, 구생혹俱生惑과 분별혹分別惑 등 두 종류로 분류하여 알아보기로 한다.

2) 구생혹俱生惑과 분별혹分別惑

'구생혹俱生惑'은 활동하는 모습이 깊고 은미하여 외부의 현재 인연을 필요로 하지 않는다. 따라서 이 구생혹은 후천적인 교육과 사리事理

에 의지하지 않고 우리의 육신이 태어나면서 동시에 일어나는 선천적인 번뇌이다.

이 번뇌는 현재의식의 사고검증을 기다리지 않는 상태에서 항구하게 임의로 운행하면서 일어나는 잠재의식 속의 번뇌활동이다. 따라서 잠재의식, 즉 제7식에서 활동하는 번뇌를 '구생혹'으로 명칭을 붙인 것이다.

'분별혹分別惑'은 우리의 현재의식으로 분명히 인지할 수 있는 후천적 번뇌활동이다. 그러므로 분별혹은 구생혹과는 달리 현재 외부에 주어진 환경에서 영향을 받게 되어 있다. 예를 들면 외부의 올바르지 못한 학설이나 사상적 가르침, 또는 나쁜 친구, 좋지 않은 사회풍속 등의 잘못된 인연에 이끌려야만 내적으로 허망한 분별사려를 일으키게 되어 있다는 것이다.

'구생혹'과 '분별혹'에 대한 이해를 돕기 위해 근본번뇌 가운데 탐심을 하나의 예로 들어 설명해 보기로 한다.

선천적으로 육신과 함께 일어나는 '구생탐심혹俱生貪心惑'은 활동하는 모습이 우리의 잠재의식 속에 깊숙이 자리 잡고 있어, 활동하는 범위가 가장 광대하고 그 종류가 한량없다. 이것은 우리의 의지와는 상관없이 모든 사물의 경계와 상응하는 대로, 항구하게 금생과 내생에 상관없이 임의로 운행하면서 일어난다. 그러나 우리의 현재의식으로는 이것을 스스로 자각하지 못한다.

이 번뇌를 현재의식으로 즉시 자각할 수만 있다면, 수행과 성불이 한결 쉬울 것이나 그렇지 못하기 때문에 수행과 자각이 어려운 것이다.

다음으로 '분별탐심分別貪心'은 우리의 현재의식인 제6의식으로도 활동하는 모습을 쉽게 인지할 수 있다. 즉 자신이 현재 무엇을 생각하고 있는지에 대해 일상생활 속에서 스스로 자각 할 수 있는 분명한 의식활동의 상태를 '분별혹'이라 한다.

다시 '구생혹'과 '분별혹'으로 돌아가 하나의 예를 들어 보기로 하자.

중국 명나라 때 대학자이자 정치가 왕양명王陽明 선생이 제자들을 거느리고 유람하고 있을 때였다. 산중에서 매우 훌륭한 저택을 발견하게 되어 선생은 갖고 싶은 생각이 들었지만 이를 지나쳤다. 그러나 몇 리길을 갔는데도 여전히 그 집에 대한 탐심이 그치지 않았다. 그러자 선생은 자신의 탐욕심을 돌이켜보고 통렬하게 자책하면서 제자들에게 말하였다.

나에게 탐욕스러운 좋은 물건은 다른 사람 역시 탐애심을 일으키게 마련이다. 그런데 무엇 때문에 내 스스로 다른 사람의 소유물을 빼앗을 욕심을 내었던 것인가.

이와 같이 스스로의 생각을 자각할 수 있는 상태가 분별탐分別貪의 범주에 들어간다. 사물을 살피고 문제를 사려하여 경험을 바탕으로 해서, 우리의 의식에 사물과 그에 대한 탐욕심이 분명히 떠올랐기 때문이다.

세속에서 흔히 볼 수 있는 소유의 충동은, 대체로 탐·진·치 등의 세 가지 번뇌가 혼합해서 일어난 현상이다. 그런데 이것은 단순한 탐심만으로 그치지 않는다. 그 이유는 자기의 소유로 만들겠다는 탐심을 일으키면, 반드시 원래 소유한 사람에게 상대적인 진심을 일으키게 되고, 탐심과 진심이 성대하게 일어나면 반드시 어리석은 치심도 함께 수반되기 때문이다.

탐심이 '구생'과 '분별'이라는 이 두 가지 번뇌활동에 모두 통한다는 것을 인지하면, 나머지 다른 번뇌 역시 여기에 준한다는 것을 알 수 있다.

짐승의 경우 구생혹에 의해서만 활동할 뿐, 현재의 상황을 명료하게 분별하는 분별혹이 거의 없다고 할 수 있다. 설사 미약하게 있다 하더라도 그 활동이 미미하여 자신의 운명과 주변의 환경을 의지대로 개선할 수 있을 만큼의 세력에 도달하지 못하는 특성이 있다.

한편 '만유의 영장'인 사람에게도 구생혹이 갖추어져 있음을 잊지 말아야 한다. 이 번뇌를 일으키면 의식상태가 금수와 별반 다름이 없다.

우리의 일상생활에서 하나의 예를 살펴보자. 사람들은 무분별한 남녀관계나 절제 없이 음식을 먹는 것이 생명을 크게 해친다는 사실을 분명히 알고 있기 때문에 그에 대한 욕구를 자제한다. 이는 현재의식의 분별능력이다. 그럼에도 불구하고 그 행위에 아무런 분별도 규제도 없이 타성에 젖어 안주하는 경우가 다반사이다. 이는 구생혹에 지배를 당하기 때문이다.

이상에서 서술한 모든 번뇌는 출가 수행하는 불자뿐만 아니라 양식 있는 사람이라면 이에 대해 절실하게 돌이켜 반성하고 깊이 있게 체득해야 한다. 그래야만 이 의미의 무궁함을 깨닫고 일상생활 속에서 수행과 행동의 지표로 삼을 수 있을 것이다.

3) 무명無明과 악견惡見의 상호관계성

최초로 일으키는 '무명'은 사리事理에 미혹하여 어두운 상태를 말하고, 미혹한 사리에 대해 굳게 집착하는 상태를 '악견'이라 한다. 결국 '무명'이라는 것은 상대적으로 소극적인 상태이고, '악견'은 보다 적극적인 상태로 진행되는 과정이라 보면 크게 틀리지 않을 것이다.

무명 때문에 사물의 이치를 미혹하여 깨닫지 못하고, 다시 무명에 의한 악견 때문에 미혹했던 사리를 굳게 집착하여 끝내 올바른 근원으로 되돌아가지 못한다. 무명은 원래 모든 번뇌의 근원이라 더 말할 것 없지만, 악견 역시 모든 번뇌의 의지처가 되는 것은 참으로 흥미로운 일이 아닐 수 없다.

이러한 악견의 집착 때문에 탐貪 · 진瞋 · 치癡 · 만慢 · 의疑라는 근본 번뇌를 일으켜, 올바른 이치가 가려지고 이로 인해 악한 행위는 더욱 치성하게 타오른다.

오늘날 전 세계가 냄비 속의 물 끓듯 시끄럽고, 온 대지가 혼돈 속에 빠진 것도 이 때문이다. 문화와 학술 그리고 사상과 신앙이 서로 충돌하면서 인류를 영겁의 고통 속으로 몰아넣는 일들은 그 근원을 따져본다면 악견에 책임이 있을 것이다.

지금까지 근본번뇌 여섯이 모든 번뇌의 근본임을 개괄적으로나마 살펴보았다. 이로 인해 20종류의 수번뇌隨煩惱가 따라서 일어나는데, 이는 근본번뇌와 동시적으로 평등하게 일어나면서 분야별로 그 특성을 달리 할 뿐이다.

여기서는 지말枝末의 수번뇌까지 상세히 논변할 상황이 아니므로, 이는 다음 기회로 미룬다. 이 문제에 대해 좀 더 관심 있게 연구하고 싶다면 『성유식론成唯識論』이나 『대승백법명문론大乘百法明門論』을 필독하기 바란다.

4) 일체 악업惡業의 근원은 번뇌

일체 모든 행위, 즉 업은 사리의 실체에 대해 미혹하여 일으키는 번뇌가 그 근원이다. 따라서 근본번뇌는 모든 악업을 일으키는 출발점이다. 이 문제에 대해 구체적으로 살펴 볼 필요가 있다.

유정들은 탐심의 번뇌 때문에 음행과 도적질 등의 악업을 짓고, 진심의 번뇌 때문에 살생의 악업을 지으며, 치심의 번뇌 때문에 삿된 견해가 일어난다. 또 교만심 때문에 악업에 안주하면서 개과천선을 하지 않고, 의심 때문에 올바른 도리를 따르지 않으며, 악견 때문에 다시 탐심과 진심 등의 번뇌가 상승작용을 일으키면서 더욱 치성하여 악업은 간단없이 상속한다.

그러므로 모든 악업은 미혹의 번뇌를 근원적인 진원지로 해서 일어난다. 이로써 알 수 있는 것은 10악업도十惡業道가 번뇌의 미혹을 따라 일어나지 않음이 없고, 번뇌를 따라 악업을 성취하지 않음이 없다는 점이다.

한사람 개인의 불공악업不共惡業이 이와 같다면, 모든 사람과 함께하는 공업도 역시 같을 것이다.

오늘날 세계의 정황을 살펴보면, 국가나 민족이 서로 원수가 되어 무력으로 침략하고, 혹은 경제적으로 수탈하는 시대이어서 단 하루도 평화로울 때가 없다.

민족과 국가 간의 탐욕 · 진심 · 어리석음 · 교만 · 의심 · 악한 견해 등의 미혹이 원인이 되어, 다시 민족 간의 살생 · 도적질 · 음행 · 망어妄語 · 양설兩舌 · 악구惡口 · 기어綺語 · 탐욕 · 진심 · 삿된 견해 등의 악업을 일으킨다.

이 모든 것은 번뇌가 원인이 되어 모든 사람들이 공동으로 악업을 지은 데서 오는 괴로움의 결과인 것이다.

미혹의 번뇌에 따라 모든 악업을 일으키므로, 그 결과는 당연히 전쟁을 통한 살인과 약탈, 이에 따른 기아와 질병의 고통을 부를 수밖에 없는 현실이다. 이것이 불교에서 말하는 '혹업고'의 인과윤회사상이다.

개인뿐만 아니라 국가까지도 공동으로 미혹을 일으키고, 공동으로 악업을 지음으로써 원인을 확실하게 제공하여 다시 함께 고통을 받는 과보를 면치 못하는 것이 역사의 모습이다.

부처님께서 말씀하신 세간의 실상, 즉 '혹업고'의 인과관계는 이와 같이 참혹하다. 유정들은 이러한 이치를 분명히 알고 누구나 이를 확신하고 받아들여 올바르게 실천 수행한다면, 괴로움을 벗어나 진실하고 참된 기쁨[離苦得樂]을 성취할 수 있을 것이다.

이상으로 우리는 세간의 인과실상이 개인이든 국가든 '혹업고'의 상관관계로 이루어진다는 점에 대해 대략 살펴보았다.

문제점이 분명히 진단되고 실체적 모습이 환하게 드러났다면, 현실의 고통에서 벗어날 수 있는 올바른 처방이 나와야 한다. 어떻게 해야만 일체의 고통에서 해방되어 끝내 안락을 얻을 수 있을까.

앞서 우리는 세간의 실상이라는 것은 '혹업고'의 상관관계로 일어나고 있다는 것을 살펴보았다. 그렇다면 모든 현실의 고통을 해결할 수 있는 방안도 바로 찾을 수 있을 것이다.

또한 우리들이 현실생활에서 겪는 고통의 모습은 악업에 원인이 있다는 것도 파악하였다. 그렇다면 우선 원인 제공자인 악업을 짓지 않아야 한다. 악업이 다하면 모든 현실적 고통도 소멸하기 때문이다.

이미 고찰한대로 모든 악업은 번뇌를 따라 일어난다는 점을 생각해야만 한다. 이를 분명히 관찰하고 애초에 악업을 짓고 싶지 않는다면, 악업의 원인이 되는 미혹의 번뇌를 일으키지 않아야 한다.

미혹의 번뇌가 끝까지 다하면 악업도 스스로 소멸하게 된다. 악업이 다하면 모든 괴로움도 다하게 된다. 이로써 3계화택三界火宅의 모든 고통이 다하고, 그 즉시 세계는 극락안양極樂安養의 정토로 변할 것이다. 이것이 바로 세간의 고통을 궁극적으로 해결할 수 있는 가장 훌륭한 선교방편善巧方便인 것이다.

5) 모든 번뇌의 근원은 아집我執

모든 악업과 번뇌가 뭇 고통의 원인임은 이미 전술한 바와 같다. 그러나 문제는 여기에서 끝날 만큼 단순하지 않다. 고통의 원인이 번뇌라는 것을 알았다면, 번뇌를 어떻게 끊어야 할 것인가 생각해야 한다. 만일 이 문제가 명료하게 해결되지 않는다면, 우리가 그동안 살펴왔던 모든 문제들이 부질없는 탁상공론에 그치고 말 것이다.

번뇌는 마치 난마亂麻처럼 얽히고 설켜 이쪽에서 사라지면 동시에 저쪽에서 일어난다. 이처럼 무시無始이래로 간단없이 상속하는 번뇌를 끊기란 범부로서 실로 용이하지 않다는 것을 알아야 한다. 이러한 번뇌를 끊는데 만일 훌륭한 수행관찰[善巧方便]이 없다면 그에 따른 정당한 과보, 다시 말해 이고득락離苦得樂의 안온한 해탈의 경지가 있을 수 없다.

부처님께서는 이 때문에 가장 먼저 아집我執을 끊으라고 가르치셨다. 일체의 번뇌, 즉 탐貪·진瞋·치癡·만慢·의疑·악견惡見 등이 한결같이 아집을 따라 일어나기 때문이다.

이러한 아집이 있기 때문에 중생들은 다시 아소집我所執을 일으키고, 아소집이 치성하게 견고할수록 탐·진·치 등의 번뇌가 아소집의 집착 정도에 따라 일어난다.

아집이 없다면 아소유를 추구하지 않을 것이고, 아소유에 대한 집착이 없다면 무슨 탐욕[貪]의 대상이 따로 있겠는가. 뿐만 아니라 아집이 없으면 아我를 거슬리는 경계가 없는데, 따로 무슨 진심이 있겠는가.

아집을 이미 떠난 상태에서는 자타가 평등하다. 그런 까닭에 별도의 교만심[慢]이 있을 수 없다. 제법무아諸法無我의 이치를 통달하여 미혹심을 일으키지 않는다면 무슨 어리석음[癡]과 의심[疑]이 있겠는가.

결론적으로 알 수 있는 것은, 모든 번뇌는 아집을 따라 일어난다는 점이다. 따라서 아집의 견해만 제거되면 모든 미혹도 영원히 사라져 열반적정涅槃寂靜의 경지가 환하게 드러날 것이다.

유정들은 아집 때문에 실재하는 아我는 '단멸斷滅이다' 또는 '상주常住한다'는 변집견邊執見을 일으킨다. 그리고 이를 따라 사견邪見까지 일으킨다. 사견이 세간에서 가장 훌륭한 진리라고 여겨 진실한 행복을 보장할 수 있다고 굳게 집착한다. 이러한 견해에 대한 집착이 견고해지면 다시 견취견見取見과 계금취견戒禁取見을 일으켜, 번뇌집착의 모습은 끝없이 상속하게 된다.

이러한 이치를 명철하게 통달하고 아집의 견해를 없앨 수 있다면, 바로 그 자리에서 모든 번뇌의 견해 역시 딛고 설 자리를 잃게 될 것이다. 따라서 아집의 견해를 끊으면 모든 번뇌의 사견도 떠나게 되므로 부처님께서는 번뇌의 사슬을 끊으려면 최우선적으로 아집을 끊으라고 가르치셨던 것이다.

3. 아집我執과 법집法執

불교에서는 '아집我執'이란 단어를 자주 사용한다. 그렇지만 사실 그 의미에 대해 잘 모르는 경우가 많으므로 그 뜻에 대해 잠시 살펴보기로 한다.

'아집'은 '인아집人我執'과 '법아집法我執'을 하나로 합하여 지칭하는 말이다.

먼저 '인아집'이란 사람[人]에게 실재하는 주재자가 있다고 집착하는 것을 말한다. '사람'이라는 말은 본래 5온五蘊을 의지하여 그 허상의 모습에 대해 임시로 명칭을 붙인 것이다. 즉 실질적으로 실체가 없는 임시적이고 방편적인 명칭일 뿐이다.

그러나 유정들은 철저하게 임시적인 명칭이라는 것을 깨닫지 못하여 의식 속 은미한 가운데서 착각을 일으킨다. 바로 '사람'이라는 명칭 이면에 실재하는 사람의 모습이 주재자[我]로 있다고 굳게 집착한다.

결국 '나'라는 존재의 근간에 실재하는 자아의 모습이 있다고 잘못 헤아리게 되는데, 이를 '인아집'이라 한다.

다음 설명할 '법아집'은 그 범위가 광대하다. 설명의 편의상 간략히 말하면, 모든 사물에 대해 그 근간에 실재하는 모습이 있다고 집착하면 통체적으로 '법아집'이라 한다.

세간 사물뿐만 아니라 우주인생의 실제모습인 진여까지 실물로 존재한다고 집착하여 법애法愛를 일으킨다. 이렇게 집착하는 심리상태까지 '법아집'의 범주에 포함된다.

주의해야 할 점은 '인아집'이라 해서 '법아집'과 다른 별개의 집착심이라 생각해선 안 된다는 것이다. 어떤 대상이든 집착심이 있다 하면 '법아집'의 범주에 포함된다. 단지 제법 가운데 자신을 외적인 법에 대비해서 내적 자아自我의 모습으로 특별히 집착하며, 그 정도가 두드러지게 나타나므로 법집과 구별해서 아집이라 했을 뿐이다,

두 아집을 끊으려 한다면, 우리가 잘못 헤아리고 있는 것처럼 실제로 존재해 있는지, 아니면 있다 해도 허깨비일 뿐 실재하지 않는지 등 아我의 정체성에 대해 분명히 관찰하고 바로 알아 그에 대한 명확한 판정이 이루어져야 한다.

만약 '아'와 '아집'이 실제로 있다면 실재하는 '아'를 끊는 일이 현실적으로 불가능할 것이며, 그것이 정말로 없다면 새삼 일부러 끊을 일이 없을 것이다.

II

3과법문三科法門

여래께서는 '아'에 대해 분명히 알게 하여, 유정들이 행여나 잘못 수행하는 일이 없도록 대비방편大悲方便을 시설하셨다. 즉 우주만유의 모든 법상法相을 분석하여 5온五蘊과 12처十二處와 18계十八界의 법으로 시설하여, 미혹한 유정들에게 무아無我의 이치를 심오하게 관찰하도록 하셨던 것이다. 이를 '3과개합법문三科開合法門'이라 한다.

따라서 우선 3과법문의 의미를 살피고, 그 이치를 제대로 알아야 모든 번뇌의 근원인 아집을 타파하고, 헤아릴 수 없이 많은 고통으로부터 해방되어 열반적정涅槃寂靜의 경지를 증득할 수 있을 것이다.

1. 5온법五蘊法

3과법문三科法門 가운데 첫 번째에 해당되는 '5온법五蘊法'부터 우선 총괄적으로 설명해 보기로 한다.

5는 수數이며, 사물이 적집積集하여 하나의 임시적인 무더기를 이루고 있는 상태를 '온蘊'이라 한다. 그렇다면 5온五蘊은 하나가 아닌 다섯의 많은 유위생멸有爲生滅하는 사물들이 취합하여 하나의 임시적인 무더기를 이루었다는 의미로 정의할 수 있다.

• 5온 개관

5온을 열거하면 색온色蘊 · 수온受蘊 · 상온想蘊 · 행온行蘊 · 식온識蘊이다. 세간의 유정들은 인아人我와 우주법은 실제로 존재하며, 따라서 아법我法을 실제로 주재하는 주재자적 실체가 고정불변한 개체의 상태로 따로 존재한다고 굳게 집착한다. 이것이 앞서 말했던 두 아집이다.

그러나 부처님께서는 이러한 잘못된 집착을 타파하기 위한 훌륭한 방편으로 인아人我와 법아法我의 대상인 인생과 우주를 낱낱이 분석하셨다. 이는 단지 색色·수受·상想·행行·식識이 임시적인 관계성으로 쌓인[積聚] 유위有爲의 생멸법일 뿐, 거기에는 어떤 실인아實人我와 실법아實法我가 본래 없다고 하셨다. 비유하면 파초의 잎을 하나씩 벗기면, 그 속에는 끝내 하나의 파초도 실제로 존재하지 않는 것과 같다.

5온에 대한 학설을 역사적으로 고찰해 보면 처음 석가부처님으로부터 시작되었는데, 이는 『아함경阿含經』에서 참고 할 수 있다. 한역 『아함경』에서는 5온五蘊이라 하지 않고 5음五陰이라 번역하였다.

'음陰'이란 가리고 덮는다는 의미이다. 이를 흔히 언급되는 유식3성唯識三性의 사례로 생각해보면 이해하기 쉽다. 즉 의타기성依他起性인 5온법을 실재라고 집착하면, 바로 우리의 진실한 원성실성圓成實性이 변계소집성遍計所執性에 가리고 덮인다는 뜻이다. 따라서 '온'과 '음', 즉 유위생멸법의 취합이 본성을 가린다는 것을 함께 종합하여 이해한다면 그 의미가 한결 분명해질 것이다.

불교에서 말하는 5온설은 아집과 법집을 타파하기 위해서 설해진 방편교설이다. 아집과 법집, 즉 주관[能]과 객관[所]에서 오는 상대적인 집착이 끊어져야 우리의 자성自性이 청정해지고, 청정한 그 자리가 바로 모든 고통으로부터 해탈한 진여[二空眞如]이기 때문이다.

여기에서 자성은 '자기의 본성'을 뜻한다. 주의해야 할 것은 '자기의 본성'이란 우리가 흔히 잘못 생각하고 있는 소아小我라는 범주의 개인적 본성이 아니다. 바로 나와 만물이 평등하게 보편한 하나의 자체이므로 상대성이 단절된 본래 청정한 체성體性, 즉 자타의 구별이 끊긴 자리를 '본성'이라 한다. 바로 이것이 불교의 '본성일체설本性一切說'이다.

어떤 사람은 5온에 대해 '실재하는 알맹이가 없다'는 말을 잘못 이해하여 '인생이란 허무하다'고 생각하고 염세心厭世心을 일으키는데, 이러한 태도는 5온설을 크게 잘못 배웠다고 할 수 있다.

불교의 근본교설인 3법인三法印에서는 제행무상諸行無常이라 하였다. 제행諸行은 색법色法과 심법心法으로 구성된 우주만유를 총칭하는 말인데, 여기에서 말하고 있는 5온법에 해당된다. 색심제법色心諸法인 5온은 항상하거나 고정불변함이 없기 때문에 이를 3법인에서는 제행무상이라 하였다.

이에 대해 『대지도론大智度論』 제52권에서는 이와 같이 정의하였다.

모든 법의 무상함이 바로 요동하는 모습이며, 요동하는 모습 그 자체가 바로 공의 모습이다[無常 即是動相 即是空相].

무상은 바로 변동하면서 한 찰나도 현재에 안주하지 않는다는 의미이다. 5온제법이 변동하면서 안주하지 않으면, 사물은 있다 해도 실체가 없다. 바로 환유즉공幻有即空의 의미이다.

따라서 움직이는 현상계, 즉 무상한 제행 그 자체가 바로 의타기성인 공空의 모습이므로, 변계소집의 집착을 끊기만 하면 아집이 본래공적한 원성실성이 환하게 발현하여 고륜苦輪이 단박 해탈적멸의 세계를 이룬다는 것이다.

현상계인 의타성과 본체인 원성실성의 상호관계성을 잘 이해하면, 불교 사상을 공부하는데 큰 도움이 될 것이다.

(1) 색온色蘊

5근五根 · 5경五境 · 법처소섭색法處所攝色을 합하여 총체적으로 하나의 '색온色蘊'이라 부른다. 5근은 안이비설신眼耳鼻舌身을, 5경은 색성향미촉色聲香味觸을, 법처소섭색은 극략색極略色 · 극형색極迥色 · 변계소기색遍計所起色 · 수소인색受所引色 · 자재소생색自在所生色을 말한다.

이상에서 열거한 모든 색법을 자세히 논변하려면 너무나 번잡하므로, 여기에서는 그 명목만을 나열하는 데에 그치기로 한다. 이에 대해 좀 더 깊이 있게 연구하고 싶다면 『대승아비달마잡집론大乘阿毘達磨雜集論』 · 『유가사지론瑜伽師地論』 · 『성유식론成唯識論』 등을 참고하기 바란다.

'색온'을 총체적으로 말하면, 안으로는 우리의 육신인 근신根身과 밖으로는 기세간器世間, 즉 우리의 식識이 내적으로 의지하는 동시에 외적으로 연려緣慮하는 모든 인식대상경계를 뜻한다.

이러한 색법이 성립하려면, 첫째는 형질의 장애[質碍]와 상대적인 마주함[有對]이 있어야 하고, 둘째는 방향을 나타낼 수 있어야 하며[方所示現], 셋째는 형질과 방향을 나타낼 수 있다 해도 찰나에 소멸하는 의미[觸動]를 갖추어야 비로소 '색色'이란 명칭을 붙일 수 있다고 한다.

이러한 색법은 다시 내색內色·외색外色·조색粗色·세색細色·승색勝色·열색劣色·원색遠色·근색近色·과거색過去色·현재색現在色·미래색未來色 등의 갖가지 차별이 있으며, 이 모든 색법들을 종합해서 임시적으로 한 무더기를 이루고 있기 때문에 '색온'이라 명칭한다.

시간적으로는 과거·현재·미래에 떠오른 모든 색법과 공간적으로는 일체의 자연현상계와 우리의 육신 내지 의식에 떠오른 관념적인 모습인 상상 속의 물질까지 모두 합해서 한 덩어리를 '색온'이라 부른다.

유정들이 의지하고 살아가는 광대한 자연현상계 가운데 유난히 특수하게 애지중지하게 여기는 색법이 있는데, 이는 바로 유정들이 개체적으로 소유한 신체이다. 이러한 신체를 내적인 자아상自我相의 모습으로 유난히 집착한다는 의미에서 내색內色이라 부르고, 외적인 자연현상계는 생명처럼 절실하고 소중하게 여기지 않는다는 의미에서 외색外色이라 부른다.

모든 유정들의 신체는 그들 스스로가 내적인 자아상으로 집착하는 것과 달리 실제로는 별개의 특수한 색법이 내재된 것은 아니다. 본래 자연현상계의 한 특수한 개체적 부분으로서의 색법일 뿐이다. 따라서 자연현상계를 떠나 독립된 자신 만으로서의 색법일 수 없다.

그럼에도 불구하고 모든 유정들은 이러한 이치에 미혹하여, 자기의 육신을 별개의 실재로 집착하고 있다. 다시 말해 육신을 내적인 자아

의 모습으로 잘못 인식함으로써, 자연현상계가 나와는 별개의 색법이
아닌 이치를 전혀 모르고 있다.

　실제로 우리의 신체는 자연과 하나의 모습으로 서로가 포섭된 관계
를 이루고 있는데, 인간은 스스로에 대하여 집착한 나머지, 자연과 둘
이 아닌 근원적인 전체보편성의 이치를 미혹하고 있다.

　옛 성현들은 중생들의 어리석음에 대해 다음과 같이 탄식 어린 말로
경책하였다.

　예나 지금이나 모든 유정들은 자기의 전체모습을 올바르게 아는 자가 극
히 드물다. 하늘의 청명한 모습은 자신과 하나의 모습으로서의 청명함이
며, 광대한 자연현상계 또한 그러하다. 그러나 사람들은 내적인 집착 때
문에 이러한 이치를 까마득히 모르고 있다. 사람들은 우주와 자신이 하
나의 이치인 진실하게 통일된 의미를 모르기 때문에 서로를 상대적인 관
점에서 인식하면서, 이것은 하늘이고 저것은 대지라고 상대적으로 구분
한다. 마치 손과 발이 나의 몸을 의지한 하나의 자체인 것을 모르고 이것
은 손이고 저것은 발이라고 생각하고, 또는 자기 한 몸에 갖추고 있는 이
목구비耳目口鼻인 것을 모르고 이것은 귀이고 저것은 눈이다, 하면서 따
로 분리하여 생각하고 있는 것과 같다. 이것이야말로 크게 미혹한 것이
아닐 수 없다.

　성현은 다시 이와 같이 말하였다.

천지만물의 만화만리萬化萬理를 자기와 하나로 보지 않고, 오직 자기의 이목구비만을 자기로 집착한다. 이는 마치 한 덩어리인 나의 몸 전체를 낱낱이 해부하고 분석하여, 하나하나의 부분만을 따로 자신의 것으로 집착하는 것과 같다. 이는 자신의 한 부분만을 집착하여 전체를 보지 못하는데서 일어나는 어리석음이다. 자기의 육신은 단지 6척六尺 또는 7척七尺 정도로 왜소하고 작은 소아적小我的인 모습에 그치지 않는다. 우물 속에 앉아 하늘을 바라보면 하늘의 광대함을 모르듯이, 소아적인 개인의 육신에만 집착하면 자신의 광대무변한 완전한 모습을 전혀 모르게 된다.

자세히 음미해보면 참으로 깊은 의미가 담겨 있음을 알 수 있다. 상대적인 집착심으로 바라보면 전체의 자연과 한 부분으로서의 내적인 육신이 서로 전혀 다른 모습으로 보일 것이다. 그러나 실제 모습은 전체의 자연이 자기의 육신과 상즉相卽하여, 하나의 생명체로 동일한 기맥氣脈이 서로 막힘없이 유통되고 있다. 그 오묘한 이치가 이와 같다.

『화엄경華嚴經』에서 말하고 있는 '일다상즉一多相卽'의 논리를 적용해보면 쉽게 알 수 있다. 우리의 한 부분을 통해 우주 전체의 이치를 알게 되면 자기의 몸이 광대한 자연현상계에 끼어든다 해도 왜소하지 않고, 전체가 한 부분과 상대적으로 장애하지 않으면 자기 몸에 자연현상계의 사물을 하나도 빠짐없이 갖추게 되므로 남지도 않는다. 이처럼 대소大小의 상대적인 견해가 없어져 전체와 부분이라는 상대적 관념이 모두 끊기면, 대상과 내가 하나의 절대자체로 동화된다.

궁극에는 진리의 경지에 도달하므로 이고득락離苦得樂의 경지가 실현될 수 있을 것이다. 이를 본 경문에서는 '색즉시공色卽是空'의 가르침에 담아 제시하고 있는 것이다.

(2) 수온受蘊

우리의 인식대상경계로서의 색온色蘊이 식자증분識自證分을 의지한 상분相分경계로 떠오르면, 자증분自證分을 의지하여 동시에 일어난 견분見分이 그 대상인 상분색경相分色境에 대해 반드시 상대적인 감촉을 일으킨다. 그러면서 그 대상의 역순경逆順境에 따른 주관적 감정의 호오好惡가 일어나는 것이 필연적인 귀결이다. 이처럼 주관 분별심이 상대적으로 눈앞에 떠오른 대상상분색경에 대해 어떤 감정으로 받아들이는 심리상태를 '수受'라고 한다.

이러한 이유로 수온受蘊이 색온의 다음에 놓이게 된 것이다. 이는 모든 유정들이 번뇌를 일으키는 모습을 평면적으로 나열하여, 번뇌가 일어나는 처소를 순차적으로 쉽게 알 수 있도록 가르친 부처님의 훌륭한 방편이라 이해할 수 있다.

수온은 세간에서 흔히 말하는 지정의知情意가운데 정情적인 방면, 즉 감정작용에 해당된다.

우리의 주관적인 견분분별심과 인식대상인 상분색경이 상대적으로 부딪치면, 그 대상에 대해 세 가지 감정이 일어나게 된다. 이를 3수三受라고 한다. 대상색경계를 괴로운 감정으로 받아들이는 고수苦受와, 반대로 그 경계를 즐거운 감정으로 수용하는 낙수樂受와, 괴로움과 즐거움 가운데 어느 쪽에도 치우치지 않는 무감각의 상태인 사수捨受가 그것이다.

대상에 대해 여러 가지 감정 일어나면, 감정에 따른 의식의 의지적인 행위조작[業]이 순차적으로 일어나게 되어 있다. 한번 감정이 일어나면 대상에 대해 실제인양 집착하고, 반드시 그에 대한 탐욕의 업[遍計所執性]을 일으키게 되는데, 이것이 수온이 지닌 현실작용상의 특성이다. 다시 말해 상분과 견분의 의타기성依他起性을 실재성으로 착각한 현상이다.

이를 구체적으로 설명해보자. 만약 우리가 즐거움의 경계로 떠오른 대상 상분색법을 아직 얻지 못했다면, 탐욕심이 일어나 어떤 수단을 동원해서라도 반드시 나의 소유물로 만들어야지 하는 집착을 일으키게 된다. 그리고 그것을 얻고 나면 다시 어떤 외부적 상황이 부딪쳐 온다 해도 절대로 잃지 않아야지 하는 탐욕심을 일으킨다.

반대로 괴로운 감정의 대상에 대해서는 그 경계를 만나지 않았으면 하는 탐욕심을 일으키고, 이미 경계를 만났다면 빨리 그 경계를 떠나 다시는 만나지 않았으면 하는 탐욕심을 일으킨다.

중생들의 이러한 탐욕심은 괴로움 혹은 즐거운 감정의 작용인 수온을 따라 일어난다. 우리의 감정에는 반드시 탐욕을 일으키는 작용이 동시에 내재해 있다는 것이다.

3수는 다시 5수五受로 분류되기도 한다. 3수에 정신적 측면의 감정 작용인 우수憂受와 희수喜受를 합해 5수라 한다. 또는 6근을 의지해서 고락사 3수를 감촉하므로 6수六受로 분류되기도 한다. 안근眼根이 색

경에 부딪쳐 일으키는 감정[受]으로부터 의식意識이 법경法境에 부딪쳐
일으키는 감정[受]까지의 여섯을 모두 종합한 것이다.

다시 육신과 마음을 의지해서 2수二受로 분류하기도 하는데, 신체적
측면인 고수와 낙수를 합한 신수身受와 정신적 측면인 우수와 희수를
합한 심수心受이다. 이 가운데 희수는 낙수에, 우수는 고수에 포함되
어, 이 두 부분을 하나의 신체적 측면으로 묶어서 통상 고·락·사 3
수라고 한다.

이밖에 맛에 대해 집착하는 감정의 형태에 따라 다시 분류하기도 하
지만, 모두 열거하기엔 너무 번잡하므로 생략하기로 한다. 자세한 내
용은『대승아비달마잡집론』등을 참조하도록 권한다.

이를 다시 과거와 미래의 감정으로 분류하여 총 11종수十一種受로 나
누기도 한다. 이처럼 중다한 감정 작용이 하나의 무더기를 이루었기
때문에 감정의 무더기라는 의미에서 '수온'이라 한다.

(3) 상온想蘊

수온을 통해 감정 작용인 호오가 일어나면 그 감정여하에 따라 대상
사물에 대한 고정 관념이 형성되는데, 이러한 관념을 일으키고 그 관
념에 걸 맞는 명칭을 부여하는 것이 '상온想蘊'의 특징이다. 이는 지정
의知情意 가운데 지知에 해당된다.

가령 푸른색을 띤 사물을 마주하고 인식할 경우, 이것은 푸른색이지
하얀색 또는 붉은색 등은 아니라고 한계개념을 규정지은 다음, 다른

푸른색 사물과 대비해서 상대적으로 추리하고 비교하게 된다. 예를 들면 푸른 옷인지, 푸른 꽃인지 구별 짓고, 그에 따른 명칭을 부여하는 것이 지적작용이다.

이러한 작용을 세분하여 6상신六想身으로 흔히 분류한다. 즉 우리의 안근에 부딪친 색경을 의지해서 일으키는 지적작용으로부터 의근에 부딪친 법경法境에서 일어난 지적 분별활동까지 말한다. 지적 관념에 따라 '무상無常인가, 유상有常인가' 또는 '무량無量인가, 유량有量인가' 하는 등의 끝없이 비교 추리하는 지적사고활동이 일어난다.

지적활동을 다시 과거와 미래로 나눌 경우 11종 상온의 차별이 있다. 이처럼 여러 지적활동이 하나의 무더기를 이루고 있기에 이를 '수온'이라 한다.

(4) 행온行蘊

수온과 상온은 이미 밝힌 대로 정情과 지知 측면의 활동이었다면, '행온行蘊'은 의意적인 측면, 즉 의지적인 충동에 해당된다. '행行'을 한 마디로 정의하면, 조작造作이라 할 수 있다. 즉 사심소思心所의 다른 명칭이다. 이는 업業 혹은 승乘과 동의어다.

『유식삼십론唯識三十論』에서는 다음과 같이 정의하였다.

사심소는 심왕心王으로 하여금 인식대상경에 대해 생각을 조작하게 하는 것으로써 자체의 성질을 삼고, 선악품善惡品 등 에 대해 심왕과 심소心所

까지 지배하는 것이 작용상의 특징이다.

이를 다시 말해본다면, 사심소의 특성은 단지 인식활동의 조작이기 때문에 그 조작하는 세력의 작용으로써 나머지 모든 심왕과 동시에 상응한다. 그리하여 심왕들이 선악품善惡品 등으로의 조작세력을 동시에 일으키게 한다는 것이다. 이는 우리가 항상 일으키는 신구의 3업 가운데 의지적 충동행위인 의업에 해당된다.

유의해야 할 것은, 사심소는 모든 심왕·심소가 그들끼리 동일한 행위로 조작하게 하는 세력이 있다는 점이다. 선악품 등에서는 심왕과 심소를 지배하는 것으로써 작용을 삼는다 하였는데, 여기에서 '품品'은 종류 또는 부류를 뜻한다. 이 선악품 등의 경계가 각각 서로 다르기 때문이다. 따라서 앞의 인용문에서 언급된 '등'에는 선품善品 뿐만 아니라 악품惡品까지 모두 포함된다.

앞서 상심소想心所는 인식대상으로 떠오른 경계에 대해 '선이다, 악이다'라는 인상을 취하고, 그에 대해 주관적인 지적판정을 한다고 하였다. 이 사심소는 지적판정을 이끌어 낸 선악경계에 대해 나머지 모든 심왕과 심소까지 어느 일정한 곳으로 집중시키는 작용을 한다. 그리고 대상경계로 활동이 일어나도록 지배하면서 선악 등의 일을 동시에 일으키게 한다. 따라서 사심소에는 나머지 모든 심왕과 심소까지 동시에 지배하는 작용상의 특징이 있다.

수온과 상온은 각각 인식대상 자체에만 국한되는 하나의 별개 심소 법心所法으로 설명되어 있다. 그러나 '행온'은 단순히 그 자체의 사심소법에만 국한되지 않는다. 여타의 모든 심소법과 불상응행법不相應行法까지 이 행온의 범주에 포섭된다.

일체의 심소유법心所有法은 총체적으로 5위五位로 분류하고 있다. 이는 최초일념기념심最初一念起念心인 변행심소遍行心所 5종과, 업을 일으키는 기업심起業心인 별경심소別境心所 5종과, 업을 짓는 조업심造業心인 선심소善心所 11종과 근본번뇌와 수번뇌심소隨煩惱心所 26종과, 선악이 아직 예정되지 않은 부정심소不定心所 4종을 합하면 총 51심소유법이 된다. 여기에 색법色法과 심법心法과 무위법無爲法에 상응하지 않고 일어나는 불상응행온不相應行蘊 24종까지 이 행온에 포섭된다.

이에 대한 자세한 내용을 알고 싶다면 『성유식론』과 『대승백법명문론』을 참고하기 바란다.

행온에 포섭되는 근본번뇌심소根本煩惱心所에 대해서는 앞서 밝혔으므로 여기에서는 선심소유법善心所有法에 대해 대략적인 내용만을 설명해 보기로 한다.

• **선심소善心所**

① **신심**(信心: 청정한 마음)

선심소 가운데 먼저 '신심信心'에 대해 말해보겠다. '신심'은 인순印順하는 대상경계를 지극정성으로 의지하면서 마음을 청정하게 하는 것이다. 그리고 불신不信의 마음을 대치하여 선업을 즐겨 행하게 하는 것이 그 작용상의 특징이다.

여기에서 '인순'이란 인식대상을 옳다고 인정하고 이치대로 순종한다는 의미이다. 따라서 마음으로 인순하는 경계에 대해 사람이든, 이치적인 도리이든 지극정성으로 의지하면서 추호도 의심하지 않는 마음 상태를 '신심'이라 한다.

이러한 신심의 상태에서는 다른 경계에 부딪친다 해도 색다른 변덕을 일으키거나 의심하는 마음이 일어나지 않기 때문에, 산만하게 오염된 번뇌의 마음을 청정하게 할 수 있는 것이다. 이로 인하여 그동안 올바른 도리를 불신했던 번뇌의 탁한 마음을 대치해서 다스리고, 선업을 즐거운 마음으로 행할 수 있는 것이다.

우리가 선업을 익히고 수행하려면, 요컨대 가장 먼저 해야 할 일은 결정적으로 인순하는 신심이 선행되어야 한다. 실로 청정한 신심이 우선되지 않는다면 우리의 마음은 끝없이 표류하여 일정한 지향점이 없으므로, 하려는 일에 대해 제대로 능력이 발휘될 수가 없다. 따라서 아무리 소소한 일을 하더라도 반드시 신심이 우선되어야 하며, 원대한 일을 성취하려면 그에 어울리는 커다란 신심이 동시에 수반되어야 한다.

이러한 신심이 의지하고 사려思慮하는 도리 또는 경계를 크게 둘로 나누어 설명할 수 있다.

하나는 진리를 깨닫고 성취하고자하는 희망적인 욕구이다. 여기에서 진리는 우리 자성自性의 이치를 뜻한다. 중생들은 본래 청정했던 자성이 미혹의 무명번뇌에 가리어 참다운 자성의 이치가 드러나지 않는다. 동시에 우주인생의 근원적인 이치를 환하게 밝히려는 욕구가 은연중 일어나게 되어 있다. 다시 말해 자신의 본래면목을 알고 싶어 하는 욕구가 있는데, 이것이 바로 진리에 대한 희망적인 욕구이자 근원적인 신심이다.

또 하나는 자신이 지닌 지혜력으로 올바른 신심을 일으키고, 다시 본성을 의지해서 올바른 수행을 일으키는 경우이다. 이는 자신의 지혜로 충분히 진리를 성취할 수 있다는 굳은 신념이 있기 때문이다.

여기에서의 수행은 사심소思心所에서 말했던 조작의 의미이다. 은미한 의업적인 사려로부터 일상생활 속에서의 신업과 구업이 현저하게 드러난 현실생활에 이르기까지 모든 창조적인 행위를 총체적으로 수행이라 한다.

수행은 본성을 의지해서 일어났기 때문에, 자신의 능력으로 확신했던 목적을 성취할 수 있다는 깊은 신념으로 무장하게 된다. 앞서 말한 진리를 성취하고자하는 욕구는 타력신심他力信心이고, 본성을 의지해서 올바른 수행을 일으키는 것은 자력신심自力信心에 해당된다.

이상에서 살펴보았듯이 신심의 의미는 지극히 엄격하다. 그러나 세상에서는 미신적 행위를 신심으로 착각하는 경우가 허다하다. 그들이 말하는 맹목적인 믿음은 그들이 바랐던 것과는 반대로 미혹을 야기하지만, 진정한 신심에는 미혹이 있을 수 없다.

결론적으로 신심을 정리하면, 스스로 진리를 밝히고 식별하여 그에 대한 스스로의 확신을 일으키는 마음이라 할 수 있다. 따라서 신심은 모든 미혹의 번뇌와 정반대되는 청정한 마음의 상태라 할 수 있다.

그렇다면 세상에서 말하는 맹목적인 미신은 불교에서 말하고 있는 신심과는 너무나 거리가 멀다는 것이 분명해진다. 모든 선행은 이처럼 청정한 신심이 바탕이 되지 않으면 일어날 수 없기 때문에 선업 가운데서도 가장 먼저 신심부터 언급되는 것이다.

『화엄론華嚴論』 40권을 저술한 이통현李通玄 장자長者의 '신심'에 대한 게송을 음미해 보기로 한다.

신심은 도의 근원이자 공덕의 모체이며	信爲道源功德母
신심은 일체의 선공덕법을 자라나게 하며	長養一切諸善法
신심은 무명번뇌를 끊고 애욕의 생사에서 벗어나게 하며	斷除疑網出愛河
신심은 끝내 구경열반을 성취하게 하는 밑거름이라네	開示無上涅槃路

모든 유정들이 세간의 일체 번뇌업을 끊고 궁극적으로 보리열반菩提涅槃을 증득하고자 한다면, 위없는 신심을 갖추지 않고서 그 목적을 성취하지 못할 것이다. 그러므로 모든 선법 가운데 신심이 근본임이 더

욱 자명해진다.

② **무탐심**(無貪心: 탐욕 없는 마음)

무시이래 끝없이 전개된 탐욕심을 대치하며 번뇌의 오염과 집착을
없애주는 마음 상태를 '무탐심無貪心'이라 한다.

'탐욕 없는 마음'을 좀 더 구체적으로 살펴보면, 여기에는 잘못된 습
기를 정밀하고 근엄하게 살펴 다시는 탐욕의 마음이 발동하지 않도록
깊게 금지하고 끊는다는 의미가 담겨있다. 다분히 수행 의지적인 측면
이라 할 수 있다.

여기에서 '없다'는 것은 단순히 '무無'의 뜻이 아닌, '우리의 올바른
의지를 통해 없앤다'는 의미이다. 우리의 육신은 외부와 동떨어진 독
립적인 개체로서의 사유물이 아니다. 일반적으로 잘못 일으키는 생각
과 달리 근원적인 이치의 측면에서 보면, 자기의 육신은 원래 천지만
물과 하나의 자체로 기맥이 소통한다.

이러한 이치를 두고 불교에서는 '3계일심三界一心'이라는 단 한마디
의 말로 실상實相의 이치를 통관通觀하고 있다. 이치가 그렇다면 천지
만물과 일체가 된 경지에서 육신을 관찰하고 일체의 개인적인 탐욕심
을 버린다면, 천지와 동일한 자득自得의 경지에서 각자의 모습이 놓이
게 될 것이다.

그런데 중생들은 과연 무엇 때문에 조그마한 자신의 형체에만 속박
되어 허망한 탐욕과 집착심을 일으키는 것일까. 그리고 본래 밝은 자
성해탈自性解脫의 올바른 모습에서 어찌하여 질곡속박의 길로 잘못 향

하고 있을까.

우리의 형체는 외면상 객관적인 사물과 주관적인 나 자신으로 별도로 분류된 듯 보이지만, 근원적인 자성의 보편성이라는 이치에서 살펴본다면 사물과 나 자신 사이에 피아彼我의 차별이 없다.

그러나 중생의 탐욕심은 이러한 이치에 어두워 서로를 등지고 자신의 육신에 대하여 집착하게 한다. 집착으로 인해 본성의 이치는 본래의 진실한 자성을 상실하게 된다. 이것이 모든 3계생사의 끝없는 순환의 시발점이자, 그 끝을 알 수 없는 상속유전의 안타까운 모습인 것이다.

따라서 이러한 이치를 엄밀하게 살피고 그동안 잘못되었던 '자체탐自體貪'을 반드시 끊어야 한다. 주의해야 할 것은 자신의 신체가 아닌, 신체에 대한 탐심을 끊으라는 점이다. 자기 신체에 대해 사욕을 버리지 않는 집착심이 바로 탐심이기 때문이다. 육신 그 자체가 별도의 탐심은 아니다.

우주만유의 모든 만물은 하나의 티끌에서부터 3천대천세계에 이르기까지 시작 없는 이래로 간단없이 생명의 활동이 계속되고 있다. 그렇다고 해도 생명의 실체적인 모습은 별개의 개체적인 모습으로는 얻을 수 없다. 끝없는 생명활동을 일으키는 근본 생명체는 어느 한 곳에 따로 집착으로 안주하지 않기 때문이다.

실제적인 따로의 모습으로 안주하지 않기 때문에 실재적인 사물로서의 별개의 생명체, 즉 '따로 그것이다' 하고 집착할 만한 대상이 없다. 이 의미는 『반야심경』의 5온개공五蘊皆空에서도 이미 분명히 밝히고 있다.

따로의 사물로 생명체가 독존하지 않는다면, 우주만유를 일으키는 근본생명체는 실제로 있는 것이 아니다. 이미 생명의 활동이 바로 무생無生의 이치에서의 발현한 모습이기 때문에, 우리는 응당 모든 생명에 대한 집착을 버리고 무생무멸無生無滅의 이치를 깨우쳐야 한다. 그곳이 바로 해탈의 경지이고 반야의 경지이며 적멸한 법신의 경지가 아니겠는가.

유정들은 생명의 활동이 허깨비 변화처럼 인연을 따라 활동하는 줄 모르고, 자기 한 몸의 생명체가 따로 존재하는 것으로 집착하여 자신의 생명만이 끝없이 이어지기를 바란다. 따라서 유정들은 그동안 잘못 집착했던 '후유탐後有貪'을 반드시 끊어야 한다. 이 역시 자체탐과 마찬가지로 후유로 이어지는 삶을 끊으라는 것이 아니라, 탐심을 없애라는 것이다.

모든 생명의 활동이 끝없이 무시무종無始無終으로 이어지는 것은 우주 근원적인 생명체의 보편적인 흐름이며, 한 개인만의 영속성이 아니다. 그러나 유정들은 이러한 근원적인 생명의 조화를 망각한 채 자기의 육신에만 집착하고 자기 후손만이 자기 생명의 분화라고 착각하여 자손을 번식하는 일에만 집착한다. 이는 인류뿐만 아니라, 동식물도 마찬가지다.

이에 대한 이해를 돕기 위해 중국의 고전인 『열자列子』의 예를 들어 보겠다. 외서外書의 사례이기는 하지만 '사속탐嗣續貪'을 단절해야만 한다는 필연성을 역설하고 있어 시사하는 바가 많다.

너의 육신은 개인 소유가 아니라 천지天地에서 잠시 위임받은 생명의 조화이며, 너의 자손은 너의 개인 소유가 아니라 천지의 끝없는 새로운 생명활동일 뿐이다.

자기의 후손이 자신의 개인소유라고 집착하는 중생이 있다면, 그는 모든 사람과 차별 없이 동일한 본성을 크게 미혹한 어리석은 사람이다. 그러므로 '사속탐'은 반드시 끊어야 한다.

남녀는 서로의 부족한 점을 보완해 완성된 삶을 이루려고 만난다. 서로가 하나의 생명체라는 관점에서 자비의 사랑을 아끼지 않으면서 공경하는 마음을 잃지 않아야 진정한 남녀 간의 사랑이다. 나아가 본성의 이치를 따르는 도리이다.

그러나 중생들은 단지 외형에만 집착하는 탐심 때문에 애욕에 깊이 빠져 행위와 마음이 금수와 다를 바 없이 되어 가는 것을 주위에서 심심찮게 볼 수 있다. 진정한 남녀 사랑의 이치를 알았다면, 잘못된 애욕심에서 벗어나 '남녀탐男女貪'을 반드시 끊어야 한다.

모든 유정들은 본성에 본래 청정한 공덕을 빠뜨림 없이 만족하게 갖추었으므로 자성 밖에서 별도로 구할 것이 없다고 불교에선 가르치고 있다. 역대조사는 이에 대해 '본래무일물本來無一物'이라 하였다.

우리의 외형을 봉양하는 물질적 수요에는 한계가 있다. 아무리 고대광실을 소유하였다 하더라도 실로 우리가 차지하는 수직적인 공간은 일곱자[七尺]에 불과하고, 평면적인 공간은 서까래 세 개의 넓이면 족하다. 이를 두고 수많은 조사어록에서 '삼조연하칠척단전三條椽下七尺

單前’이라 하였다.

그렇다면 모든 사람들은 자신이 현재 처한 분수에 맞게 유유자적하면서 물질 때문에 나의 본성을 해치지 말아야 한다. 만일 만족을 모르고 미친 듯이 탐욕심을 부린다면 진정으로 잃지 말아야 할 근본실제[本性]를 잃게 된다. 그러므로 ‘자구탐資具貪’은 반드시 버려야 한다.

장자는 「소요유逍遙遊」에서 말하였다.

요堯임금이 천하를 얻었건만, 본성의 이치를 깨닫고 천하에 대한 집착을 잊었다.

『논어』에서는 다시 이와 같이 언급하였다.

덕 높으신 순舜임금 · 우禹임금이여, 그들은 천하를 소유했건만 천하가 그들의 마음에 전혀 관여하지 않았다.

세속에서도 이렇듯 강조하고 있는 바, 하물며 불교의 가르침을 수행하고자 하는 지고한 뜻을 가진 이라면 더 말해 무엇 하겠는가.

중생이 탐탐貪貪과 개탐蓋貪을 부리는 것을 비유하면, 마치 누에가 자신이 살아갈 집을 누에고치로 만들어 완성하는 순간, 스스로의 생명이 끝나는 것과 같다. 유정들의 마음이 객관의 사물을 따라 끝없는 탐심으로 변하면 자기의 진정한 생명도 따라서 끊어진다는 것을 알아야 한다. 그러므로 ‘탐심’은 반드시 끊어야 한다.

진실하게 본성의 이치를 깨달은 사람이라면 자기의 견해만이 옳다고 집착하는 일이 없다. 절대 평등한 본성의 이치에서는 자기만의 아집견我執見이 성립되지 않기 때문이다. 그러므로 자기의 소유를 없는 듯이 여기고 가득 찬 것을 텅 빈 것과 동일시하면서, 사물이 부딪쳐 오는 데로 평등한 이치를 따르는 것을 지혜라 한다. 이 경지에서는 사욕에서 일어난 아집견이 일어나지 않는다.

장자는 이에 대해 말하였다.

진정한 도道는 애초에 이쪽, 저쪽이라는 따로의 한계가 없고, 이를 표현한 언어 역시 고정불변하는 실체가 따로 내재해 있지 않다.

그러나 모든 사람들은 자기의 견해만을 옳다 여기고 집착하기 때문에 시비의 차별과 상대방 견해에 대한 분노가 일어난다. 때문에 '견탐見貪'은 반드시 버려야 한다.

지금까지 여덟 종류로 대치하는 '탐욕 없는 마음'을 대략 서술해 보았다.

③ 무진심(無瞋心: 증오 없는 마음)

'무진심無瞋心'을 풀이하면, 상대방을 증오하고 한스러워 함을 없애는 마음이라 할 수 있다. 이는 증오하고 한스러워 했던 습기를 스스로 근엄하게 살펴 다시 그 마음이 일어나지 않도록 금지하고 끊는다는 의미이다.

일상생활에서 서로 얽힌 이해관계로 상대방에 대해 증오심을 일으키면, 바로 돌이켜 상대방을 측은하게 여기고 상대적인 이해관계로 비교하지 않아야 한다. 이것이 바로 자비심이다. 우리의 근본 마음은 자타自他의 차별을 떠나 모든 사물들의 근본 주체가 되어 그 이치가 어느 곳에서도 존재하고 발현하지 않는 것이 없다. 그 이유는 천하의 모든 사물은 동일한 절대의 대아大我로 평등하기 때문이다.

그러나 평소 증오심이 지나치게 강한 세력으로 발동하는 중생의 경우, 상대방에게 자신의 증오심을 숨기려 해도 미혹한 증오심은 더욱 드러나기 마련이다. 이것이 일반 범부들의 일상적인 모습이다. 이로 인해 마음속에서 이성과 욕구가 끝없이 대립하게 되는데, 이럴 땐 '증오 없는 자비의 마음'인 무진심을 의지해야 미혹의 증오심을 이기고 서로 함께 화평해 질 수 있다.

모든 중생들의 본심은 천연적으로 밝다고 부처님께서는 가르치고 있다. 그러나 밝은 마음은 청정한 습기를 의지해야 환하게 나타난다. 우리는 평소생활에서 항상 청정한 습기인 '증오 없는 마음'으로 청정한 본성을 따라야 한다. 외부적인 이해관계에 따른 증오심 때문에 우리 본성의 자비를 잃어버려서는 안 되며, 모든 사물을 나와 하나의 자체로 평등시하여 본성의 진실함을 끝까지 추구해야 한다.

만약 증오심이 일어나지 않는다면, 그동안 대립관계를 이루었던 낱낱의 사물들을 하나도 빠짐없이 한 모습으로 자기화되어 자기의 본성에 모든 공덕이 드러나게 될 것이다.

일상적인 관점에서 이런 의문을 제기할 수도 있을 것이다.

'만일 상대방이 포악하게 나오면 어떻게 대처해야만 하는가.'

상대방이 포악하게 나오면 포악의 정도만큼 증오심을 일으킨다 해도 실제로는 증오심을 일으킨 것이 아니다. 증오심은 상대방의 포악에 의지했을 뿐, 내 개인의 사욕이 개입하지 않았기 때문이다.

상대방의 포악함이 삶을 위협할 지경이라면 당연히 법과 도덕의 측면에서 심판을 받고 다스려지기 때문에, 그에 대한 증오심이 나의 본성에 한 점의 누를 끼치지 못한다. 때문에 포악한 상대방을 법으로 주살誅殺한다 할지라도 이는 자신의 행위에 해당되는 증오심이 아니다.

상대에 대한 증오심이 개인의 사욕에 의지하지 않는다면, 상대방을 불쌍히 여기고 구제하려는 자비심으로 충만한 증오심이 될 것이다. 그러나 이러한 이치를 모르고 상대방의 포악함에 대해 개인적인 증오심으로 보답한다면, 본성평등의 이치를 이미 상실한 것이 되기 때문에 증오심은 끝없이 반복되어 뜨거운 열뇌熱惱가 단절되지 않을 것이다. 그러므로 '유정진有情瞋'은 반드시 끊어야 한다.

우리가 살아가는 처소에 따라 그때그때 증오심 없이 안주한다면, 어떤 역경계에 부딪친다 해도 머무는 처소가 바로 안락국安樂國이 될 것이다. 반대로 마음이 주위의 환경에 속박을 받는다면, 천지가 비록 무한하게 광대하다 할지라도 이 조그만 육신하나 용납할 곳 없이 협소해질 것이다. 그러므로 '경계진境界瞋'은 반드시 끊어야 한다.

끝없는 시비에 대한 집착의 원인은 중생들이 항상 망상집착심으로 사물을 바라보는 데에서 기인한다. 옳고 그름이 둘이 아닌 평등한 본성의 이치를 보지 못하면 어느 한쪽만을 옳다고 여겨 집착하게 된다.

이로 인해 치우친 견해를 일으키게 된다.

장자莊子는 이에 대해 다음과 같이 말하였다.

시비是非의 견해가 대립적으로 드러나면 근원적인 시비없는 도는 무너지고, 각자가 고집한 시비의 견해를 따라 애욕이 차별적으로 성립한다.

이것이 견해에 대한 증오심, 즉 '견진見瞋'의 모습이다. 견해에 대한 증오심이 일어나면 일상적인 사소한 시비는 물론, 국가 간의 전쟁 등 참혹한 결과에 이르는 경우가 많았음을 역사적인 사실에서 살펴볼 수 있을 것이다.

시비가 본래 없는 평등한 본성의 이치를 살피는 사람은 자신만이 유일하게 옳다는 아집의 견해를 일으키지 않는다. 때문에 시비가 끊어진 평등한 경지에서 유유자적 할 수 있다. 그러므로 '견진'은 반드시 끝까지 끊어야 한다.

④ 무치심(無癡心: 사물의 이치에 어리석음 없는 마음)

어리석은 마음을 대치하면서 이치와 사물을 본성의 밝음으로써 이해하여, 그에 대한 미혹이 전혀 없는 것을 '무치심無癡心'이라 한다.

그렇다면 '어리석음 없는 마음'은 무엇을 근거로 해서 일어나는가. 올바른 주의력으로 인해 우리의 본심이 희미하게나마 밝아지면, 확고한 신심 때문에 본래 청정한 마음의 이치를 이끌어 낼 수 있다. 이때 우리 자성에 본래 밝은 지혜가 일어나는 것이다.

자성의 지혜를 의지하기 때문에 모든 사물과 이치에 대해 분명한 이해가 일어난다. 대체로 분명한 이해는 후천적인 노력에 의해 얻어지며, 많은 경험을 쌓을수록 범위는 더욱 광대해진다.

우리의 자성에는 본래 밝은 분명한 이해의 작용이 있다. 때문에 진제眞諦의 이치에서는 일체의 허망한 분별을 멀리 떠날 수 있고, 속제俗諦에서는 대상의 경지에 걸맞게 앎으로써 망상의 견해로 인해 실제의 사실을 혼란시키지 않게 되는 것이다.

『유가론瑜伽論』57권에서는 다음과 같이 말했는데, 그 의미는 매우 심오하다 하겠다.

대자비는 증오 없는 마음과 어리석음 없는 마음을 의지해서 일어난다.

우리 주위에서 일어나는 흔한 일을 면밀히 살펴보면, 증오심이 아직 다하지 않은 사람에게서 진정한 자비를 기대하기가 어렵다는 것을 쉽게 알 수 있다. 올바른 지혜가 없는 사람은 올바른 자비심을 일으킬 수 없다.

이상에서 설명한 세 가지 선한 마음을 '3선근三善根'이라 하는데, 이는 탐진치인 '3불선근三不善根'을 대비해서 수립된 명칭이다. 10악업도十惡業道가 3불선근을 의지해서 일어났다면. 10선업도十善業道 역시 3선근을 의지해서 일어난다는 것을 알 수 있다. 그러므로 3선근이야말로 모든 선업善業을 일으키는 근본인 것이다.

⑤ **정진심**(精進心: 선을 수행하고 악을 끊는 마음)

'정진심精進心'은 선행을 끝까지 닦고 악업을 남김없이 끊는 수행과정에서 만족함이 없는 향상정진과 이로 인해 어떤 번뇌에도 물들지 않는 순수한 마음을 자체의 성질로 삼는다. 이를 통해 게으름에 대치하여 선업을 끝까지 원만히 성취하는 것으로써 현실작용상의 특징이 나타난다.

요약하면, 스스로 강건한 수행을 하면서 잠시도 쉬지 않고 부지런히 전진하는 것을 말한다. 그러므로 번뇌인 염법染法과 무기업無記業에는 당연히 정진의 의미가 있을 수 없다.

어리석은 사람은 악한 행위를 쉴 사이 없이 부지런히 행하기 때문에 나날이 죄업의 구렁텅이로 타락한다. 그런데 악한 행위 역시 부지런히 행했으므로 정진에 포함되지 않겠느냐고 반문할지 모른다. 그러나 이는 정진이 아니라 해태심懈怠心에 속한다. 악한 행위를 부지런히 행한 만큼 선행은 퇴보를 거듭했기 때문이다.

앞서 설명했던 3선근을 통해 우리는 선업을 일으키고, 다시 정진을 따라 이미 일으켰던 선업을 더욱 견고하게 하여 나날이 높고 밝은 곳으로 취향해야 한다. 그 때문에 정진에는 선업을 끝까지 원만하게 채운다는 의미가 내포되어 있다. 세간에서는 지智・인仁・용勇이라는 세 가지 덕목으로 모든 선업을 통체적으로 포섭한다.

선업을 이 세 가지 덕목에 굳이 대비해 보면, '3선근'은 인仁을 행하는데 해당되고, '정진'은 용勇에 해당되며, 지혜로 사리를 결단하고 올바르게 선택하는 '무치無癡'는 지智에 해당된다. 따라서 용맹한 정진력이 없다면 '인'으로서의 사랑이나 지혜도 성립되지 못할 것이다. 그러므로 '3선근'의 뒤를 이어 바로 '정진'이 꼽혀지는 이유를 보다 명확히 이해할 수 있을 것이다.

불교에서는 모든 선업을 11종 심소법心所法으로 분류하지만, 여기에서는 정진선심소精進善心所까지만 밝히겠다.

• 불상응행온不相應行蘊(색심법의 분야별 차별)

'불상응행온不相應行蘊'이란 상응행온相應行蘊에 대비하여 붙여진 명칭이다. 후천적으로 일어나는 경험적 인식활동인 심소유법心所有法은 선험적 인식활동인 심왕법心王法과 서로 호응한다. 그 심왕법에 소속되어 심왕의 인식활동을 보조함으로써 인식활동을 완성시키는 심리적 작용을 '상응행온'이라 지칭한다.

그러나 불상응행온은 단지 색법色法·심법心法·심소유법에 소속되어 '일어나는 법[生法]'이나 '머무르는 법[住法]' 등을 성취할 뿐이다. 색법色法 그 자체를 떠난 상태에서 따로 실재하는 '일어나는 법'이나 '머무는 법' 등이 존재하는 것은 아니다.

색법 등은 인연에 따라 취합되기 때문에 일어나는 상태를 두고 '생生'이라 표현하는 것이지, 결코 색법 자체 밖에 별도의 '생'이라는 실재가 있어 색법 등을 일어나게 하는 것은 아니다.

'주住'는 이미 일어난 색법이 일정 기간 머무는 상태이다. 일어난 색법이 일정 기간 자체의 모습이 상속하면서 바로 변괴變壞되지 않는 상태를 굳이 '주'라고 이름을 붙인 것이지, 따로 '주'라는 법의 실재가 있어서 색법이 일정 기간 변괴되지 않고 상속하는 것이 아니다.

변이變移하는 '이異'도 제법의 전변轉變하는 상태를 가리키는 말이며, 소멸하는 '멸滅'도 모든 제법의 활동세력이 다하면 자연히 괴멸하는 상태를 말한 것이다. '주'나 '멸'이라는 실체가 따로 있어서 제법을 괴멸하게 하는 것이 아니다. 왜냐하면 불상응행온법은 색법과 심법처럼 실체가 없고, 그 자체로서 따로의 작용이 없기 때문이다.

이를 가리켜 '색법 등과 직접 하나로 상응하지 않은 상태에서 진행한다'고 해서 '불상응행온'이라 한다. 생주이멸生住異滅의 법이 그렇다면 득得·비득非得 등 나머지 불상응행온도 여기에 준해서 알 수 있을 것이다.

불상응행온을 다시 요약한다면, '행'은 제법이 천류하는 행상行相을 의미한다. 이는 그 자체도 작용도 따로 없으므로 색심제법色心諸法과 하나로 상응하지 않는다. 그런 까닭에 천류하는 행상이라고 의미를 규정할 수 있다. 이를 '색심분위차별법色心分位差別法'이라고도 부른다.

이상으로 상응행온과 불상응행온 등 두 분야에서의 행온行蘊을 대략 살펴보았다. 세분화하여 과거·미래의 행온으로 나눌 수 있지만, 여기에서는 생략하기로 한다. 행온도 이처럼 중다한 법이 모여서 이루어진 것이다.

(5) 식온(識蘊: 여덟 개 분별심)

'식온識蘊'은 심心·의意·식識 등 세 가지 차별을 하나로 통합해서 지칭하는 말이다. 유정들의 근본식인 제8아뢰야식第八阿賴耶識은 우리가 신구의 3업으로 선업이든 악업이든 그 어떤 행위를 단 한번이라도 일으키면 일과성으로 끝나지 않고, 반드시 일으켰던 만큼의 잠재세력이 흔적으로 남게 된다. 이러한 잠재세력들은 제8 근본식 자체에 함장되었다가 외부의 인연조건을 만나면 그 세력이 다시 현재의 활동, 즉 전7식前七識의 현행으로 일어난다.

종자세력이 현행으로 활동을 일으키면, 선업이든 악업이든 현재의 활동세력은 다시 그 만큼의 잠재세력을 제8식에 동시에 함장하여, 외부로 활동할 수 있는 여건이 갖추어 질 때까지 종자로 간직하게 된다. 제8식은 이러한 자체성질과 작용상의 특징을 갖추고 있기 때문에 우리 마음의 상태를 가리켜 '심心'이라 부른다.

유정들은 제8식으로서의 '심'을 근본의지처로 갖추고 있기 때문에 과거에 겪었던 경험을 하나도 잊지 않고 현재까지 지닐 수 있다. 이를 토대로 새로운 경험과 지식을 학습함으로써 갖가지 현실적인 기능을 이룰 수 있다. 따라서 선행과 악행 등 모든 행위를 의지여하에 의해 빠짐없이 성취할 수 있는 것이다.

실로 유정들에게 '심'이 없다면 과거의 경험이 새삼 현재의 지식으로 일어날 근거가 없기 때문에, 어떤 일이든 한번 지나고 나면 바로 망각하여 그동안의 경험은 영영 사라지고 말 것이다.

이처럼 어떤 경험도 축적되지 않고 순간순간 마치 연기처럼 사라진다면, 수행인들이 어떻게 불도를 수행해서 깨달음을 성취하겠는가.

출세간 선업뿐만 아니라 세간의 악업도 '심'을 근본의지처로 삼지 않는다면, 괴로움의 과보를 부를 근거도 역시 없게 될 것이다.

이와 같다면 정신적으로 과거의 경험이 축적되지 않을 뿐만 아니라, 육신도 찰나의 소멸로 단멸斷滅하여 전후의 연속성이 없어지기 때문에 생명의 활동력은 한 찰나에 일어났다가 곧 사라지고 말 것이다. 그러므로 '심'이야말로 나머지 모든 '식'의 근본의지처가 되므로 이런 의미에서 '본식本識'이라는 이름으로 부르기도 한다.

또 '심'은 우리의 근신根身이 생명활동을 할 수 있도록 수명을 누리는 일정 기간동안 마음과 몸을 서로 연대해서 단절하지 않도록 유지시켜준다. 밖으로는 우리가 의지하고 살아가는 국토에도 적용되어 세계를 유지시키는 한량없는 능력이 있다. 이를 가리켜 불교에서는 일반적으로 업력業力이라 한다.

그러나 '심'의 이치를 모르는 세간 사람들은 영혼을 주재자로 집착하며, 신아神我와 만물을 일으키는 기능이 별도로 있다거나 혹은 만물을 창조하는 절대주재자가 우리의 심식心識 밖에 따로 존재해 있다고 집착하는 경우가 매우 많다. 이를 불교에서는 잘못된 사견인 아집我執과 법집法執이라 한다. 이 두 집착의 뿌리는 의타기성依他起性의 실체를 모르는 근본무명에서 일어난다는 것에 대해 앞서 밝혔다.

모든 유정들이 이러한 이치를 끝까지 깨우칠 수 있다면, 그곳이 바로 완전한 성불의 경지일 것이다.

'심'의 이치를 자세하게 알고 싶다면, 반드시 『성유식론』을 깊이 연구해야 할 것이다. 이론이 너무나 방대하고 치밀하기 때문에 이를 이해하기 위해서는 고도의 집중력과 노력을 쏟아야 할 것이다.

'의意'는 제7말나식第七末那識을 가리킨다. 제8식인 '심'경계를 인식 대상으로 하여 항구하게 살피고 사량하면서 제8식 견분見分을 실재하는 자아自我로 집착하는 특성 때문에 '의'라고 명칭을 붙인 것이다.

또한 '의'는 의근意根이 되어 전6식前六識의 의지처가 되기도 한다. 그러므로 말나식을 염정의染淨依, 즉 번뇌염법煩惱染法과 청정무루법淸淨無漏法이 의지처가 되는 식이라고 부르기도 한다. 염정제법染淨諸法이 모두 이 의근인 말나식을 의지해서 일어나기 때문이다.

번뇌염법이 일어나는 원인을 따져 보면, 말나식이 제8식 '심'을 실아실법實我實法으로 집착하는 착각에서 기인한다. 따라서 '의'가 근본이 되어 항구하게 아법집我法執이 일어나게 된다. 아법집 때문에 유정들이 설사 제6현재의식으로 선행을 일으킨다 해도 그것은 아집상에 집착한 유루有漏의 선행이 되기 때문에, 결과적으로 선업은 생사生死의 유루법을 이루고 만다. 그 결과는 당연히 세간생사의 유전流轉이며, 이럴 경우 '말나식'은 번뇌염법의 의지처가 된다.

이와는 반대로 '의'에서 진여에 대한 평등무분별지平等無分別智를 일으키면, 말나식은 집착이 끊어진 청정한 상태가 된다. 이를 의지해서 일어난 제6식 역시 청정한 무루無漏로 작용하여 무루성도無漏聖道가 일어나기 때문에 이럴 경우 무루청정법의 의지처가 된다. 이러한 두 가지 특성이 있으므로 말라식을 '염정의'라는 또 다른 명칭으로 부르는 것이다.

전6식의 활동은 모든 인연의 조건을 구비하지 않으면 간격과 단절이 있겠지만, 말라식은 어떤 시간이나 공간대에서도 반드시 제8식을 의지하여 항구하게 활동한다.

다음으로 살펴볼 것은 '식識'이다. 이는 여섯 개의 식[前六識]을 한 덩어리로 합해서 지칭하는 말이다. '식'은 각자의 인식대상 경계마다 따로 따로 상응한다. 하지만 상응하는 순간 마주한 대상계對象界를 따로 명료하게 식별해서 아는 작용상의 측면에서는 특징이 모두 동일하다.

안식眼識은 따로의 대경對境인 색경色境을 명료하게 식별해 알며, 이식耳識은 따로의 성경聲境을, 비식鼻識은 향경香境을, 설식舌識은 미경味境을, 신식身識은 촉경觸境을 명료하게 식별한다. 의식意識은 색 · 성 · 향 · 미 · 촉 등 5진五塵경계를 종합통일해서 하나의 구체적인 사물로 식별한다. 이를 법경法境이라 한다.

가령 안식은 단지 대상 사물의 색이 청색인가 황색인가 하는 등의 단순한 인식만 하지만, 의식은 안식이 단순하게 인식한 대상의 국한된 색에 대해 다시 그 색은 아름다운지, 아니면 추한지를 분별할 수 있다. 또한 안식이 단순하게 점획의 색깔형태로만 인식했던 문자 획을 종합분별해서 문장으로 구성하여 하나의 사상체계로 구성할 수도 있다.

따라서 선악과 시비와 그에 따른 공과功過, 이 모든 차별이 일제히 인식대상으로 떠오를 수 있는데, 이는 전6식 가운데 오직 제6의식만이 할 수 있는 능력이다.

안·이·비·설·신식[前五識]은 단지 현재 직접 눈앞에 마주한 경계를 자체 모습[自相]만으로 인식할 수 있다. 이를 종합통일하고 더 나아가 시간적으로 과거·현재·미래에 걸쳐 광대하게 인식활동을 일으키는 것은 제6의식만이 할 수 있다.

의식은 안식이 일어날 때 반드시 함께 동시에 일어난다. 안식이 인식한 색경色境 자체상에는 의식도 함께 활동을 일으켜 비교추리하기 때문이다.

안식이 이러하다면 나머지 비식으로부터 신식까지도 여기에 준한다는 것을 미루어 알 수 있을 것이다.

또한 의식은 법경, 즉 일체제법을 인식할 뿐만 아니라 인식했던 제법에 대해 즐거움과 괴로움 등의 모든 감정을 느끼고, 그 느낀 감정에 의해 일체의 선업과 악업을 조작할 수도 있다. 따라서 제8심식은 모든 과보가 집합하는 총체적인 주체[總報主]이고, 제6식은 총체적 과보를 부르는 모든 선악업인善惡業因을 짓는 주체이다[別報主].

그러므로 모든 중생들이 인간, 천상, 또는 지옥으로 윤회하면서 끝없는 미래의 새로운 과보를 받고 태어나는 일은 온전히 '의식'이 현실로 활동하면서 순간순간 지은 선악업인을 의지해서 일어난다고 할 수 있다.

앞서 대략적으로 설명한 심心·의意·식識 등 세 가지를 세분해서 나누면, 안·이·비·설·신·의식과 제7말나식과 제8아뢰야식으로 분류할 수 있다. 이를 다시 과거 · 현재 · 미래식으로 분류하기도 한다. 이렇게 많은 식들이 모여서 하나의 임시적인 무더기를 이루고 있기 때문에 이를 가리켜 총체적으로 '식온識蘊'이라 한다.

5온 가운데 식온의 선후 배열차례를 살펴본다면, 유정들의 심식은 반드시 내적으로 5근을 의지하고 외적으로 5경을 대상으로 해야 비로소 분별활동이 일어난다. 때문에 '식'이 생기하는 순서를 따라 가장 먼저 5근과 5경을 하나로 합친 '색온'을 배열하였다.

이처럼 우리의 식온, 즉 8식 자증분自證分이 인식대상인 상분색경相分色境에 상대적인 모습으로 마주하면, 그 사이에서 반드시 감정 작용이 일어나 대상 색경에서 고락苦樂의 감정을 받아들이기 때문에 '색온' 다음으로 '수온'을 나열하였다.

대상에서 받아들인 고락의 감정이 우리의 심식을 감정적으로 자극하면 감정대상에 대한 명료한 이해를 추구하게 된다. 때문에 '수온' 다음으로 지적 판단 활동인 '상온'을 배열하였다.

대상에 따른 고락에 대한 지적 판단이 이루어지면, '즐거움은 선이다, 괴로움은 악이다' 하는 등의 일정한 언어적 명칭을 부여하고, 개념규정에 따른 분별을 일으키게 된다. 이미 대상경계에 따른 고락감정에 대해 지적 판단이 끝나면, 좋고 싫음[好惡]의 반응을 일으켜 충동적 의지작용인 조작을 하면서 즐거운 경계는 취하고 괴로운 경계는 버리는 의지작용이 일어난다. 때문에 '상온' 다음으로 '행온'을 배열하였다. '행온'을 따라 일으킨 선업이나 악업은 미래의 과보인 아뢰야식을 다시 잉태하게 된다.

현재의식의 조작으로 잉태된 미래의 과보인 아뢰야식을 의지해 다시 다음 생의 5온 활동을 일으키면 생사가 단절 없이 왕복하면서 그 고리가 끝없이 순환하게 된다. 이것이 중생들의 단절 없는 삶의 모습이다.

이처럼 5온법을 색·수·상·행·식의 순서로 배열한 것은 무슨 까닭일까. 이는 심리작용인 분별심을 일으키고 업을 짓는 순서에 따라 배열함으로써, 모든 중생이 이해하기 쉽게 하여 번뇌생사煩惱生死의 고통을 끊어주려는 부처님의 자비하신 방편교설이라 하겠다.

불교에서는 무엇 때문에 번거로움을 마다하지 않고 5온을 낱낱이 분석하여 설명하였겠는가. 색법과 심법을 낱낱이 해부해야만 총체적인 아집상我執相이 분해되어 성립근거를 잃기 때문이다.

모든 유정들은 5온법이 의타기성依他起性인 것을 모르고, 변계소집성遍計所執性으로 실아실법實我實法의 아집상으로 집착한다. 그 때문에 이 같은 총체적인 아상[五蘊]을 낱낱이 분석함으로써 아집의 성립근거를 확실하게 없애주고 있는 것이다.

다음으로 5온은 하나인가, 아니면 많은 것인가에 대해 다시 정리해 보기로 한다.

먼저 5온은 숫자적으로도 따로의 다섯이며, 하나하나의 온蘊도 다시 많은 요소들이 한 덩어리로 온축되었다는 의미로 쓰여진 것이라고 앞서 설명했다.

하나가 아닌 다섯이라면 그것이 실아실법이 아닌 것을 바로 알 수 있는데, 절대의 실아법은 이처럼 다섯이라는 많은 법이 상호의존관계에서 구성될 수는 없기 때문이다. 따라서 총체적인 아상 5온은 실아실법이 아닌 것이 분명해졌다.

그렇다면 하나하나의 '온'은 또 어떠한가. 따로 하나하나의 '온'도 실아법은 아니다. 그 이유는 색色 · 수受 · 상想 등 낱낱의 '온' 역시 많은 요소가 적취積聚하여 한 덩어리로 성립하였기 때문이다.

이처럼 5온은 많은 법이 서로의 연관관계로 의지해서 임시로 성립되었기 때문에 절대보편의 하나가 아니고, 절대의 하나가 아니므로 상주하는 실아실법도 아닌 것이 분명해진다. 이로 인해 분명히 얻을 수 있는 결론은, 내적인 자아법이든 일체제법은 모두 무아상이며 공성이라는 점이다.

유정들은 5온을 의지하여 임시로 성립하였기 때문에 실아가 성립되지 않는다. 실아가 성립되지 않는 낱낱의 유정들이 집합하여 하나의 가족을 구성하고, 임시 가족이 다시 집합하여 국가를 이루고 세계에 이르기까지, 그 어떤 실아도 성립하지 않는 무아로서의 허상일 뿐이다.

그러나 유정들은 나 홀로의 실아 이외에 공동의 실아가 있다고 굳게 집착하고, 이를 의심하지 않는다. 집착하는 정도에 따라 이것은 우리 나라이고, 이것은 우리 가족이라는 한계를 분명히 확정지음으로써 이에 따른 크고 작은 분쟁이 끝없이 일어난다. 이것이 모든 유정들의 역사순환현장이다.

따라서 하루 빨리 5온 무아법無我法을 깨우쳐야 개인과 인류가 모두 고통에서 해방되어 안락한 정토를 구현할 수 있을 것이다.

2. 식상識相과 종자種子

1) 식상識相의 의미

　'식온'에 대해 정확히 이해하기란 유식학을 전공한 학자에게도 사실 쉬운 일이 아니다. 때문에 독자의 이해를 돕기 위해 별도의 항목으로 『유식론』에서 그 개요를 간단히 발췌해서 부기附記하는 바이니 참고하기 바란다.

　중생마다 갖추고 있는 여덟 개의 심식心識, 즉 '식識'은 그 하나만으로 성립되는 것이 아니라, 인식활동의 영역인 대상경계를 동시에 내포한 단어이다. 주관적인 인식활동의 특징적인 모습인 '식'은 인식할 대상경계가 없으면 독자적으로 성립할 수 없기 때문이다.

　주의해야 할 것은, '유식唯識'이라는 단어에는 우리의 심식활동만 있을 뿐, 아예 현상사물이 없다는 의미가 아니라는 점이다. 유식학에서는 단지 우리의 심식 밖에 홀로 별도로 존재하는 사물에 대한 집착을 인정하지 않는다.

이러한 특성을 지닌 '식'을 설명하기 위해서 많은 명칭들이 병존한다. 이를 심心 · 의意 · 요별了別 · 분별分別 · 현행現行 등으로도 부르는데, 이 가운데 '심心'이라는 명칭은 8개의 심식에 두루 통용된다. 그러나 특수한 의미의 측면에서는 유독 제8식만을 지칭하기도 한다. 제8식이 집기集起라는 특성적인 활동을 일으키는 바가 다른 일곱 개의 여타 식들보다 두드러지기 때문이다.

집기의 의미에 대해 부연하면, 전7식이 현행으로 활동하면서 훈습한 모든 종자세력을 제8식에 함장하였다가, 그것이 인연을 만나면 다시 전7식의 활동으로 일어나는 것이다. 이것이 중생 윤회의 모습이다.

다음으로는 제7식만을 '의意'라고 지칭하는데, 이는 8개 심식 가운데 사량思量의 특성이 유독 뛰어나기 때문이다. 사량이라는 것은 제8식의 견분見分활동이 자체 심식내의 작용이라는 것을 모르고 실재하는 아상我相으로 사찰양탁伺察量度한다는 의미이다.

그 다음으로는 전6식을 통체적으로 '식識'이라 한다. 이는 따로따로의 대상경계를 명료하게 식별하는 작용이 여섯 개 식 모두 공통적으로 특수하기 때문이다.

이상에서 열거한 내용을 환언하면, 전6식을 '식', 제7식을 '의', 제8식을 '심'이라 하는데, 종합해서 하나의 '식'이라는 단어로 표현한다.

여기에서 주의할 것은, '식'이라는 하나의 단어에는 일체 유정들이 각자 갖추고 있는 8개 심식을 총체적으로 표현하고 있다는 점이다. 한 사람 일신一身 가운데 갖춘 식만을 지적한 것이 아니라는 것이다.

8개 심식은 안식으로부터 의식 등 여섯과 말나식과 아뢰야식을 지칭한다. 이 8개의 식은 각각 그에 상응하는 심소心所가 있다. 따라서 '식'이라는 한 단어에는 바로 그에 상응하면서 일어나는 심소까지 포함한다는 것을 알아야 한다.

가령 안식의 경우, 안식에 상응하는 촉심소觸心所까지 모두 포함된다. 나머지 식도 여기에 준해서 알 수 있을 것이다.

이상의 8개 심식을 다시 각각 2분二分하여 상분과 견분으로 설명한다. 안식이 인식하는 대상인 색경을 안식상분眼識相分이라 하고, 상분 경계相分境界를 명료하게 식별하는 주관적인 인식활동을 안식견분眼識見分이라 한다. 이러한 견상2분見相二分을 합해 하나의 안식이라 부른다. 나머지 7개의 식도 이와 같다.

식에 대한 논사論師들의 견해에 따라 다시 3분三分·4분四分, 또는 1분一分으로 분류하기도 한다. 4대 논사의 설을 소개하면 다음과 같다.

안혜安慧논사는 오직 자증1분自證一分만을 수립하였는데, 이는 만법 유식문萬法唯識門의 측면이 강하다. 난타難陀논사의 경우 상견2분相見二分을 수립하였으니, 이는 만법을 심경문心境門에서 고찰한 경우이다. 진나陳那논사는 3분설三分說을 수립하였는데, 이는 만법 체용문體用門이다. 호법護法논사는 4분四分을 수립하였는데, 이는 양과문量果門의 측면에서 고찰한 학설이다.

재차 강조하면, 식이라는 하나의 단어는 그에 상응하는 심소까지도 포함된다는 것을 알아야 한다. 안식의 예를 들면, 하나의 안식심왕眼

識心王에 다수의 심소가 복합적으로 구성되어 하나의 안식이 이루어진다.

하나하나 심왕자증분心王自證分으로서의 식마다 견상2분의 복합체이듯, 그에 상응해서 일어나는 각각의 심소 역시 견상2분의 복합체이다. 때문에 여덟 개 심식을 각각 2분으로 분석한다는 말은 심소까지 포함한다는 의미이다.

총론적으로 말하면, 우주만유는 모든 중생들의 여덟 개 심식, 즉 8개 심왕과 그에 상응해서 일어나는 51개의 심소를 의지하여 일어난 천만갈래의 상분과 견분이 활동하는 모습일 뿐이다. 이것이 만법유식萬法唯識의 대체적인 의미이다. 그렇다면 여덟 개 심식이란 것은 결국 각자의 중생마다 활동을 일으키고 있는 우주론적인 측면이 강하다고 할 수 있다. 이것이 불교 유식학파의 현상론이다.

또한 식의 의미에는 광의적인 측면과 협의적인 측면의 두 가지가 있다. 먼저 협의적인 측면에서 살펴보면, 식이라는 하나의 단어는 인식대상의 경계를 의지해서 붙여진 이름으로 풀이된다. 가령 안식견분을 안식이라 하고, 그 인식대상인 색경을 안식상분이라 하는 경우가 여기에 해당된다.

광의적인 측면에서 살펴보면, 식이라는 하나의 명칭은 실로 우주전체를 포괄하는 단어이기도 하다. 일체의 상분경계는 일체의 식에 포섭되기 때문이다. 그러므로 하나의 식이라는 단어는 삼라만상을 모두 포괄하고 있다는 점을 주의 깊게 살펴야 한다.

식이 활동하는 모습인 현상계를 대략 살펴보았으므로, 다음으로 그 근원인 종자의 의미에 대해 다음 항목에서 살펴보기로 한다.

2) 종자種子의 의미

현상계, 즉 식의 활동하는 모습에 대해 간단히 살펴보았다. 지금부터 식의 활동근원인 '종자種子'의 의미에 대해 간단히 알아보기로 한다.

'종자'의 의미를 한마디로 정의하면, 모든 식의 활동, 즉 우주만유의 활동을 일으킬 수 있는 치성한 작용세력을 말한다. 이러한 세력은 만물을 일으키는 종자에 비유하여 붙여진 명칭이다. 이는 우주와 인생이 영원토록 간단없이 활동을 일으키면서 작용이 쉬지 않는 위대한 힘이라고 해도 무방할 것이다.

종자는 공능功能이라고도 부르는데, 활동능력[勢力]의 의미이다. 이외에도 다른 명칭이 많다. 유식학파에서 종자를 건립한 이유는 현상계[相見二分]의 활동하는 근원을 설명하려함 때문이다.

대체로 상견2분이 일어난 상태를 현행現行, 즉 식의 활동이라고 한다. 현행은 원인 없이 일어나지 않기 때문에 현상계의 배후에 종자계種子界를 건립함으로써 현행의 활동을 일으키는 원인으로 삼은 것이다.

3. 심왕心王과 심소心所

유식학, 나아가 불교학에서 일반적으로 두루 쓰이는 '심왕'과 '심소'는 과연 어떤 의미를 지니고 있는지 살펴보기로 하자.

모든 유정들은 하나의 정돈된 구체적인 사물이 은연중에 있다고 여기고, 그것을 '마음'이라 부른다. 그러나 불교에서는 이러한 관념을 대치하려 한다. 때문에 심心에 대한 집착을 풀어주려는 방편으로 마음이라는 '식'을 분석하여 여섯으로 분류하였다. 이른바 안식으로부터 의식에 이르기까지가 이러한 분석방법을 통해 나타난 마음의 형식구조인 셈이다. 이는 소승의 견해이다.

그로부터 얼마 지나지 않아 이를 다시 분석하여 8개의 식으로 나누었는데, 앞의 6개의 심식 이외에 제7식과 제8식을 더한 것이다. 이는 대승에서 수립한 학설이다.

이 같은 분석이 가능하다면 보통 사람들이 은연중 실재한다고 집착하는 심식心識은 고정된 하나의 사물이 아닌 것으로 증명된다.

그러나 이 정도로도 부족하여 유식학파에서는 다시 낱낱이 8개 심식마다 심왕과 심소로 분석하였다. 안식의 예를 들면, 8식 가운데 따로 독립된 자체가 아니라 하나의 안식심왕眼識心王과 그에 상응해서 작용하는 허다한 심소가 부류대로 무더기를 이루고 성립되었다고 할 수 있다. 이와 같다면 안식을 '안식이라는 하나의 무더기[眼識聚]'라 해야 한다. 따라서 안식은 독립된 하나의 자체로 성립할 수 없다.

그리고 안식과 이식 등을 상대적으로 대비해서 담론한다면, 안식은 따로 하나의 안식이라 할 수 있겠으나 이는 단지 안식 자체에만 국한해서 하는 말이다. 그러나 이것은 앞서 살펴보았듯이 하나의 독립된 안식개체는 아니다. 다시 말해 안식심왕과 심소의 무더기를 동일적인 특성상 굳이 하나의 안식이라고 이름 붙였을 뿐이다.

심왕은 하나이지만 그에 상응하는 심소는 많으며, 심소가 많다 할지라도 이 모든 것은 하나의 심왕을 의지해서 인식대상경認識對象境에 대해 동시에 합작으로 그 활동이 일어난다. 심왕은 하나이기 때문에 이에 상응하는 모든 심소를 주재할 수 있다. 만일 허다한 심소에 주재자가 없다면, 심소는 이미 허다하게 많은 숫자이기 때문에, 우리의 인식체계에 일대 혼란을 야기할 것이다.

따라서 많은 심소의 주인이라는 의미에서 심왕이라 하며, 생략해서 '심'이라 부르기도 한다. 그러므로 하나의 안식은 하나의 심왕과 많은 심소가 임시적으로 화합의 무더기를 이루고 있다는 것을 알 수 있다.

요컨대 심왕은 선험에 의해 눈앞에 나타난 대상경계를 분별없이 그 자체대로 인식하는 작용이며, 심소는 선험적인 인식과 동시에 후천적인 경험을 바탕으로 해서 일어나는 심왕과 동시적인 인식활동이다. 이두 작용이 합해 하나의 인식체계를 이룬 것이다.

알아야 할 것은, 이 같은 분석방법은 우리의 마음이 은연중에 실재하다는 고정관념을 타파하려는 방편논리라는 점이다. 우리의 마음이 독립체가 없음을 밝힘으로써 신아神我에 대한 집착을 타파하는 것일 뿐, 하나의 심왕은 다수의 심소와 함께 한 덩어리로 실재한다고 인정하지 않는다.

따라서 여기에서 수립된 학설은 단지 분석을 통해 부정하는 논리적인 형식일 뿐, 원래 따로 실체적인 측면에서는 건립하지 않았다. 이점 특히 주의를 요한다.

4. 3성三性

1) 3성의 종류

유식학에서 '식'에는 세 가지 성질이 있으며, 동시에 세 가지 성질은 없다는 학설[三有性三無性]이 있다. '3성三性'이란 '변계소집성遍計所執性'‧'의타기성依他起性'‧'원성실성圓成實性'을 말한다. 먼저 '변계소집성'부터 살펴보기로 한다.

(1) 변계소집성遍計所執性

'변계소집성'은 세 종류가 있는데, 능변계能遍計‧소변계所遍計‧변계소집遍計所執이 그것이다.

첫째, 능변계는 제6의식의 활동에 국한된다. '변계遍計'라는 두 글자로서 다른 여타의 심식활동과 뚜렷이 구별하고 있다. '변遍'은 두루 보편하다는 의미이고, '계計'는 헤아린다는 의미이다. 제6의식은 다른 여타의 식과는 달리 일체법一切法을 시간과 공간 어디에도 장애함 없이 두루 헤아리기 때문이다.

'변'이라는 단어는 인식대상경계가 가장 광대하다는 것을 나타냈고, '계'는 헤아리는 세력이 가장 뛰어남을 드러낸 것이다. 이러한 특징은 오직 제6의식만이 갖추고 있다. 따라서 나머지 7개 심식은 인식의 활동이 일정한 분야에만 한정되어 있기 때문에 능변계에 해당되지 않는다.

둘째, 소변계를 말해 본다면, 이는 '의타기성'을 가리킨다. 일체의 심왕心王과 심소心所에는 각각 견분見分과 상분相分의 2분을 갖추고 있으므로 제6능변계식의 인식대상경이 된다는 것이다. 이 견상2분이 상호 동시적인 의존관계인 의타기성으로 일어나면 제6능변계식의 인식대상경인 소변계가 된다고 한다.

셋째, 변계소집은 의타기성인 소변계의 허상을 허망하게 집착함으로써 그것을 실아실법으로 헤아린다는 것이다. 다시 말해 능변계식이 소변계식에서 자체의 허망한 집착심을 따라 잘못 오해를 일으키는 심리상태를 말한다. 인식대상인 견상2분, 즉 '의타기성'이 인연으로 일어난 허깨비임을 여실하게 모르기 때문이다.

결론적으로 말하면, '변계소집성'은 단지 제6능변계심으로 인식대상인 소변계법, 즉 견상2분 의타기성에 대해 그것이 우리의 심식이 활동하는 인연으로 일어난 허깨비임을 여실하게 모르고 오해를 일으키는 모습이다. 다시 말해 실아가 아닌 견분을 실아로 헤아리고, 실법이 아닌 상분을 실법으로 여기는 오류를 범하고 있다는 것이다.

여기에서 집착대상인 아법상我法相을 '소집所執'이라 한다. 실제로 아법我法은 우리의 심식활동의 모습인 견상2분의 작용을 떠나 별개의 모습이 본래 없다[情有理無]는 것이 유식학 본연의 입장이다.

알기 쉽게 예를 들면, 어두운 밤길을 걷다가 눈앞에 보이는 나뭇등걸을 사람으로 착각을 일으켰을 경우, 착각을 일으키는 마음이 능변계이고, 나뭇등걸이 소변계이며, 사람은 대상사물을 굳게 집착하는 변계소집성에 해당된다.

(2) 의타기성依他起性

다음으로 '의타기성'에 대해 살펴보기로 한다. '타他'의 의미를 요약하면 한마디로 '인연因緣'이다. 앞서 〈심왕과 심소편〉에서 설명했듯이 일체의 심왕과 심소는 바로 한량없는 견분과 상분이 하나로 합한 모습이다. 한량없는 견분과 상분은 뭇 인연을 의지해야 일어날 수 있기 때문에 상호의존관계에서만 일어나는 성질이라는 의미에서 '의타기성'이라 한다.

『유식삼십송唯識三十頌』에서는 "의타기는 분별의 인연에서 일어난다"고 하였다. 여기에서 분별은 '식'의 다른 명칭이다. 일체의 심식心識은 여러 가지 인연이 화합하여 일어난다. 『유식송』에서는 "오직 분별, 즉 식이 의타기성이다"라고 하였다.

그렇다면 견분심법見分心法은 의타기가 아니라는 반론을 제기할 수도 있겠으나, 실상은 그렇지 않다. 상분색법相分色法은 견분을 떠나 따로 독자적으로 성립하지 않기 때문에 이 역시 '의타기성'에 동시적으로 포섭된다.

'여러 가지 인연[衆緣]'이라 하는 것은 심식의 활동을 일으키는 필수적 조건인 4연四緣을 가리키는 것인데, 이 문제는 다음에 다시 설명하기로 한다.

(3) 원성실성圓成實性

'원성실성'을 말해 본다면, 아법2공我法二空의 이치를 통해 나타난 일체제법을 '원만하게 성취하는 실제 성품', 즉 우주만유의 실체적 이치이다. 이를 '진여'라 부른다. 인법2집人法二執 때문에 그동안 진여의 이치가 나타나지 못했으나, 2공관二空觀을 통해 변계소집성을 버렸기 때문에 5온개공五蘊皆空의 도리가 환하게 나타날 수 있게 된 것이다.

'원만'이란 말은 진리의 자체는 두루 보편하여 충만하지 않은 것이 없기 때문에 붙여진 명칭이며, '성취'란 진리의 자체는 항구하게 상존하면서 생멸로 흐르는 성질이 아니기 때문에 붙여진 이름이다.

'모든 법의 실제성품[實性]'이란, 이 진리야말로 만법에 보편한 실체라는 의미다. 이는 외도들이 집착하는 신아神我와는 동일하지 않다. 그들의 집착은 잘못된 오해의 허상일 뿐, 제법을 일으키는 진실한 실체가 아니기 때문이다.

2) 원성실성과 의타기성의 상호관계

『유식론』에서는 '의타기'와 '원성실성'을 따로 분류하였으나, 두 성질은 서로 분리되거나 다른 모습이 아니다. 즉 두 성질은 서로 상즉관계도 아니며, 서로가 분리되지도 않는다[不卽不離].

만일 이 두 성질이 상즉관계라면 진여는 의타기를 의지해서 현상세계로 발현하므로 응당 의타기를 따라 생멸해야만 한다. 또 의타기의 측면에서는 다시 진여를 자체의 법칙으로 의지하므로 '의타기성' 역시 진여처럼 생멸로 일어나지 않아야 한다. 만약 상즉과는 반대로 두 성질이 완전히 분리된다면, 진여는 의타의 자체성질로 성립할 수 없으므로, 이 두 성질은 상호분리관계도 아니다.

또한 두 성질은 다르지 않지만 다르지 않지도 않다[非異非不異]. 만약 두 성질이 단정코 다르다면, 진여는 의타법의 실성實性이 될 수 없다. 반대로 전혀 다르지 않다면, 진여가 의타와 다르지 않으므로 진여 역시 의타의 생멸무상生滅無常이 된다.

이처럼 '의타기성'인 일체의 법상法相과 '원성실성'인 법성法性이 '부즉불리不卽不離'하고 '불일불이不一不二'한 관계이므로 이야말로 현묘의 극치를 추궁한 중도의 논리라 하겠다.

3) 3성三性과 진속2제眞俗二諦

다시 '진속2제眞俗二諦'의 측면에서 이야기해보기로 한다.

공종空宗에서는 모든 사상적 핵심을 진속2제를 바탕으로 해서 근본 종지로 삼는다. 때문에 진제眞諦는 절대적인 측면에서만 담론하는 경향이 있다.

반면 유식종에서는 3성三性을 근본 종지로 삼기 때문에 일체의 모든 만유는 인연환유因緣幻有라 한다. 인연환유는 다름 아닌 바로 의타기성이다. '타他'를 인연으로 풀이하는 이유는, 모든 사물은 있다 해도 인연이라는 상호관계성으로만 성립이 가능하기 때문이다. 있다 해도 실체가 따로 독존하지 않는다는 것을 나타내는 것이다.

따라서 인연관계성인 의타기성은 있다 해도 허깨비 같은 존재, 즉 속제환유俗諦幻有이며, 환유는 바로 진제즉공眞諦卽空이다.

4) 염정의타染淨依他

상호관계성을 의미하는 '타', 즉 인연을 일으키는 세력종자는 유루염법有漏染法의 종자와 무루정법無漏淨法의 종자가 있다. 이 종자세력이 의타기를 일으키는 인연이 된다. 따라서 유루에서 일어나는 인연은 염분의타染分依他이고, 무루의 인연으로 일어나면 정분의타淨分依他라 한다.

두 의타성은 어느 쪽이든 있다 해도 단지 '인연환유의 속제俗諦'일 뿐이다. 그럼에도 불구하고 어리석게 실제 있는 아법我法이라고 집착하면 그것을 '변계소집성'이라 한다. 그렇지만 자성이 공적한 진제의 이치임을 알고 변계소집의 집착을 비우면 그 자리가 바로 '원성실성'인 중도제일의제中道第一義諦이다. 이는 『반야심경般若心經』에서 설하고 있는 '색즉시공色卽是空 공즉시색空卽是色'이다.

따라서 의타성인 5온법상五蘊法相을 '변계소집성'으로 집착하면 무상無常・무아無我・고苦인 세간생멸을 이루겠지만, 집착을 비우면 의타성이 바로 상락아정常樂我淨의 열반, 즉 진제와 속제가 둘이 아닌 '원성실성'을 이루게 된다.

5. 3분三分

유식학파에서는 우주전변론宇宙轉變論 측면에서 인능변因能變과 과능변果能變을 말하고 있다. 과능변 가운데 식자체識自體, 즉 자증분自證分에서 흡사 대상경계를 인식하는 활동이 있는 듯이 나타나는 작용을 '견분見分'이라 하고, '견분'이 인식대상으로 집취執取하는 경계를 '상분색相分色'이라 한다.

안식의 예를 들면 대상색경對象色境을 명료하게 식별하는 인식작용이 '견분'이며, 인식대상인 색경이 '상분'이다. 그러나 견상2분見相二分이 의타기성으로 동시에 일어나려면 반드시 의지하는 자체가 있어야 한다. 그렇지 않다면 어떻게 근거 없이 '상분'과 '견분'이라는 심식활동이 상대적으로 동시에 일어나겠는가. 따라서 식에는 견상2분이 의지하는 자체가 있어야 한다고 말한다.

이 식 자체를 견상2분에 대비해서 자체분自體分 또는 자증분이라 한다. '자증분'이란 6근이 6진과 마주하는 순간 그 사이에서 동시에 일어난 식이 대상경계를 선험적으로 분별없이 대상자체 모습[自相] 그대로 인식하는 경우이다. 이는 3종분별 가운데 자상분별自相分別에 해당된다.

대상에 대한 선험적인 자상분별이 일어나면, 동시에 후천적인 경험에 의한 분별이 일어나는데 이를 '견분'이라 하며, 이 두 인식활동이 동시에 상응하면서 인식하는 대상경계를 '상분'이라 한다.

5온법의 경우 식온識蘊은 '자증분'이며, 수상행受想行 3온은 '견분'의 활동이고, 색온色蘊은 인식대상인 '상분경'이다. 이 작용은 찰나일념에 동시적으로 선후의 시차 없이 이루어진다.

1) 과능변果能變

식자증분識自證分 위에 동시에 상견2분相見二分의 작용이 일어나기 때문에 자증분을 상견2분과 동일한 한 덩어리의 관점에서 '과능변果能變', 즉 현행계의 활동이라 한다.

안식 한 무더기가 이와 같다면 나머지 모든 식들도 이를 준해서 알 수 있을 것이다.

일체의 심왕心王과 심소心所는 각자 상분 · 견분 · 자증분이라는 3분[相見自證三分]으로 분석된다. 이러한 3분의 차별로 일어나는 우리의 인식활동은 바로 우주만상의 활동모습이다. 이를 활동하는 영역에서 종류별로 분별해보면, 심법과 색법으로 나눌 수 있다.

이럴 경우 자증분과 견분은 인식주관에 해당하므로 심법에 소속되고, 상분은 오직 인식대상경계로 세간에서 말하는 물질현상계에 소속된다. 즉 색온色蘊에 해당된다.

유식학에서 주장하는 논리에 의하면, 상분이 견분을 따라 동일하게 식자체분識自體分을 의지해서 변현하였으므로 객관사물을 식자체로 귀결시키는 결과가 도출된다. 때문에 '만법유식萬法唯識'이라는 논리적 성립이 가능하다.

주목해야 될 점은, 앞에서 설명했던 심물心物현상은 과연 무엇을 근거로 해서 일어나는가에 대한 것이다. 비록 상견2분이 동시에 자증분을 의지해서 일어난다고 하지만 자증분은 상견2분과 대비하여 그 소의처所依處로 붙여진 이름이다. 그렇다면 자증분과 상견2분은 동일하게 '과능변', 즉 현행으로 활동하는 현상계의 모습일 뿐이다.

2) 인능변因能變

유식에서는 현상계를 설명할 때, 종자를 건립하여 과능변을 일으키는 근본으로써 '인능변因能變'을 수립하였다. 일체의 심왕과 심소와 상분의 3분三分, 즉 심물心物 만상법은 모두 종자가 그 배후세력의 본질이라는 것이다. 이것을 '인능변'이라 한다. 이것을 의지해서 '과능변'의 활동이 일어난다.

이들 종자는 제8아뢰야식을 의지하여 잠재해 있는 뭇 세력이다. '과
능변'의 현행활동으로 일어난다 해도 우리의 심식 내적인 모습으로서
의 우주만유의 활동일 뿐, 심식 밖에 따로 실재하는 사물, 즉 실아실
법은 아니라고 할 수 있다.

이밖에 호법護法논사가 수립한 4분설四分說이 있다.

5온설을 도표로 나타내면 다음과 같다.

5온 색합심개五蘊 色合心開

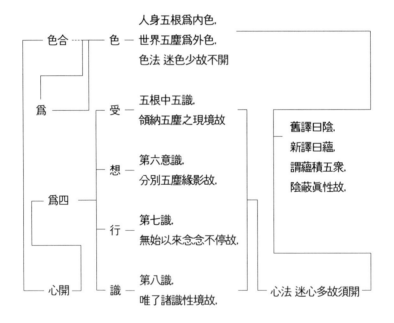

6. 12처十二處

다음으로 '12처十二處'에 대해 살펴보기로 한다.

'12처'는 크게 내6처內六處와 외6처外六處로 나눌 수 있다. 내6처는 안처眼處·이처耳處·비처鼻處·설처舌處·신처身處·의처意處 등의 여섯이다. 이는 6근에 해당된다.

외6처는 색처色處·성처聲處·향처香處·미처味處·촉처觸處·법처法處 등의 여섯이다. 이는 일상에서 마주하는 6진경계[六境]에 해당된다. 이러한 내6근內六根과 외6경外六境을 합해서 '12처'라 한다.

앞서 열거한 12처 가운데 안·이·비·설·신처의 5색근五色根과 색·성·향·미·촉처의 5색경五色境은 5온 가운데 색온에 포섭된다. 이상 10처의 색법을 10유대색十有對色이라 한다. 유대란 인식주관, 즉 6근과 상대적으로 마주 대하는 모습으로 존재한다는 의미이다.

다음으로 내6처 가운데 의처는 식온識蘊에 포섭되며, 외6처에 해당되는 법처 가운데 한 부분은 수 · 상 · 행온에 포함된다.

또 법처 가운데 한 부분으로 포함되는 출세간 무위법無爲法인 허공무위虛空無爲 · 택멸무위擇滅無爲 · 비택멸무위非擇滅無爲 · 부동무위不動無爲 · 상수멸무위想受滅無爲 · 진여무위眞如無爲 등 6종무위六種無爲는 세간유루생멸법世間有漏生滅法인 5온에 포섭되지 않는다. 그 이유는 모든 무위법은 세간 5온법처럼 여러 개의 요소가 인연에 의해 한 무더기로 집합하는 의미, 즉 생멸로 이합집산하는 모습이 없는 불생불멸의 절대 보편적 진리이기 때문이다.

1) 6종무위법六種無爲法

'무위법無爲法'의 의미를 간단명료하게 정리하면, 세간 · 출세간 일체 제법의 자체진리를 뜻한다. 부연하면, 진리는 상주하여 생멸로 변역變易하지 않는다. 따라서 인연에 따른 생멸이 없고 일체 인위적인 업력의 조작이 없으므로, 자성은 항상 적정寂靜하여 시끄럽게 요동하는 유위법有爲法과는 전혀 다른 모습이다. 때문에 '일체의 조작[爲]이 없다'는 의미인 '무위'라는 명칭으로 부른다.

무위법에 대해 『유식론』에서 제시한 '6종무위六種無爲'를 통해 개략적인 의미에 대해 살펴보기로 하자.

허공은 모든 색법의 조작행위를 있는 그대로 받아들이면서 동시에 그 자체 성질은 공적하여 생멸이 없기 때문에 '허공무위'라 한다.

'비택멸무위'는 유위법이 일어날 수 있는 조건[因緣]이 일시적으로 결손 되었을 경우, 그 자체는 일시적으로 공적한 상태이기 때문에 이 역시 무위법의 범주에 포함된다.

괴로움이 떠난 적정한 상태는 번뇌가 영원히 끊겨 모든 잡념이 일어나지 않으므로 이를 '택멸무위'라 한다. 이는 수행을 통해 증득證得된 깨달음의 경지이다.

'부동무위'는 괴로움과 즐거움, 이 모든 감정을 떠나 어느 쪽으로도 요동하지 않는 상태를 말한다. 이는 외도들이 유루선정을 닦아 무상천無想天에 태어난 인천유루선정人天有漏禪定의 상태를 두고 하는 말이다.

'상수멸무위'는 괴로움과 즐거움의 감정을 버린 '부동무위'에서 한걸음 더 나아가 무감각의 상태인 사수捨受마저 버린 상태에서 고고苦苦 · 괴고壞苦 · 행고行苦 등 3고三苦를 모두 떠난 고요 적정한 상태를 말한다. 이 선정은 불법 내의 소승성자가 닦는 비상비비상처非想非非想天에 해당되는데, 유루와 무루에 두루 통한다.

마지막으로 '진여무위'는 일체법 구경究竟의 진리이다. 진여의 이치는 무아無我, 실성實性, 무상無相, 실제實際이며, 중도법계中道法界로서 항구하게 상주한다. 따라서 일체법에 보편하므로 무위법이라 한다.

『유식론』에 의거해 본다면, 6종무위가 모두 진여를 의지해서 건립된다고 한다.

다시 정리하면, 모든 유위법[五蘊]은 일체사상一切事相에 해당되고, 모든 무위법은 일체사상의 이성理性, 즉 본질에 해당된다. 따라서 이러한 일[事]이 있으면 반드시 이치[理]가 있게 되어, 유위법을 떠난 따로의 무위법이 존재할 수 없다.

이 둘은 부즉불리不卽不異하고 비일비이非一非異의 관계이기 때문에 유위법 밖에 따로 무위법을 건립하게 된 것이다.

이상 6종무위법에 대해 자세히 알고 싶으면 『대승아미달마잡집론』이나 『대승백법명문론』을 참고하기 바란다.

2) 12처의 성립의미

불가에서는 5온을 건립하고 나서 어떤 이유로 굳이 다시 '12처十二處'를 건립하였을까.

먼저 '처處'의 의미에 대해 살펴보자. 『광론廣論』에서는 이와 같이 정의하고 있다.

'처處'는 우리의 모든 주관적인 인식활동, 즉 식識이 일어나고 자라난다는 의미이다.

부연하면, 우리의 인식주관은 인식활동을 일으킬 수 있는 자체 세력으로서의 성질이 있다 하더라도 독자적으로 일어나지 못한다. 반드시 안으로는 6근을 의지하고, 밖으로는 6경을 의지해야 일어날 수 있다. 어느 한 부분이라도 결손 되면 우리의 인식활동은 성립 근거를 잃게 된다. 이러한 상호 의존성 때문에 6근과 6경을 유기적으로 조직하여 모든 인식활동을 일으키는 생장문生長門이라는 의미인 '처'로 명칭을 붙인 것이다. '처'의 의미를 생각해보면 다음과 같은 결론에 도달할 수 있다.

우리의 인식활동은 독자적으로 일어나는 것이 아니라, 반드시 6근과 6경이라는 이 두 가지 전제조건을 동시에 의지해야 일어날 수 있다. 그러므로 작용이 있다 해도 실제적인 주재자, 즉 실아實我가 아니라는 의미를 나타내려 한 것으로 보인다. 5온은 여러 가지 요소가 한 덩어리로 취합되었으므로 그 어떤 실체적 존재의 성립도 불가능하다. 즉 5온은 개공[五蘊皆空]이다.

그러나 외적인 자연현상계로서의 색법과 내적인 우리의 육신은 실재하지 않지만, 어떤 유정은 그것을 인식하고 있는 우리의 심식활동만은 실재하다고 집착하기도 한다.

이러한 견해를 가진 세간의 유정들은 5온 가운데 식온만은 색온과 달리 실재하는 주재자가 있다고 집착하기 때문에 나머지 색·수·상·행 등의 4온四蘊은 당연히 주재자인 식온의 소유라는 집착을 동시에 일으킨다. 이로 인하여 아집我執과 아소집我所執이 상대적으로 일시에 일어난다. 바늘 가는 데 실 가듯이 아집이 있는 곳에는 아소집도 동시에 일어나기 때문이다.

이러한 잘못된 헤아림과 이에 따른 집착을 타파하기 위해 5온 밖에 따로 12처를 건립하게 되었다. 이것이 12처를 건립한 근거이자 이유이다.

12처의 건립을 통해 5온 가운데 식온은 독자적인 실재의 존재로서

활동하는 것이 아니라, 반드시 안으로 6근과 밖으로 6경을 의지해야만 생장하므로, 이 역시 나머지 4온처럼 주재가 없는 무아의 이치임이 명명백백하게 드러난다.

이처럼 식온에 대한 아집이 타파되고 나자, 다시 이에 따른 수·상·행온에 대한 아소집도 역시 타파되었다. 결론적으로 아집을 거듭 타파하기 위해 12처 법문을 설한 것이다.

12처는 다음과 같다.

12처 색개심합十二處 色開心合

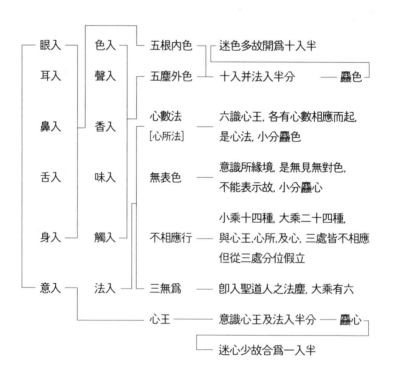

7. 18계十八界

1) 18계의 성립근거

먼저 '18계十八界'를 나열하여 그것이 성립된 과정을 순차적으로 설명해 보기로 한다.

일반적으로 안식이 일어나려면, 앞서 12처에서도 언급했듯이 반드시 안으로는 6근 가운데 안근계眼根界를 의지하고 밖으로는 6경 가운데 색경계色境界를 바탕으로 해야 한다. 이 두 가지 조건이 서로를 증가 향상하면서 안식계眼識界를 생장해야 비로소 안식은 청·황·적·백·흑 등의 대상사물의 색깔을 명료하게 식별할 수 있다.

이식도 안식처럼 안으로 이근계耳根界를 의지하고 밖으로는 성장계聲境界를 바탕으로 깔아야만, 이 둘이 하나로 합한 '처處'에서 이식계耳識界가 생장하여 북이나 나팔 등의 다양한 소리를 명료하게 인식하고 식별할 수 있다.

비식鼻識의 경우, 비근계鼻根界와 향경계香境界가 합치돼야 그 처소를 의지하여 비식계鼻識界가 생장하여 모든 냄새를 명료하게 구별할 수 있다.

설식舌識은 설근계舌根界와 미경계味境界를 의지하여 이 둘이 하나로 합치한 처소에서 설식계舌識界가 생장하여 모든 맛을 구별할 수 있다.

신식身識의 경우, 신근계身根界와 촉경계觸境界를 동시에 의지한 처소에서 신식계身識界가 생장하여 모든 사물의 강도에 대한 촉감을 명료하게 구별할 수 있다.

앞서 열거한 전5식前五識의 각 분야별 인식했던 부분인 대상색법對象色法과 그에 국한된 주관인식을 두루 빠짐없이 종합하고 그것을 다시 의지해서 의식계意識界가 생장한다. 그래야만 과거·현재·미래의 모든 색법과 심법의 일체제법一切諸法, 다시 말해 일체의 법경계法境界를 인식하고, 그것은 어떤 사물이고 어떤 심리상태라는 것까지 명료하게 구별 짓고 판정할 수 있다.

여기에서 덧붙여 설명해야 할 것은 6근 가운데 의근계意根界가 세 종류 있다는 점이다. '3종의근계'는 다음과 같다.

2) 3종의근계三種意根界

첫째는 6근 가운데 '의근意根'인데, 이는 제7말나식을 말한다. 말나식이 근본 의지처가 되어 제6식을 생장한다는 의미에서 붙여진 명칭이기 때문이다.

그렇다면 제7식은 다시 무엇을 의지해서 사량활동思量活動을 성립할 수 있는 것일까. 바로 제8아뢰야식이 제7식을 생장해 주는 의지처가 되고, 제8식을 의근계意根界로 하여 생장된 제7식계는 다시 제8아뢰야식의 인식활동분야인 견분을 대상으로 해서 그것을 살피고 집착하게 된다. 즉 시간적으로 금생으로부터 내생까지, 또 공간적으로는 어떤 여타의 조건에도 관계없이 항구하게 살피고 사찰양탁伺察量度하면서 실아로 집착한다는 것이다.

제8아뢰야식은 다시 제7말나식을 의근계로 의지하여, 그 자체에 함장된 모든 종자활동에서 발현한 내적인 정보正報로서의 근신根身과 외적인 의보依報로서의 기세간器世間을 인식대상으로 삼는다. 이 둘이 하나로 합한 처소에서 아뢰야식이 생장하여 다시 자체의 종자와 근신과 기세간을 요별了別한다.

3) 8종근八種根

종합해 볼 때, 모든 내6근內六根은 크게 두 종류로 구분 지을 수가 있다. 색법으로서의 청정색근淸淨色根이 다섯이며, 심법에 해당되는 의근意根이 세 종류이다. 이를 합하여 '8근八根'이라 한다. 이는 물론 소승적 견해가 아닌 다분히 대승적 견지이다.

앞의 내용을 다시 정리하면, 안으로 6근과 밖으로 6경과 중간의 6식
을 합해 총 18계라 한다. 이 가운데 6근과 6경을 합한 12계는 12처에
해당되며, 6식계六識界는 12처 가운데 의처意處에 포섭된다.

4) 18계와 색심色心관계

18계를 다시 5온으로 종합하면, 6식계는 수 · 상 · 행 · 식인 심법에
포섭되고, 나머지 11색법은 색온에 포섭된다.

결론적으로 중다하게 벌어지는 일체제법이 색법과 심법에서 벗어나
지 않는다. 이처럼 우주만유는 색법과 심법의 상관관계일 뿐이다.

5온과 더불어 12처와 18계는 색법과 심법에 대한 중생의 집착 정도
에 따라 의미를 구별해서 다르게 설명한 것이다. 명칭과 설명하는 방
법론이 다르다 해서 개체마저 각자 따로 독립된 사물이 아니다. 이를
'3과개합법문三科開合法門'이라 한다.

5온과 12처 법문을 설하고 나서 다시 18계 법문을 설하게 된 의미에
대해 자세히 살펴보기로 하겠다.

5) 계界의 의미

먼저 '계界'는 어떤 의미로 쓰이는 단어인지 개념부터 정리해 보기로

한다.

『대승아비달마잡집론』과 『광론廣論』에서는 이에 대해 단정지어 말하였다.

임지무작용성자상任持無作用性自相이 계界의 의미이다.

이 의미를 풀이해 보면, '자상自相'은 그 자체라는 뜻이다. 예를 들어 안근의 경우를 들어보자. 안근은 실질적인 안식의 의지처가 되어 안식 활동을 일어나게 하는 작용이 있다. 이러한 까닭에 안근 자체로서의 독자성이라는 의미에서 안근계眼根界라 한다.

다음으로 '임지任持'에 대해 살펴보겠다. 이 말의 의미는 6근·6경·6식 등 모든 법들은 자신의 의지와는 상관없이 각자 자체의 성질을 임의로 지니면서 버리거나 잃지 않는다는 뜻이다. 가령 모든 색법이나 심법이 때로는 안근이 되었다가 다시 이근이 되거나, 또는 홀연히 이식이 되었다가 다시 안식이 되는 등 자체 성질이 따로 한계를 지니지 않는다면, 이 세상 모든 사물들은 어느 것 하나도 일정한 법칙으로 유지될 수 없을 것이다.

그렇다면 우리들은 일상생활에서 낱낱이 조그마한 사물이라도 어떻게 구체적으로 인식이 가능한지에 대해 고민해야 할 필요성이 제기된다. 우리가 일상생활에서 대하는 모든 사물들에 대해 혼란을 일으키지 않고, 분명하게 인식하고 올바른 생활을 영위할 수 있는 이유는 안근 등이 그 자체를 임의로 지니면서 성질을 잃지 않기 때문일 것이다. 이처럼 모든 사물들은 자체의 한계를 임의로 지니기 때문에 이를 '계界'라 한다.

그 다음으로 '무작용성無作用性'의 의미에 대해 살펴보자.

앞서 이미 설명한 '자상'이라는 두 글자 위에 다시 '무작용성'이라는 단어를 더한 이유는 무엇일까. 그 이유는 6근·6경·6식 등 모든 법들은 설사 각자마다 자체의 성질을 지니고 있다 해도 고정불변하는 실질적인 작용이 없기 때문이다.

예를 들면 우리의 주관적인 인식활동인 6식은 그 인식대상인 6경을 상대적으로 취하는 작용이 있다 해도, 이를 사람이나 여타의 구체적인 사물처럼 실질적인 작용이 있다고 동일시해서는 안 된다. 다시 말해 6근은 6식의 의지처가 되고, 6경은 6식을 이끌어 내는 바탕이 되어 6식을 생장하기는 하지만, 6식에서처럼 실물과 동일하게 실제적으로 작용하는 성질이 따로 존재해 있다고 여겨서는 안 된다는 것이다.

『광론』에서 이러한 점들을 자세히 부여한 이유는, 중생들이 근根·경境·식識의 자성에 대해 구체적인 사물처럼 실질적인 작용의 성질이 있다고 잘못 헤아리고 집착할까 봐 염려스러웠기 때문이다.

결국 '자상'이라는 단어위에 다시 '무작용성'이라는 또 하나의 단어를 첨가하여 근·경·식의 자체성질을 무아의 공성空性임을 명시했던 것이다. 여러 불전佛典에서는 이러한 형식의 어법들이 매우 많다. 특히 논서 가운데 더욱 두드러지게 나타나므로 독자들은 이 점을 유의해서 관찰해야 할 것이다.

또 『대승아비달마잡집론』을 살펴보면, 계의 의미를 종자로 풀이하기도 한다. 우리의 제8아뢰야식 가운데 함장된 일체제법의 종자세력을 계로 설명하기도 하는데, 계는 종자의 의미를 지니고 있기 때문이다. 따라서 일체 종자의 의미를 지닌 계는 앞서 설명한 계의 의미와는 많은 차이점을 보이고 있다.

일반적으로 불전에서 쓰이는 계는 크게 세 가지 의미로 요약될 수 있다.

첫째는 자체의 의미인데, 이는 제법실체의 측면에서의 뜻이다. 예컨대 진여를 법계法界라고 명칭하는 경우가 여기에 해당된다. 둘째는 인因, 즉 종자의 의미이다. 셋째는 종류의 의미인데, 욕계欲界·색계色界 등의 계가 여기에 해당된다.

계에 대한 설명은 끝내고 다시 본론으로 들어가기로 한다.

6) 18계는 무아아소無我我所

5온과 12처를 설명하고 나서 무슨 이유로 다시 '18계' 법문을 수립하였을까. 그 이유를 총론적으로 설명하면 다음과 같다.

모든 유정들이 비록 5온과 12처가 무아無我이고 무아소無我所임을 알았다고는 하지만, 그들 가운데 어리석음의 껍질이 유난히 두터운 중생들은 이러한 법문이 담고 있는 내용을 쉽게 알지 못한다.

어리석은 중생이 자칫 12처 법문을 들으면 '이 세계는 오직 중다한 사물이 존재할 뿐, 우리의 주관적인 심식心識이라는 것은 따로 없다'고 잘못 이해하여 유물론唯物論에 빠져들기 쉽다. 즉 우리의 마음을 물질의 부산물로 착각한다는 것이다. 무슨 이유 때문에 그러할까.

12처 법문에서 설한대로 일체의 모든 인식활동, 즉 6식이 6근과 6경을 의지해서 상호보조향상작용으로 일어날 경우 6근과 6경이라는 물질이 없으면 6식도 바로 없게 된다. 이 모든 6식 활동은 6근과 6경을 하나로 의지한 처소에서 일어나기 때문이다.

그렇다면 우리의 6식 활동은 본래 존재해있는 것이 아니라, 물질이 우선적으로 존재해야만 그것을 의지처로 해서 그 부산물로 일어나게 된다. 따라서 물질이 우리의 심식활동을 조성하는 근거이므로 오직 물질만 있을 뿐, 심식은 없다는 전혀 상반된 착각을 일으키게 된다. 이러한 어리석음을 타파하려고 부처님께서는 재차 다시 '18계' 법문을 따로 설하신 것이다.

앞서 '계'는 종자의 의미를 지니고 있다고 하였다. 일체제법은 각자 자체의 종자가 있어 그 자체의 종자를 따라 일어나는 것이지, 여타의 다른 사물을 의지해서 일어나지 않는다. 예컨대 안식이라는 하나의 도리는 반드시 안식 자체의 종자를 따라 일어나지 이식 등의 다른 종자에서는 일어나지 않는다.

따라서 안식이 일어날 때 안근과 색경은 안식이 일어날 수 있도록 서로 바탕이 되고 향상시키는 생장문生長門의 역할을 할 뿐, 안식을 일으키는 직접적인 자체종자세력은 아니다.

이를 자세히 설명하려면 『유식론』이나 『중관론中觀論』 등에 나오는 '4종인연법四種因緣法'을 설명해야 타당할 것이나, 관련 설명은 다음 기회로 미루고 여기에서는 간단히 비유를 들어 이를 대신하고자 한다.

농부가 곡식을 심을 경우, 그 곡식이 자라서 결실을 맺기까지는 여러 조건을 필수적으로 갖추어야 한다. 곡식을 뿌릴 수 있는 알맞은 토양과 비료, 또 사람의 노력과 따뜻한 날씨와 알맞은 비와 이슬 등이 있어야 한다. 만약 이러한 직·간접적인 조건들이 충족되지 않는다면, 곡식은 생장하지 못한다. 이처럼 외적으로 여러 조건이 이미 충족됐다 해도 근본인 곡식종자가 없다면, 역시 곡식은 생장할 수가 없다.

앞의 예에서 살펴보았듯이 일체제법의 종자를 우리의 제8식에 비록 함장하고 있다 해도, 종자는 독자적으로 일어나는 것이 아니다. 반드시 여러 가지 인연, 즉 안근 또는 색경을 상호 동시적인 보조인연으로 의지해야만 일어난다. 부처님께서는 이러한 것을 밝히려고 12처 법문을 설하셨던 것이다.

여기에 다시 일체제법은 단순히 외부적인 조건, 다시 말해 6근과 6경만 갖추었다 해서 일어나지 않고, 반드시 제8아뢰야식에 함장된 자체종자를 동시에 의지해야만 비로소 제법의 활동이 가능하다. 이러한 것을 밝히려고 12처 밖에 따로 '18계' 법문을 설하셨던 것이다.

이상의 의미를 종합하여 다음 항목에서 정리해 보기로 한다.

7) 계界의 차별

이 우주 간에 일체 사물들이 왜 천태만상의 다른 모습으로 드러나는

것일까. 이 문제를 다루지 않고서는 현상계의 차별을 올바르게 인식할
수도, 새롭게 개척할 수도 없을 것이다.

　모든 사물이 차별적으로 일어나는 모습을 인연의 관계에서 접근해
보기로 한다. 먼저 외부조건인 외연外緣부터 고찰해보면, 사물을 일으
키는 보조역할을 하는 외연은 천태만상으로 다르기 때문에, 그 결과
현재의 사물들도 다양하게 다른 모습으로 드러나는 측면이 있다. 색
경이라는 외부조건, 즉 '연緣'은 단지 안식을 생장케 할 뿐, 이식이라는
결과를 생장하지 않는 경우가 여기에 해당된다.

　다음으로 '인因', 즉 제법 자체의 종자도 천태만상으로 다르기 때문
에, 그 결과로서의 현상사물의 활동하는 모습역시 다양하게 발현하는
측면이 있다. 예컨대 안식은 오직 안식 자체종자를 의지해서 일어날
뿐, 이식 등 다른 종자를 의지해서 일어나지 않는 경우에 해당된다.

　만약 팥이라는 종자를 심으면 반드시 팥이 나오는 것이지, 콩 등이
나올 수 없다. 또 팥이라는 결과물은 외부 조건인 비료와 토양의 성질
과 사람의 배양노력에 따라 달라지는 것이지, 다른 곡식이 수확되는
것은 아니다. 이와 같이 현재의 결실은 종자의 차이 이외에도 외부조
건에 따라 차이가 나는 것이다.

　서양학설은 연역演繹과 귀납歸納의 관점에서 원인과 결과를 정밀하
게 분석하는 과학적인 논리를 매우 잘 구사하고 있다. 과학의 힘과 거
대한 자본력을 바탕으로 해서 동양학설을 압도하고 있는 것이 작금의
세계적인 상황이다.

　그러나 그들이 추구하는 방법은 우리의 눈앞에 일어난 외적조건이

충족된 현실이라는 결과에만 천착할 뿐, 근원적인 원인에 대해서는 설명을 하지 못하고 있다.

현실세계에서 절대 우위를 점하고 있는 서구적 사고방식은, 우리들이 살아가는 주위 환경이 인간의 마음과 의지를 동시에 형성한다고 보고 있다. 서구 종교철학의 일부는 우주만물의 변화가 순전히 절대신의 선택에 의지해서만 결성되며 모든 현상을 형성하는 원인이 주변 환경과 절대신의 선택에 전적으로 주어져 있다고 주장하기도 한다. 그러나 그들의 주장에는 모순이 있다.

물질문명의 극단적인 발전의 예를 교육문제에서 살펴보기로 하자. 예컨대 지혜와 능력이 같은 수준에 있는 어린이가 교육과 능력을 배양하는 환경수준의 차이에 의해 성취결과가 크게 차이가 나는 경우, 그 원인을 외부조건인 환경 탓으로 돌려도 무방할 것이다. 이는 같은 종자라도 외부의 조건에 따라 풍작과 흉작의 차이가 나는 경우와 같다.

그러나 현재의 어린이들을 동일한 외적조건의 환경에서 교육했는데도 그 결과는 천태만상으로 전혀 다르게 나타나는 이유는 어떻게 설명되어져야만 하는가.

이는 서양철학이나 서구과학에서 외부조건만을 중시한 결과 그 원인을 분명히 밝히지 못한 오류라 보아도 무방할 것이다. 어린이들이 각자 근본적으로 타고난 선천적 지혜와 능력이 본질적으로 차이가 있었다는 점을 분명히 인정해야 이 문제가 올바르게 이해될 것이다. 따라서 근원적인 종자세력이 소멸되지 않고 고스란히 보존된 상태에서만 외부의 환경적인 조건을 보조수단으로 받아들일 수 있을 것이다.

한 가지 유의해야 할 것은, 종자세력이 튼튼해야만 그 세력을 밑거름으로 삼고, 외부의 잘못된 환경을 자기의 주관적인 의지에 의해 개혁하여 좋은 방향으로 일구어 낼 수 있다는 점이다. 그렇지 않다면 마치 산이 서로가 서로에게 무심하게 대치하고 그 사이에서 서로 상관없이 물이 흐르고 바람이 불 듯, 사람의 마음은 오직 무정한 물리적인 자연현상계의 지배만을 받게 될 것이다.

그렇다면 모든 사람들은 목석과 다를 바 없을 것인데, 이러한 상태라면 만물의 영장은 부질없는 허명虛名이 될 것이다.

부처님께서는 모든 사물은 인因과 연緣이 동시에 하나의 처소로 합성하여, 다시 말해 종자세력과 외부조건이 구비돼야 성립되는 인연생기因緣生起의 법칙을 깊이 있게 관찰하여 인연법을 건립하셨다. 이것이 12처 밖에 따로 18계 법문을 수립한 원인이자 근거이다.

이와 같이 원인과 결과를 인연이라는 측면에서 동시에 지닐 수 있기 때문에, 그에 따른 제법의 자체상의 차별이 임시적인 허상으로나마 유지될 수 있는 것이다.

이 문제를 18계 법문에서 살펴보면, 안근계·색경계·안식계 등 18계가 각자마다 자체의 성질을 지니고 잃지 않기 때문에 18계법이 서로 차별이 나면서도 질서정연한 상태로 유지되는 것이다. 여기에는 어떤 혼란이 끼어들 여지도 없다. 그러므로 각자 자체가 차별이 나는 18계 법문이야말로 제법의 차별을 형성할 뿐만 아니라, 동시에 실아실법으로서의 일합아상一合我相에 대한 집착까지 타파할 수 있다. 이 법문이야말로 연기즉공緣起卽空으로서 중도의 이치를 구현할 수 있는 최상의 방편법문인 것이다.

일체유정들은 각자 18계를 자체에 갖추고 있기 때문에 인과자체는 천태만상으로 차별이 난다. 이러한 차별을 뒤집어보면, 그 근간은 연기즉공으로서의 자성공적自性空寂으로 귀결된다. 실로 목전의 현상차별을 떠나지 않은 그 당처에서 절대평등무아인 '일체개공一切皆空'이다. 이를 3법인三法印에서는 제법무아諸法無我라고 한 것이다.

다음으로 4제법문四諦法門과 12인연十二因緣을 고찰해보기로 한다.

18계를 도표로 나타내면 다음과 같다.

18계 심색구개十八界 心色俱開

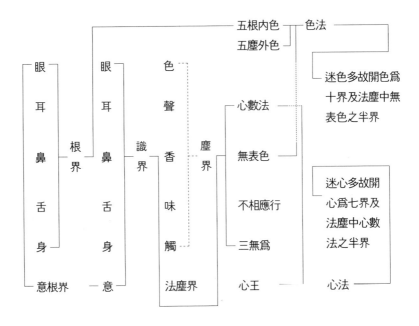

Ⅲ

불교의 근본원리

4제四諦와 12인연十二因緣에 대해 들어가기에 앞서 순서가 뒤바뀐 듯하지만 먼저 이러한 이론이 성립된 근거를 알기 위해 불교의 근본교의부터 설명하겠다.

석가부처님께서 중생들에게 설법한 내용을 간추려보면, 일상적 현실과 거리가 먼 형이상학적形而上學的 문제에 대해서는 담론하지 않으셨다.

예컨대 『중아함경中阿含經』 권60에 수록된 『전유경箭喩經』을 살펴보면, 이 세계의 유한성有限性과 무한성無限性, 그리고 사람이 죽은 뒤의 영혼 등 쉽사리 결론을 내리지 못할 10가지 문제가 제출提出되어 있다. 하지만 이에 대한 분명한 답변은 하지 않으셨다. 현실과 동떨어진 이러한 문제에 묶여 있으면 당장 눈앞에 닥친 문제를 해결할 수 없기 때문이다.

모든 중생들의 고통을 부처님께서는 연민으로 바라보셨기 때문에 당연히 이고득락離苦得樂 할 수 있는 시급하고도 최우선적인 방법을 추구해야 했을 것이다.

따라서 당면문제인 현실의 고통은 도대체 어디에서 왔는지에 대해 우선 명료하게 밝히고, 그 고통은 어떤 방법으로 소멸시킬 수 있을지에 대한 처방전을 제시해야 한다. 이에 따라 부처님 설법 가운데 가장 먼저 '4제四諦'의 이론이 출현하게 된 것이다.

일체 사물의 형성은 아무런 실마리 없이 홀연히 찾아오지 않듯이, 인생의 고통도 역시 그러하다. 이로 인해 12인연론十二因緣論이 그 다음으로 출현하게 되었다.

이른바 세간에서 흔히 말하는 고통은 춥고 배고픈 빈궁에서 오는 괴로움만을 지적한 것이 아니다. 다시 말해 불교에서 말하는 즐거움의 의미는 세간의 물욕에 의한 단순한 관능적인 쾌락만을 지칭한 것이 아니라는 것이다.

만약 물욕만을 누리는 관능적인 즐거움이 진정한 쾌락이라면, 세간에서 물질적으로 풍요로운 사람은 현실 자체가 극락이라 해도 무방할 것이다. 그러나 현실에서 물질의 극치를 누렸던 역대제왕이라도 물질의 극치를 누린 만큼 더 큰 고통이 뒤따르게 된다.

괴로움과 즐거움의 실제문제를 깊이 있게 파고들면 참으로 미묘하여 범부의 어리석은 마음으로는 그 깊이를 헤아리기가 쉽지 않다. 때문에 진정으로 근원적인 도道에 밝은 사람이 아니라면 진실한 해탈의 즐거움을 얻지 못하고, 역시 진실한 해탈의 즐거움을 알지도 못한다.

진실하게 도를 밝힌 사람은 세상의 실상實相을 간파하고, 그 실상인 인연법因緣法을 깨달아 어떤 물질적인 괴로움이 외부환경에서 부딪쳐 온다 해도 태연자약하여 마음이 사물에 지배를 받지 않는다.

이러한 도인은 외부나 타인이 아닌 스스로에게 영원하고 진실한 주재자로서의 자성의 이치가 분명하다. 때문에 어떤 현실에도 미혹하지 않으므로 괴로움 자체를 실체적인 괴로움으로 여기지 않으며, 역시 따로의 즐거움을 자성 밖에서 추구하는 일도 없다. 이러한 이는 생사의 질곡을 초탈하여 우주의 변화와 하나의 자체가 된다. 이것이야말로 최고의 즐거움인 열반의 세계일 것이다. 때문에 현실의 고락을 초월하여 절대자재한 열반의 경지를 설명하기 위해 3법인三法印을 설파하기에 이른 것이다.

이상에서 열거한 4제·12인연론·3법인 등 세 가지는 불교의 3대강령이다. 이는 석존께서 직접 깨달은 경지이며, 일생동안의 설법이 이세 가지를 근본의지처로 하여 천태만상의 일대 장광설長廣說이 부연되었던 것이다. 이것이 불학佛學의 골격을 이루고 있는 근본원리이다.

1. 연생론緣生論

'인연因緣'이라는 두 글자는 불교에서 우주와 인생에 대해 실상實相을 인식하고, 기본원리를 규정한 단정적인 법칙이라 할 수 있다.

무엇을 '인연'이라고 하는가. 이에 대해 『능가경楞伽經』에서는 한마디로 정의하였다.

일체법一切法은 인연因緣에 의해 생기生起한다.

이 말씀에서 우리는 우주간의 일체사물은 어느 것 하나 예외 없이 인연에 의해 생기함을 말한 것을 알 수 있다.

일반적으로 하나의 사물이 생기하려면 직접적이고 강력한 관계성이 근원적인 원인이 되고, 여기에 직접적인 관계성보다 세력이 약한 부분이 간접적인 외부 보조요건으로 동시에 충족되어야 한다. 이것을 인因

과 연然이 화합해서 일어나는 연기법緣起法이라 한다. 또는 인과 연이 상호 촉진하여 일어나는 증상연增上緣이라 한다. 이러한 상호관계성에 의해 생기하는 하나의 사물을 예를 들어 설명해 보기로 하자.

가령 하나의 기업이 일어나려면, 창업하려는 창업주의 의지와 재능이 직접적인 원인이 되고, 기업에 반드시 구비되어야 할 업무조건과 사회에서 요청되는 수요적인 모든 측면들이 보조요건으로 갖추어져야 한다. 직접원인이 되는 '인'과 보조요건인 '연'이 동시에 한 덩어리로 화합해야 비로소 기업이 원만하게 성립될 수 있는 것이다.

이와 마찬가지로 우주의 일체사물은 '인연'의 관계성에서만 존재가 가능하다. 따라서 그 어떤 사물도 절대 독립된 개체는 있을 수 없다. 모든 사물의 현상적인 존재야말로 인연관계성의 발현이며, 사물의 훼손과 소멸 역시 인연관계성의 변천과 소멸인 것이다.

그렇다면 인연의 의미는 현대인이 자주 사용하는 '관계'라는 두 글자로 이해해도 무방할 듯하다. 바꾸어 말하면, 대립적인 현상계의 성립은 상호의존관계 속에서 의타기성依他起性으로만 존재하며, 이러한 상호관계성을 떠나면 그 어떤 독립적인 사물도 존재하지 않는다는 것이다.

『화엄경華嚴經』에서는 우주전체를 중중무진重重無盡한 법계연기法界緣起로 논변하고 있다. 이는 바로 상호관계성의 성립을 말하는 것이다. 이러한 현실의 법칙을 두고 '인연으로 생기한 법[因緣所生法]' 또는 '연기론緣起論'이라 한다.

인연을 요약하면 크게 세 단계로 설명할 수 있다. 결과結果가 자체원인을 따라 생기하는 측면과, 현상사물이 본질의 이치를 의지해서 성립하는 측면과, 모든 존재는 공空을 의지하여 성립하는 측면이 그것이다. 이를 '세 겹으로 성립된 인연[三重因緣)]'이라 한다.

『아함경阿含經』에는 부처님께서 인연법에 대해 해석하고 정의하신 말씀이 있다.

> 이것이 있으므로 저것이 있고[此有故彼有],
>
> 이것이 일어나므로 저것이 일어나며[此生故彼生],
>
> 이것이 소멸하므로 저것 역시 소멸한다[此滅故彼滅].

이 의미를 다시 정리해보면, 우주의 일체 현상은 절대 독립된 존재로 있을 수 없고 반드시 인연을 따라 일어나며, 모든 것은 상대적인 의존관계성 속에서만 존재한다고 할 수 있다.

의존관계를 분류하면 크게 두 종류로 나눌 수 있다. 공간적인 동시의존관계同時依存關係와 시간대를 달리하는 이시의존관계異時依存關係이다.

이시의존관계는 "이것이 일어나므로 저것이 일어나고, 이것이 소멸하므로 저것도 소멸한다"고 한 의미에 해당된다. '이것'은 원인이고, '저것'은 그 결과이다.

동시의존관계는 "이것이 있으므로 저것이 있으며, 이것이 없으므로 저것도 없다"고 한 의미에 해당되는데, '이것'은 주체主體이고, '저것'은 종속從屬이다. 즉 인연을 주종관계로 고찰한 것이다.

이를 하나의 관점으로 정리해 보면, '이쪽은 원인이고 저쪽은 결과이며, 이쪽은 주체이고 저쪽은 종속'으로 요약될 수 있다. 다시 관점을 바꾸어서 말하면, 결과는 결과로만 머물지 않고 다시 새로운 현상계를 일으키는 원인을 잉태하고, 그 잉태된 원인은 다시 현상계가 뿌린 새로운 잠재세력으로서의 씨앗이 된다. 주종관계도 여기에 준해 알 수 있을 것이다.

그러므로 이 세계에는 절대적인 존재가 없을 뿐만 아니라, 역시 절대적인 인과와 주종관계도 없어 일체가 동시적이고 상대적인 관계로서 성립될 뿐이다.

우주를 시간적인 측면에서 관찰해보면, 헤아릴 수 없이 서로 다른 전후시간대의 동시적 인과관계이며, 공간적으로는 셀 수 없이 많은 동시적인 주종관계로 형성되어 있다. 우주만상은 중중무진하게 시간과 공간이 동시에 교차하며, 서로가 서로를 이끌어 들이고 끝없이 인과상속을 찰나찰나 반복하면서 서로가 서로를 의지하면서 임시적인 모습으로만 존재한다. 이것이 우주자연생명의 진실한 모습이다.

불교에서는 세간 유정들의 생사유전하는 모습과 다시 열반으로 환멸還滅하는 실제 모습들을 분명하게 밝히고 있다. 불법이 근본적으로 지향해 가는 목적지는 유정들이 궁극적으로 정각해탈正覺解脫로 나아가게 하는 데 있다. 때문에 연기론緣起論은 유정들의 해탈을 목적으로 수립된 정교하고 근엄한 학설이다.

'동시의존관계'와 '이시의존관계'를 다시 분야별로 서술해 보기로 하겠다.

1) 동시의존관계同時依存關係

'동시의존관계同時依存關係'는 앞서 언급했듯이 연기론을 공간적인 측면에서 고찰한 것이다. 그 중요한 근본은 주관과 객관의 상호관계성이다.

부처님께서 말씀하신 세계는 인식주관認識主觀과 객관대상客觀對象의 상호동시적인 관계성을 지적한 것이지, 관계성을 떠난 밖에 별도의 무엇인가를 의미하는 것은 아니다. 우주 역시 6근六根과 6경六境의 상호인식체계상에서 성립될 뿐, 나의 인식을 떠난 세계는 나의 세계에 대해 조금의 의의도 없다. 때문에 주관인식이 없다면 객관대상의 세계도 없고, 객관대상의 세계가 없다면 역시 상대적으로 주관인식도 없게 된다.

『잡아함경雜阿含經』 권13에서는 이와 같이 풀이하였다.

주관과 객관의 상호 동시적인 관계성을 떠나 나와 세계는 그 어느 쪽에도 독립된 실체가 없다.

이러한 견해가 바로 불교의 연기론적 세계관이다. 따라서 일체의 사물은 주관인식과 객관의 명색名色, 즉 5온五蘊이 상대적으로 의존하여 성립하게 된다. 색色은 사물의 형체를 말하고, 명名은 심리활동 또는 정신을 의미한다.

『잡아함경』 12권에서는 인연에 대해 두 개의 갈대로 비유하여 언급하였다.

마치 두 뿌리에서 생장한 갈대가 하나로 묶여 서로가 서로를 의지해야만 성립할 수 있듯이, 명名과 색色이 서로가 인연이 되어 주관인식인 명名이 있고, 다시 그 주관인식인 심법心法이 인연이 되어 그 대상인 색色이 있게 된다.

그렇다면 두 개의 갈대 가운데 한쪽의 뿌리를 제거하면 나머지 한쪽도 반드시 쓰러지게 된다. 따라서 독립된 하나의 갈대로는 절대로 성립이 불가능하다.

주관은 객관을 구성하는 한쪽의 조건이며, 객관 역시 주관을 동시에 구성하는 또 하나의 조건이다. 만약 이 두 가지가 서로 분리되어 관계성을 잃게 된다면, 상호 성립이 불가능하다. 이러한 상호관계성을 따라 인과율이 일어나게 된다.

2) 이시의존관계異時依存關係

부처님께서 말씀하셨듯이 현재 존재하는 일체의 사물들은 고정불변하는 실재가 아닌, 찰나찰나 무상하게 변천하는 생멸상속生滅相續의 모습이다. 그렇다고 해서 완전하게 단멸斷滅로 소멸하여 없어지는 것도 아니다.

단지 인연관계성이 존재하여 사물들도 변화를 거듭하면서 인과율이 영원히 계속될 것이며, 그 변화 속에는 일정한 변화존재의 법칙이 내재하게 된다. 이 변화의 법칙 가운데 가장 세력이 강한 모습은 생명력이 단절되지 않고 항구하게 지속되는 법칙일 것이다. 이를 잘 설명하고 있는 것이 12인연의 인연법칙이다.

중생의 생사법生死法으로 일어날 경우에는 12인연의 순관順觀으로 설명하고, 상주하는 불생불멸不生不滅의 법칙은 12인연의 역관逆觀으로 설명하기도 한다.

『잡아함경』12권에는 부처님께서 증오하신 생사유전生死流轉과 환멸해탈還滅解脫의 인과상속의 과정이 설명되어 있으며 12인연관을 언급한 대목이 있다.

12인연은 유정들에게 인과론적인 생명현상을 설명함으로써 '무엇 때문에 태어나며 무엇 때문에 죽어가야 하는가'를 지적하고 명료하게 드러내 보이고 있다.

최초의 무명無名으로부터 노사老死에 이르기까지 12인연에서는 하나하나가 동시적인 인과관계의 연결고리에서 인생 한 기간의 모습을 조직구성하고 있다.

그 가운데 중요한 핵심은 식識과 명색名色의 관계성이다. 즉 식이 있으므로 해서 명색이 동시적인 관계에 있다는 것이다.

여기에서 말하고 있는 '식'은 무명無明과 행업行業에 훈습된 무명업식無名業識, 즉 종자식이다. 대승유식학파에서는 이 식을 가리켜 제8아뢰야식)이라 호칭하는데, 이는 모든 유정들의 생사의 근원인 것이다.

2. 12인연十二因緣

1) 12인연의 명칭과 개념

먼저 '12인연론十二因緣論'의 열 두 항목을 명칭부터 차례로 나열하고, 그 개념들을 낱낱이 서술하기로 한다.

(1) 무명無名

'무명無名'은 모든 유정들의 무의식 속에 내재된 잠재적인 심리활동이다. 이는 탐貪ㆍ진瞋ㆍ치癡 3독심三毒心 가운데 치심癡心에 해당된다.

(2) 행行

'행行'은 의지적인 활동으로 이를 '업業'이라고도 한다. 신구의 3업이
여기에 해당된다.

(3) 식識

'식識'은 인식주관의 여러 가지 요소, 즉 6식신六識身을 가리키는 것
으로 안식으로부터 의식까지를 말한다. 그러나『유식술기唯識述記』에서
는 "식識은 제8아뢰야식으로서 친인연親因緣, 즉 자류과自類果를 내는
직접적인 종자세력으로 자체로 삼는다"고 하여, 『연기경緣起經』에서 말
하는 6식신과는 의미를 다르게 설명하고 있다. 이는 소승과 대승의 서
로 다른 견해로 인한 것이다.

(4) 명색名色

'명색名色'은 인식대상으로서의 객관적 요소와 주관적 인식활동이다.
5온五蘊 가운데 수受·상想·행行·식識 등의 4온四蘊은 '명名'에 해당되
고, 색온色蘊은 '색色'에 해당된다.

(5) 6입六入

'6입六入'은 감촉작용이다. 이는 12처에서 이미 살펴본 내6처內六處로서, 안처眼處로부터 의처意處까지를 말한다. 6촉신六觸身이라고도 하고, 6처六處라고도 한다.

(6) 촉觸

'촉觸'은 감각작용을 말한다. 앞의 6입六入이 있기 때문에 촉도 동시에 있다. 그러므로 6입이 '촉'과 동시적인 인연관계를 이룬다.

우리의 의식意識은 6입이라는 여섯 종류의 도구를 따라, 6입에 상대적으로 떠오른 6경六境을 분별심으로 취한다. 이처럼 6경을 상대적 모습으로 추구하고 취하면서 대상경계를 흡사한 모습으로 받아들여, 마치 마음 밖에 실재한다는 감각작용을 일으키게 된다. 이러한 감각인식작용을 가리켜 '촉'이라 한다.

부연하면 6입 가운데 안입眼入, 즉 안근眼根이 대상경계로 떠오른 색경色境을 마주했을 때, 그 색경은 자기 안식분별의 모습임을 모르고 마치 자기 인식 밖에 따로 실재하는 사물로 여겨 그에 대한 감각작용을 일으킨다는 것이다. 그러므로 '촉'은 6입과 인연관계를 이루면서 6경六境에 대한 감각작용을 동시에 일으키게 된다.

(7) 수受

'수受'는 탐애와 증오의 감정을 가리킨다. 이는 고수苦受 · 낙수樂受 ·
사수捨受인 3수三受를 말한다.

(8) 애愛

'애愛'는 욕망을 뜻하며, 세 종류가 있다. 욕계欲界에서 일으키는 탐
심인 욕애欲愛와, 색계色界에서 일으키는 탐심인 색애色愛, 그리고 무
색계無色界에서 일으키는 탐심인 무색애無色愛를 말한다. 이를 가리켜
'3애번뇌三愛煩惱'라 한다.

(9) 취取

'취取'는 집착을 뜻하며, 네 종류가 있다. 자기가 희망하는 대상에 대
해 추구하고 굳게 집착하는 욕취欲取와, 자기 견해에 대한 집착인 견취
見取와, 어떤 특정 종교나 학설에서 시설한 규정만 옳다 여기고 신성
시하는 계금취戒禁取, 그리고 아집我執으로 인해 자기의 말만을 옳다고
굳게 집착하는 아어취我語取가 그것이다.

(10) 유有

'유有'는 세계와 개체인 모든 사물들의 개별적인 존재를 말한다. 앞의 행行 · 식識 · 명색名色 · 6처六處 · 촉觸 · 수受는 애愛와 취取로 인해 더욱 발전하고 여기에서 더욱 진보한 모습을 '유有'라 한다. 『연기경』에서는 이를 '3유三有', 즉 3계三界로 설명하기도 한다.

(11) 생生

'생生'은 각 개체마다의 생존을 뜻한다. 이에 대해 『연기경』에서는 이와 같이 정의하였다.

중다한 유정들이 중다한 종류대로 생기生起하는 것을 생生이라 한다.

(12) 노사老死

노사老死는 각 개체 생명들의 변이變異와 소멸을 뜻한다. 『유식술기』에서는 이에 대해 이와 같이 해석하였다.

노사는 5온이 변이變異하여 소멸消滅하는 것을 의미한다.

이상의 '12인연'을 12지十二支라고도 한다. 이는 열 두 항목이 모두 서로의 인연관계로 일어나기 때문에 12연생十二緣生이라 지칭한 것이다. '연緣'이라는 글자는 대상을 바탕으로 의지한다는 의미이다.

『연기경』에서는 이와 같이 말하였다.

이것을 의지하는 인연 때문에 저것이라는 결과가 있고,

이쪽에서 일어나는 것을 의지하는 인연 때문에 저쪽으로 생기生起하는

결과가 있다.

이는 이른바 무명연행無明緣行 · 행연식行緣識 · 식연명색識緣名色 · 명색연6입名色緣六入 · 6입연촉六入緣觸 · 촉연수觸緣受 · 수연애受緣愛 · 애연취愛緣取 · 취연유取緣有 · 유연생有緣生 · 생연노사生緣老死를 두고 하는 말이다.

2) 인연생기의 순차적 고찰[生滅流轉觀]

인연생기因緣生起의 상호관계성에 대해 『연기성도경緣起成道經』과 『유식술기』에 나타난 내용을 근거로 간단히 정리해 보기로 한다.

(1) 무명연행無明緣行

진여의 이치에 대한 올바른 정지견正知見이 없고 어리석어 깜깜하게

어둡기 때문에, '무명'이 의지처가 되어 신구의 3업, 즉 '행'이 발동한다.

(2) 행연식行緣識

'행'이 다시 의지처가 되어 무명업식無明業識인 제8아뢰야식 가운데 제법을 일으키는 직접적인 종자를 발동시켜 활동을 일으키게 한다. 여기에서 제법은 5온을 두고 하는 말이다.

(3) 식연명색識緣名色

제8아뢰야식이 그곳에 함장된 신구의 3업의 종자로부터 활동을 일으키기 때문에 바로 색심제온色心諸蘊, 즉 5온이 생기한다. '명名'은 수·상·행·식 등의 4온을 말하는데, 이는 물질이 아니므로 육안으로 볼 수 없다. 단지 명칭만 있고 실체가 없기 때문에 '명'이라 한다.

(4) 명색연6입名色緣六入

'명색名色'을 의지하기 때문에 6근六根, 즉 안근眼根으로부터 의근意根에 이르기까지 내6처內六處가 서로의 간격을 달리하면서 일어난다.

(5) 6입연촉六入緣觸

'6입六入'이 의지처가 되어 인식 대상인 외6처外六處, 즉 6경六境을 상대적으로 집취하여 그 중간에 6식六識이 분별하기 때문에 감각작용[觸]이 일어난다. 이때 외6처인 6경도 상대적으로 동시에 일어난다.

(6) 촉연수觸緣受

'촉觸'이라는 감각작용을 의지하여 고락사苦樂捨 3수三受를 일으킨다. '촉'으로 받아들여진 대상이 자기의 감정에 순종하는 경계이면 즉시 탐애의 감정을 일으키고, 거역하는 경계이면 증오의 감정을 일으킨다. '수'는 대상경계를 감정적으로 받아들인다는 의미이다.

(7) 수연애受緣愛

대상 경계를 감정으로 받아들이기 때문에 즉시 대상에 대해 '욕망[愛]'을 일으킨다. 즐거운 경계에서 욕망을 일으키는 것은 당연하다 하겠지만 괴로움의 경계에서도 욕망을 일으킨다면 이는 선뜻 이해가 되지 않을 수도 있다. 그러나 일반적으로 괴로운 경계를 피하려 하는 것은 괴로움을 떠나 안락을 얻고자 하는 욕망이 있기 때문이다. 그러므로 괴로움과 즐거움, 어떤 경계에서도 욕망은 동시에 일어나는 것이다.

(8) 애연취愛緣取

욕망이 일어나면 욕망을 따라 그에 상응하는 '집착[取]'이 일어난다. 만약 욕망이 없다면 집착심도 일어나지 않을 것이다. 집착은 욕망이 더욱 증가하여 견고해진 심리상태를 말한다.

(9) 취연유取緣有

욕망과 집착하는 마음이 하나로 합해지면 그 상태를 의지하여 '세계와 개체의 사물[有]'이 더욱 뚜렷하게 증가하여 존재하게 된다. 욕망과 집착심은 행·식·명색·6입·촉 등 다섯을 더욱 생장하도록 윤활유 역할을 해주기 때문에 3계와 그 안의 모든 개체 사물들을 일으킨다.

(10) 유연생有緣生

행行으로부터 수受까지의 다섯 종류는 욕망과 집착심을 배양하고 생장해 주는 도움을 받아 세계와 개체의 사물이 존재하였기 때문에, 다시 이를 의지하여 각자 개체의 생존[生]이 일어난다.

(11) 생연노사生緣老死

이미 일어난 각 개체는 생존을 의지해서 다시 변천과 소멸로 이어지게 된다. 식·명색·6입·촉·수가 눈앞에 일어난 상태를 '생生'이라 하는데, 일어나면 반드시 변천하고, 변천하면 소멸하기 마련이다. 이러한 작용은 반드시 갖가지 근심과 고뇌를 수반하고 일으키기 때문에 '생'을 의지해서 노사우비고뇌老死憂悲苦惱가 일어나게 된다.

요약하면 '행'으로부터 '식'에 이르고, '유'로부터 '생'에 이르러 결과는 오로지 '노사우비고뇌'일 뿐이다. 현실이 이러한데도 유정들은 이를 굳게 아집견으로 집착하고 버리지 않는다. 이것이 바로 어리석은 무명의 모습일 것이다.

12연기는 무명에서 시작하여 노사우비고뇌에서 끝나는데, 중생윤회의 인과관계인 혹업고惑業苦의 실상이 이와 같다. 이 가운데 '무명·애·취'는 '혹惑'에, '행·유'는 '업業'에, '식·명색·6입·촉·수'와 '생·노사'는 '고苦'에 해당된다.

모든 중생들은 무명의 '혹'을 따라 신구의 '업'을 짓고, '업'을 따라 3계생사로 괴로운 '고'의 과보를 받는다. 이러한 생사의 인과관계는 12연기에 있어서 그 모습이 더욱 현저하게 드러난다.

이상 12인연의 순관順觀은 4제 가운데 고집제苦集諦, 즉 세간인과世間因果에 해당된다.

다음에 서술하는 소급관찰인 역관逆觀은 멸도제滅道諦, 즉 출세간인과율出世間因果律에 해당된다.

3) 12인연의 소급관찰[眞如還滅觀]

부처님께서는 성도成道하기 7일전에 12인연의 법칙을 깨우치고 다음과 같이 사유하셨다고 한다.

늙어 죽어가면서 그 과정에 따른 슬픔과 근심의 고뇌는 사람이라면 누구나 피하지 못한다. 그러나 노사老死는 무엇 때문에 초래되었을까. 그것은 바로 생명이 있기 때문이다. 그렇다면 생명은 무엇 때문에 초래되었을까.

이 문제야말로 연기론적 관점의 출발점이라 하겠다.

사람이 하나의 생명체로 태어나는데 갖추어야 할 조건은 너무나 많다. 그 중 가장 중요한 조건 가운데 하나가 세계와 개체물리의 존재인 '유有'일 것이다.

'유'를 '3계유三界有'라고 해석하는데, 이는 기세간器世間과 모든 유정들을 동시에 가리킨다. 반드시 기세간으로서의 세계가 있어야 모든 개체의 생명체가 그것을 의지하여 생존할 수 있기 때문이다.

그렇다면 '유'는 과연 어디에서 오는 것일까. '유'는 '취'를 의지하여 일어난다. '취'는 집착을 의미한다. 집착이라는 굳센 욕망심이 없으면, 3계는 아무런 생명력이 없는 물리적인 존재에 불과할 것이므로 우리와는 어떤 상관성도 없게 된다.

집착심은 또 어디에서 일어나는 것일까. 바로 욕망이 있기 때문이다. 욕망이야말로 모든 생명활동의 발원지이다.

이러한 욕망은 또 어디에서 나왔을까. 이는 외부 현상세계를 받아들이면서 탐애와 증오의 감정을 일으킨 것이 원인이다. 따라서 '애'는 '수'를 의지해서 일어난다.

무엇 때문에 현상사물을 받아들여 감정을 일으켰겠는가. 그 이유는 외부세계가 나의 인식주관과 부딪치면서 감각작용이 일어났기 때문이다.

그러므로 '수'는 '촉'을 의지해서 일어난다. 감각이 일어나려면 반드시 감각이 의지하고 발현할 기관인 도구가 있어야 한다. 그래서 '촉'은 '6입'이라는 여섯 도구를 의지해서 일어난다.

감각기관은 다시 무엇을 의지해서 일어났을까. 그것은 인식주관과 객관사물인 5온이 한 덩어리로 화합해서 일어난다. 때문에 '6입'은 5온인 '명색'을 의지해서 일어난다. 여기에서 '명색'은 생명조직의 전부라고 할 수 있다. 참고로 '명'은 일체의 심리상태를 포함한다.

'식'도 역시 분별작용의 활동력이 있기 때문에 행업[行]의 일부분에 속하기는 하나, 단지 인식인 주관적 요소에 국한되므로 '행'에서 특별히 따로 떼어낸 것에 불과하다. 여기에 '식'을 의지해서 '명색'이 있고, '명색'을 의지해서 다시 '식'이 있게 된다. 이것이 상호의존관계성을 의미하는 인연론의 핵심이다.

다시 '식'의 활동은 무엇을 따라 일어나는가에 대해 살펴보자. 이는 우리의 의지적인 충동을 따라 일어나는데, 그 의지를 '행'이라 한다.

'행'은 다시 무엇을 따라 일어나는 것일까. 그것은 무의식 상태의 본능적인 활동을 따라 일어난다. 이러한 본능적이고 맹목적인 충동적인 활동을 '무명'이라 한다. 이는 최초의 일념무명一念無明, 즉 무시무명無始無明에 해당된다.

4) 3세양중인과三世兩重因果

12인연은 불교원리의 근본이다. 사람의 생명은 원인 없이 돌연히 발생하지 않고 자기의 의지력으로 창조되는 행업行業을 따라 출연하게 된다. 앞서 대략 살펴보았듯이 현재의 생명은 과거의 '무명과 행'의 결과로 구성된다. 그리고 현재의 '식 · 명색 · 6입 · 촉 · 수 · 애 · 취 · 유'로 서로의 관계성을 유지하면서 무명과 그로 인해 일어난 행업의 세력을 더욱 더 증가시키고 자라나게 한다. 이것이 원인이 되어 다시 미래의 생명을 조성하고 생기하게 하여 미래의 과보인 '생 · 노사'로 이어진다.

후세의 부파불교인 설일체유부說一切有部에서는 이러한 이치를 천명하여 '3세양중인과三世兩重因果'의 이론을 정립하였다.

'무명과 행'은 과거전생에서 일으켰던 두 원인이 되고[過去二因], 이를 의지해서 세력이 더욱 증가한 '식 · 명색 · 육입 · 촉 · 수'는 현세의 다섯 과보가 된다[現在五果].

여기에 다시 '애 · 취 · 유'는 현생의 세 가지 원인이 되어[現在三因] 다시 '생 · 노사'라는 미래의 두 결과를 부르는 것이다[未來二果].

12인연과 3세양중인과

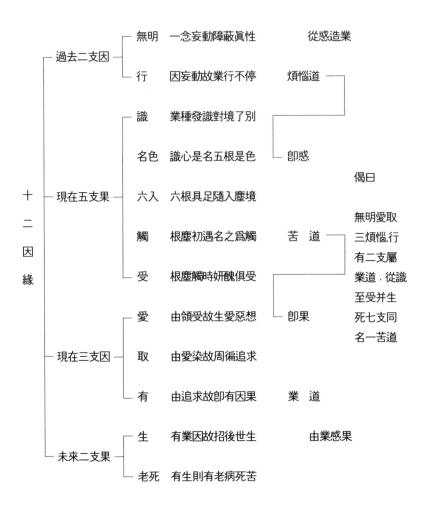

十二因緣

過去二支因 ┬ 無明　一念妄動障蔽眞性　　　　　從惑造業
　　　　　└ 行　　因妄動故業行不停　　　煩惱道 ┐
　　　　　　　　　　　　　　　　　　　　　　　　├
現在五支果 ┬ 識　　業種發識對境了別　　　　　　　 │
　　　　　│ 名色　識心是名五根是色　　　卽惑 ┘
　　　　　│ 六入　六根具足隨入塵境　　　　　　　偈曰
　　　　　│ 觸　　根塵初遇名之爲觸　　　苦　道 ┐　　無明愛取
　　　　　└ 受　　根塵觸時妍醜俱受　　　　　　　 ├　　三煩惱,行
　　　　　　　　　　　　　　　　　　　　　　　　 │　　有二支屬
現在三支因 ┬ 愛　　由領受故生愛惡想　　　卽果 ┘　　業道.從識
　　　　　│ 取　　由愛染故周徧追求　　　　　　　　至受幷生
　　　　　└ 有　　由追求故卽有因果　　　業　道　　死七支同
　　　　　　　　　　　　　　　　　　　　　　　　 名一苦道
未來二支果 ┬ 生　　有業因故招後世生　　　由業感果
　　　　　└ 老死　有生則有老病死苦

5) 12인연의 4지四支

12인연은 다시 '능인지能引支'·'소인지所引支'·'능생지能生支'·'소생지所生支' 등의 네 종류로 분류된다. 때문에 12인연을 12유지十二有支라 부르기도 한다.

'지支'는 원인이라는 뜻인데, 12지가 3계생사三界生死의 원인이라는 의미이다. 12연기의 특성은 한 사람의 인생을 과거의 무명부터 시작하여 미래의 노사에 이르기까지의 과정을 원인과 결과라는 합당한 설명으로 우리에게 제시하고 있다.

12인연을 3세양중인과三世兩中因果의 관점에서 관찰해 보면, 현세라는 기간에 전생과 내생이라는 생사유전生死流轉의 인과관계로 설명할 수 있다.

결과의 측면에서 원인을 추구하고, 그 원인을 따라 결과를 부르는 측면에서는 사람들의 일기 생명마다 결과로 이어지는 순간이 바로 다음의 새로운 원인을 잉태하는 상호관계성을 동시에 지니게 된다. 따라서 3세의 행업과 과보의 관계는 끝없는 반복 순환관계를 형성하여 생사유전의 고통이 단절함이 없게 된다.

그러나 인연법은 '이쪽 원인이 없으면 저쪽의 결과도 없고, 이쪽이 소멸하면 저쪽도 동시에 소멸한다'는 인과율에 의거한다. 따라서 괴로움의 결과를 부르는 직접적인 악업이라는 원인을 짓지 않으면 악업의 결과도 발생하지 않는다.

중생들이 괴로움을 벗어나려면 반드시 열반법涅槃法을 추구하여 괴로움을 부르는 무명번뇌의 염법染法에서 해탈해야 한다. 이로 인해 인 연상속의 연결고리를 절단하고 영원히 3계고해三界苦海의 나락에 떨어 지지 않게 된다. 불교의 모든 대장경에 수록된 내용들이 전부 이러한 의미를 천양하고 있다.

다시 '12인연의 4지四支'에 대해 구체적으로 분류해 보기로 하자.

(1) 능인지能引支

'능인지能引支'는 '무명·행'을 말한다. 이 둘의 원인이 '식' 등 현재의 5과五果를 이끌어낸다.

(2) 소인지所引支

본식本識인 아뢰야식 가운데 함장된 미래의 이숙과異熟果, 즉 아뢰야 식에 포섭된 '식·명색·6입·촉·수' 등 5과五果를 직접 일으키는 종 자를 '소인지所引支'라 한다. 모두 과거의 2지二支, 즉 '무명·행'이 이 끌어 들여 발현하기 때문이다. 과거의 측면에서는 미래과未來果이지만 미래가 아직 일어나기 이전의 측면에선 현재의 5과이다. 이는 단지 과 거와 현재를 다른 시간대에서 주관과 객관의 관계성으로 분류했을 뿐 이다. 이 부분은 착오를 일으키기 쉬우니 주의를 요하는 부분이다.

(3) 능생지能生支

'능생지能生支'는 '애 · 취 · 유'를 말한다. 이는 미래의 '생 · 노사'인 2지二支에 근접한 상태에서 일어나는 경우이다.

(4) 소생지所生支

'소생지所生支'의 다른 이름인 '생 · 노사'는 '애 · 취 · 유'의 3지三支에서 일어났음을 말한다.

이상은 시차별로 일어나는 3세인과 관계를 주관 · 객관의 상대적 관계성으로 다시 분류한 것이다.

6) 연기즉공무아緣起卽空無我

『아함경阿含經』에서는 12연생의 의미에 대해 자세하게 설명하고 있다. 이를 통해 불교의 원시사상은 인생론에 중점을 두었으며, 우주론은 인생론 가운데 한 부분에 포함되었다는 점을 알 수 있다. 때문에 부처님께서는 『아함경』에서 우주론에 대해 따로 자세히 설명하지 않으셨던 것으로 보인다.

서양철학에서는 하나의 절대법을 건립하여 일체제법을 생기한 근원으로 삼고 있다는 점이 특징이다. 그러나 불교에서 수립한 12연생론은 자기 생명이외 객관적인 우주의 실체를 따로 인정하지 않는다. 때문에 객관적인 우주의 실체에 대해 집착하지 않는다. 단지 중시되는 것은 일체제법을 일으키는 상호관계성과 그 요소일 뿐이다. 그러므로 모든 문제의 책임소재는 다시 자신에게 귀결될 수밖에 없다. 이 점이 불교와 서양철학이 크게 구별되는 분명한 부분이다.

모든 유정들의 삶의 형태는 최초의 일념 무명으로부터 마지막 노사에 이르기까지 일관된 모습으로 상호 동시적인 관계성 속에서 단절되지 않고 상속 유지될 뿐이다. 따라서 불교의 인연관이야말로 여타의 철학이나 종교에서도 미처 살피지 못했던 뛰어나고 오묘한 이치라 할 수 있다.

사실 예로부터 세간에서 생기한 원인에 대해 철학이나 종교에서는 허다한 주의와 주장을 펴고 있다.

어떤 종교에서는 절대적인 주재자로서의 절대신이 세계를 창조하고 모든 만물을 조성하였다고 주장하기도 한다. 이는 신이 창조주라는 신조론神造論을 뜻한다.

어떤 학파에서는 물질이 진화하여 인류가 발전하고, 인류가 다시 진화하여 인류의 마음과 지혜가 일어났다고 주장한다. 이는 유물론唯物論을 말한다. 또는 음양5행陰陽五行의 기운이 변화하여 만물이 일어났으므로 만물은 끝내 다시 천지로 되돌아간다고 주장하는 사상도 있다. 이는 기화설氣化說을 뜻한다.

그러나 불교에서는 세간의 실상을 12연기로 설명하여, 어떤 주재자도 없는 '무아'라고 한다. 때문에 인간은 절대신의 창조물이 아니다.

또한 '무명'으로부터 '노사'에 이르기까지 우리의 내적인 인식활동을 따라 발전하였기 때문에 유물론도 아니고, 기화설은 더욱 아니다.

예로부터 대상사물에 대해 실체가 있다고 집착하는 유물론자들은 창조신을 부정하였고, 반대로 유심론자들은 우주창조주로서의 절대주재자를 수립하였다.

그러나 불교의 연생론은 유심연기론唯心緣起論일 뿐이다. 이 점이 불교가 지극히 위대하게 부각되는 가장 특징적인 사상이다. 세간연기의 실상이 이와 같기 때문에 우리는 절대신이나 물질에 의지하지 않고 바로 자신의 내면적 반조를 통해 이 세계는 무엇을 따라 일어났고, 무엇을 따라 소멸되는지를 분명히 알 수 있다.

여기에는 한 점의 의혹이나 그에 따른 잘못된 사견邪見도 있을 수 없다. 단지 유심연기로서의 인연생기因緣生起이기 때문에 바로 현실목전의 당체에서 자성이 공적한 연기즉공緣起卽空으로서 중도中道의 이치일 뿐이다.

7) 세계와 인생은 유심연기唯心緣起

앞서 대략 언급했듯이 12연생론은 우리의 생활을 현실 그대로 묘사하고 있다. 따라서 형이상학적인 상상력을 동원하여 다분히 관념적으로 세계와 인생의 유래를 추구하지 않았다. 단지 우리가 생활하는 일상의 모습 속에서 현실을 절실하게 묘사했을 뿐이다. 우리는 이 점을 주목해야 한다.

이 점을 더욱 분명히 하기 위해 12인연에 대해 다시 구체적이고 통론적으로 살펴봄으로써 유심연기의 이치를 자세히 이해해 보기로 하자.

'무명'은 12인연 가운데 가장 으뜸을 차지한다. 이 의미는 심오하고 미묘하여 일반적인 지식으로는 그 근원을 끝까지 추궁하기 어렵다.

우리는 항상 하늘을 머리 위로 이고 살고 있다. 그러나 하늘이 무엇 때문에 존재하는지, 우리가 밟고 서 있는 대지가 무엇 때문에 있는지, 그리고 우리의 삶은 어디에서 유래했는지, 죽으면 어디로 가는지, 무엇 때문에 매일 음식을 먹어야 하는지 등의 제반문제에 대해 한번쯤 질문을 던져 보자. 과연 거기에서 어떤 명확한 해답이 도출될 수 있을까.

이러한 것들은 참으로 쉽사리 결론을 낼 수 없는 불가사의한 일이다. 요컨대 우리가 살아가면서 현실적으로 부딪치는 갖가지 문제들에 대해 그 어떤 질문도 용납되지 않은 경우가 허다하다. 설사 질문을 던져도 정확한 답변을 내기가 불가능한 경우가 많다.

이 문제에 대해 질문과 답변을 부질없이 주고받는다면, 결국엔 애매모호한 궤변만 늘어놓을 뿐이다. 이러한 오리무중의 불분명한 상태를 12인연에서는 '무명'이라 한다. 그러나 '무명'의 세력은 극도로 광대하기 때문에, 이것이 근원적인 의지처가 되어 신구의 등 세 가지 행위조작이 일어난다[行].

'행'은 '업'이라 하는데, 이는 조작의 의미라고 앞서 서술한 바 있다. 일체의 조작은 '무명'의 미혹을 의지하여 일어난다.

 '무명'과 '행'을 통론적으로 관찰해 보면, 학자들이 흔히 말하는 '맹목적[無明]이고 충동적인 행위[行]'가 그 뜻에 유사할 것이다.

 행위로 조작하는 세력은 그 근원이 미혹의 '무명'을 의지해서 일어났기 때문에 '무명'으로 인해 사물에 대한 명확한 이해가 되지 않으므로 몹시 불안한 상태가 유지된다. 따라서 대상사물에 대해 반드시 갖가지 허망한 분별을 일으킨다. 이 분별이 바로 '식'이다.

 '행'의 조작을 의지해서 일어난 '식'은 허망한 분별작용을 일으켰기 때문에 자기의 본래 완전한 생명체, 즉 일심진여一心眞如에서 무단히 주관과 객관으로 이분화 시킨다. 즉 안으로는 자아自我라는 신심身心과 밖으로는 세계를 서로 다른 따로의 모습으로 분별하게 되는 것이다. 이러한 분별[識]을 의지해서 자아의 심신과 세계[名色]가 일어나게 된다. '명색'은 근신과 세계를 포함해서 하는 말이다.

 분별식이 의지처가 되어 '명색'이 일어나면, 안으로는 자기의 신심과 밖으로 자기 이외의 세계우주를 상대적인 관점에서 따로 보게 된다. 그러므로 다시 '명색'이 의지처가 되어 '6입'이 일어나게 된다. '6입'은 바로 6근 또는 6처이다. 이는 분별된 외부세계, 즉 인식주관이 대상을 집착으로 취하는 내적인 여섯 종류의 도구이다.

 안으로 신심과 밖으로 우주를 별도의 모습으로 분별했다면, 외부로 추구하면서 그것을 나의 것으로 취하려는 수단으로서의 도구는 자연스럽게 일어나기 마련이다.

'6입'이 있다면 그 결과 대상에 대한 감각도 동시에 존재하게 되므로 '6입'을 의지하여 '촉'이 있게 된 것이다. '6입'이라는 여섯 도구로 대상[六境]을 추구하는 세력이 있기 때문에 그 대상경계를 받아들이고 감각적인 분별을 하는데, 이를 '촉'이라 한다.

예를 하나 들어보기로 하자. 우리의 안근은 인식객관인 색경을 안근 자신이 취할 상대적 사물로 여긴다. 이 때 안근이 색경을 마주하면 바로 일종의 감각작용을 일으키게 된다. 이것이 '6입연촉'이다.

다시 '촉'이 의지처가 되기 때문에 호오好惡의 감정인 '수'가 일어나는데, '수'는 받아들인다는 뜻이다. '촉'에서 감각되어진 대상경계에서 그것은 나에게 쾌활한가 또는 불쾌한가 하는 등의 감정으로 받아들이게 된다. 다시 말해 '촉'이 대상에 대해 감각작용을 일으키기 때문에 바로 괴로움과 즐거움 등의 감정이 일어난다는 것이다.

감정 작용인 '수'가 있기 때문에 욕망심인 '애'도 따라 일어나게 된다. 대상경계의 감각[觸]이 일어나면 바로 호오의 감정[愛]작용이 일어나고, 감정 작용이 일어나면 그 감정 상태에 따라 바로 대상에 대한 욕망심[愛]이 일어난다. 욕망의 의지처가 되어 집착[取]이 일어나는데, 집착은 욕망의 대상을 추구한다는 의미이다.

앞서 설명했던 '6입'은 대상을 단지 단순하게 추구하는 도구라면, 여기에서의 집착은 '6입'이 추구하는 세력 자체를 뜻한다. 우리의 욕망이 그치지 않기 때문에 추구도 그치지 않는데, 이를 좋은 관점에서 이해한다면 인류의 발전진화의 비밀일 수도 있다.

집착에 의지해서 '유'가 있다는 것은 앞서 언급하였다. 즉 '행'으로부터 '수'에 이르기까지, 이 현재5과五果는 욕망[愛]과 집착적인 추구[取]에 의해 그 세력이 더욱 증가하기 때문에 이처럼 증가한 세력을 종합해서 '유'라 하였다.

'행'으로부터 '수'까지는 각자 특징이 다르게 작용하는 세력들이었지만, 지금 여기에서 말하는 세계와 개체적 물리존재[有]는 앞서의 현재5과의 활동을 더욱 증가시키는 측면에서만 말하였다. 이 점 주의를 요한다.

마지막으로 '유'를 의지해서 '생'이 있고 '노사'가 있다는 것은 거듭 재론하지 않더라도 스스로 마음으로 체득하면 알 수 있을 것이다.

이상으로 12인연관에 대한 통론적인 고찰을 모두 끝내기로 한다.

12인연의 소급관찰[逆觀]에서 무명으로부터 생이 소멸하기 때문에 그 결과인 노사우비고뇌老死憂悲苦惱가 소멸한다 하여, 생멸유전문生滅流轉門과 진여환멸문眞如還滅門 가운데 '환멸'의 인연은 분명히 나타났다.

그러나 구체적으로 어떤 수행 방편을 시설해야 무명 등의 생멸인연이 소멸하는가에 대해서는 아직 분명하게 드러내지 않았다.

이를 자세히 밝히려면 반드시 세간과 출세간의 인과논리가 분명해져야 한다. 이에 대한 해답을 제시하기 위해 다음으로 '4제법문四諦法門'에 대해 서술하고자 한다.

3. 인과론因果論

- ## 4제법문四諦法門

  부처님께서는 모든 중생들의 감내하기 어려운 고통을 매우 불쌍히 여기셨다면 그들이 이고득락 할 수 있는 방법을 제시해야 한다. 그러므로 우선적으로 꼭 알아야 할 것은 중생의 고통은 어디서 왔으며 그것은 어떤 방법으로 해결해야만 하는가의 문제이다. 때문에 부처님께서는 4제四諦의 이론을 제출하셨다고 앞서 말하였다.

  '4제'는 '고苦·집集·멸滅·도道'를 말한다. 이를 4성제四聖諦, 또는 4진제四眞諦라고도 한다. '제諦'는 진실한 이치를 의미한다. 따라서 '4제'란 네 가지 성스럽고 변하지 않는 진리라는 의미이다.

  '고·집·멸·도'에 대해 간략하게 서술해 보기로 한다.

(1) 고제苦諦

'고苦'는 인간세상의 일체 고통을 지칭하는 말이다. 『대론大論』에서는
이에 대해 다음과 같이 풀이하였다.

중생에게는 세 종류 육신의 고통이 있는데, 노老·병病·사死이다. 또 세
종류 마음의 고통이 있는데, 이는 탐貪·진瞋·치癡이다.

원하는 것을 구하지만 뜻대로 얻지 못하는 것이 고통이고, 미워하는
자를 만나지 않으려 해도 떠나지 않는 것이 고통이다. 또 공명사업功名
事業을 성취하지 못하는 것이 고통이며, 설사 요행히 성공을 했다 해도
다시 잃을까봐 밤낮으로 근심하는 것도 고통이다.
　일체가 고통일 뿐[一切皆苦]이라고 불교에서는 파악하고, '고'야말로
유정세간有情世間과 기세간器世間의 진실한 모습이라 하였다. 이를 두
고 이 세계의 실상은 고통만이 진실한 모습이고, 거짓 없는 이치라는
의미에서 '고제苦諦'라 한다.

(2) 집제集諦

'집集'의 의미에 대해 살펴보면, 무더기[集]·결집結集·초인招引, 또
는 조성[成]으로 요약할 수 있다. 이는 고과苦果의 원인을 조성한다는
의미에서이다.

세간 고통의 과보는 무엇을 따라 초인되며, 무엇을 따라서 조성되는가. 이것은 다름 아닌 '집제集諦'가 고통의 원인을 제공하는 소재처이다.

모든 사람들은 무명의 어두움 때문에 갖가지 집착과 욕망을 내어 욕망을 충족시키기 위한 수단으로 신·구·의라는 세 가지 도구를 사용하여 갖가지 행위[業]를 조성한다. 업이 무더기로 집합하면 업의 세력을 형성하게 되고, 업의 세력이 결집되면 그것이 원인이 되어 업에 대한 결과를 부른다.

따라서 선업은 선과를 부르고, 악업은 악과를 부르는 것이 당연한 귀결이다. 악과는 바로 '고제'로서 고과이다.

그러므로 현실고통의 근본원인을 추구해 보면, 최초의 일념무명의 어두움을 따라 망상이 일어나고, 그 망상을 따라 악업을 지은 소치가 바로 괴로움의 과보라 하겠다. 그렇다면 현재의 고통스러운 과보는 과거에 이미 지은 악업의 소산물이며, 현재의 악업은 다시 미래의 고과를 생산하는 원인 조성자가 되는 것은 자명한 이치다.

이처럼 무명망상과 악업은 고과를 조성하는 원인이 되는데, 이를 '집제'라고 한다. 간결하게 정리해 보면, '집제'는 고의 원인이 되고 '고제'는 '집제'의 결과가 되어, 이 둘은 혹업고惑業苦라는 3세간三世間의 인과율을 이루게 된다. 이것이 세간생사의 인과관계가 단절 없이 상속되는 실상이다.

혹과 업은 '집제'에 포섭되고, 고는 당연히 '고제'에 섭수된다. 이러한 고집2제苦集二諦는 미혹한 세간의 생사유전인과生死流轉因果이다.

(3) 멸제滅諦

'멸滅'은 세간의 일체고뇌를 제멸시킨다는 의미이다. 이는 고뇌를 소멸시킨다는 뜻에서 '고멸제苦滅諦'라 할 수 있으므로 불교의 해탈론에 해당된다.

앞서의 고집2제는 현세의 고과와 이 고과가 생기하는 집인集因의 관계를 밝혔다면, '멸제'는 고인고과苦因苦果를 제멸한 상태에서 얻어진 상주안락常住安樂의 열반을 밝힌 것이다.

부처님의 관찰에 의하면, 고과를 일으키는 근접한 원인이 업이며, 그 업은 미혹[惑]을 의지하여 있게 된다는 것이다.

미혹을 분류하여 설명해 보면, 근본원인인 무명이 있고, 다시 무명을 의지하여 일어난 망상이 있게 된다. 이를 다시 망상을 의지하여 일으킨 집착과 욕망으로 분류할 수 있다. 이것이 미혹의 대체적인 모습이다.

바꾸어 말하면, 일반적으로 어리석은 범부들은 세계의 진상을 모르기 때문에 현세의 아我가 실제로 있다고 착각하게 된다. 이러한 미혹의 견해 때문에 악업을 짓게 되고 괴로움의 결과를 조성하게 되는 것이다.

그러므로 현실의 고과를 제멸하고 싶다면, 우선 악업을 짓지 말아야 하며, 업을 짓지 않으려면 망상을 끊어야 한다. 그리고 망상을 끊으려면 세계의 진실한 모습을 관찰해야 한다. 이를 통해 세계의 실상이 본래 무아無我의 이치임을 명료하게 이해해야 한다.

세계의 진상이 본래 무아임을 알았다면, 착각의 미혹을 일으키지 않게 되고, 따라서 업을 짓지 않게 된다. 그 결과 연쇄적으로 반복해서 일어나는 생사윤회의 고리가 단절하게 된다. 생사의 고통이 이로 인해 해탈하게 되는데, 이를 가리켜 '멸제'라 한다.

정리하면, 무명번뇌가 일어나지 않기 때문에 업 역시 일어나지 않는 것은 세간원인의 소멸이며, 미혹과 악업이 일어나지 않기에 고통의 과보 역시 일어나지 않는 것은 세간과보의 소멸이다.

이처럼 고집2제의 원인과 결과가 동시에 소멸하여 생사가 영원히 다하고 열반의 안락을 끝까지 증득하는 이치가 바로 '멸제'이다.

(4) 도제道諦

'도道'는 고苦를 소멸하는 '도'인데, 이는 사통팔달로 통하는 길과 같은 의미이다. 즉 '고통을 소멸하는 것으로 인해 열반에 당도하는 길'이라는 것이다. 이는 불교의 실천수행론에 해당된다.

수행의 길은 매우 많지만 경율론3장經律論三藏에서 설해진 모든 내용들이 단지 '도'를 강론하고 있을 뿐이다. 요점을 간추려 보면, 8정도八正道와 37조도품三十七助道品으로 정리할 수 있다. 이를 한마디로 요약하면 계정혜3학戒定慧三學으로 귀결된다.

이러한 도법을 의지하고 수행해야만 고집2제를 제거해 끊고 고통을 소멸한 이후에 청량한 열반의 세계에 도달할 수 있다고 한다. 이를 '도제道諦'라 한다.

정리하면 '도제'의 길을 따르기 때문에 세간의 진상인 고통을 알아 [知苦], 그 원인인 혹업을 끊고자[斷集], 열반을 증득하는[證滅], 도를 닦는다[修道]는 것이다. 이상의 멸도2제는 깨달음의 세계, 즉 출세간이 생기하는 인과관계이다.

이상 4제법문의 내용을 비유를 들면, '고'는 병환과 같고, '집'은 병의 원인과 같으며, '멸'은 병이 치유된 것과 같고, '도'는 병을 치료하는 약과도 같다.

한량없는 중생들이 생사의 바다에 끝없이 상속 부침하는 과정에서 세간생사의 고통에서 염증이 일어난다면, 4제법문의 이치를 올바르게 관찰하고 실천 수행해야 한다. 수행만이 열반피안에 도달하여 해탈을 증득할 수 있는 길이다.

4. 해탈론解脫論

• **3법인**三法印

제행무상諸行無常 · 제법무아諸法無我 · 열반적정涅槃寂靜 등의 세 가지 불변의 진리를 '3법인三法印'이라 하는데, 이는 불교의 가장 중요한 교의教義이다.

'3법인'은 불교에서 파악하고 정립한 우주만법의 실상으로서 보편적이고 필연적인 세 종류의 이성理性이다. 여기에서 성性이란 불변의 의미이므로 본래 갖추고 있는 이체理體가 시종 변역하지 않는 까닭에 이성이라 하는 것이다.

'인印'은 증명證明 · 인증印證의 뜻인데, 이 세 가지 도리를 의지해서 인증한다는 의미이다. 일반적으로 모든 불교이론이 이 세 가지 3법인의 의리義理와 서로 하나의 이치로 부합하면 올바른 불법佛法이고, 이와 반대되면 설사 아무리 좋은 내용이라 하더라도 실제의 의미를 끝까지 다하지 못한 불요의법不了義法이다.

따라서 모든 불교의 도리는 이 세 가지를 표준으로 의지하여 진실한 부처님 가르침임을 증명하기 때문에 '법인法印'이라 한다.

3법인은 제행무상에 일체개고一切皆苦를 더하여 4법인四法印을 이루기도 한다. 하지만 제행무상에서 무상無常은 바로 고苦이기 때문에 '고'는 따로 말하지 않아도 무상인無常印에 포함된다고 하겠다.

유정세간의 측면에서 보아도 특별히 따로 '고'를 열거해서 말할 필요는 없을 듯하다. 사실 일체 사물은 모두 무상에 속하여 영원히 존재하는 실제적인 개체는 없고 반드시 공적무아空寂無我로 귀결하는 데야 하물며 다시 무슨 '고'를 따로 말하겠는가. 무상한 유정세간을 떠나선 이른바 '고'는 애초에 존재하지 않는다. 일체 사리事理에 나아가서 말하자면, 3법인에 다 포함된 것이다.

3법인을 광의적인 측면에서 본다면, 세간 일체 환화幻化의 현상을 지적한 것이다. 여기에서 행行은 대화유행大化流行, 즉 생멸변이生滅變異의 의미이다.

생멸변이는 세간제법의 진실한 자화상이다. 자연계와 생명계를 따로 논할 것 없이, 모든 현상계는 찰나찰나 생멸변이하지 않는 것이 없다. 자연계는 푸른 바다가 뽕나무밭으로 변하기도 하고, 사람 역시 살아서 활동하던 육신이 끝내는 한 줌의 흙으로 되돌아간다. 모든 것이 무상하게 생멸하기 때문에 '제행무상'이라 한다. '제행諸行'은 색심色心, 즉 5온의 생멸변이를 의미한다.

이처럼 천류 생멸하는 세간제법은 상주하는 성질이 없을 뿐만 아니라 역시 변치 않는 실유實有의 성질도 없다.

무아無我에서 아我는 상대방과 나를 대칭하는 일인칭으로서의 '아'가 아닌, 자성自性에 있어 시종 변치 않는 실체를 지적하는 말이다. 무상無常은 일체사물엔 항구하게 실유하는 실체가 없다는 의미이다. 이것이 바로 무아의 의미로서, 무상과 무아는 표현된 언어만 다를 뿐 실제는 같은 것이다.

이처럼 무상이고 무아이기 때문에 우주 삼라만상은 찰나찰나 생멸변이를 거듭하면서 순간순간 공적무아의 이치로 귀결한다.

앞서 살펴 본 연생론緣生論에서 세계의 일체는 인연이 화합하면 일어나고 인연이 분리되면 공적무아임을 설명함으로써 어떤 것도 독립적으로 존재하지 못함을 밝혔다. 이를 통해 중생들이 인연의 화합과 분리를 따라 생사로 천류하는 실상을 설명하였다.

3법인과 연기법의 의미는 서로 상통한다. 연기법으로는 3법인을 올바르게 해석할 수 있고, 3법인으로는 세간 일체법을 정확하게 인증할 수 있다.

부처님께서 설법하신 형식은 유정세계를 인도하여 모든 중생이 무아법성無我法性의 이치를 깨달아 궁극적으로 정각正覺을 증득하게 하는 데 그 목적이 있다.

우리가 3법인의 가르침을 통해 세간의 일체는 무상이고 무아라는 것을 관찰하였다면, 자기 자신도 역시 무상이고 무아라는 것이 분명해질 것이다.

이런 관점에서 보았을 때 자신이 과거에 기뻐하고 슬퍼했던 모든 일은 일장춘몽에 불과하고, 과거의 화사했던 소년시절이 현재의 늙은 모습일 것이다. 오늘의 나는 이미 어제의 내가 아니고, 다음날의 나는 다시 오늘의 내가 아니다.

찰나찰나 무상하게 변화하면서 그 변화가 필경 공적空寂의 세계로 귀결하게 될 것이다. 그러므로 불교에서는 일체법이 성품은 모두 공적하다고 설파하고 있다. 이 공성空性이 바로 일체만법의 진실한 성품이다.

이처럼 공적이 모든 중생들의 진실한 실체라면, 살아 있다 해도 기뻐할 일이 아니고, 죽었다 해도 슬퍼할 일이 아니다. 이렇게 관찰해야 생사의 속박에서 해탈할 수가 있는데, 이를 열반경계涅槃境界라 한다. 그러므로 3법인은 사물의 진상을 실체 그대로 해석했을 뿐만 아니라, 불교에서는 이를 바탕으로 올바른 수행실천의 길잡이로 삼고 있다.

3법인의 낱낱의 심오한 의미는 개체적으로 나뉘는 것이 아니라 하나의 이치로 통일된다. 즉 하나의 법인法印마다에서 정각의 내용을 나타낼 수 있다.

가령 무상을 의지해 깨달으면 3해탈문三解脫門 가운데 무원해탈문無願解脫門이 되며, 무아를 의지해서 깨달으면 공해탈문空解脫門, 열반적정을 의지해서 깨달으면 무상해탈문無相解脫門이 된다. 다시 이 세 가지를 하나로 합하면, 현세의 무상을 관찰하여 무아임을 깨닫고 바로 즉시 열반적정에 도달할 수 있다.

4제 · 12인연 · 3법인이 불교교의 가운데 3대 강령임은 이미 설명한 바와 같다. 4제법문은 중생들의 이고득락離苦得樂을 인과관계로 추구하여 제시했다는 것도 이미 밝혔다.

그러나 세간의 문제는 단순히 4제 인과론만으로 그치지 않는다. 그 이유는 인과를 초월하려면 우주일체의 사물이 형성되는 과정을 알아야 하기 때문이다. 우주일체의 사물이 결코 인연 없이 찾아오지 않듯이, 인생의 고통스러운 결과 역시 이와 같다. 따라서 중생들에게 보다 쉽게 형성과정을 밝히기 위해 12연생론이 필연적으로 나오게 된 것이다.

수행인이 12인연관을 통해 세상이 모두 무상한 인연관계성이고 그것이 있다 해도 무아임을 간파했다면, 현실에 미혹하지 않고 무상한 생사인과를 초탈하여 열반적정에 당도할 수 있다. 이 때문에 3법인이 나란히 등장하게 된 것이다.

이러한 원리를 분명히 알아야하기 때문에 4제의 도제道諦에 해당되는 실천수행론에 앞서 3법인을 먼저 서술하였다. 이를 통해서 올바른 실천수행이 일어나기 때문이다.

5. 실천수행론實踐修行論

* ## 8정도八正道

'8정도八正道'는 8성도八聖道라고도 한다. 4제 가운데 고집2제를 소멸시키려면 반드시 도제, 즉 정도正道를 닦아야 열반멸제涅槃滅諦의 경지에 도달할 수 있다. 이러한 성도聖道를 분류하면 아래와 같다.

(1) 정견正見

중생들은 무명에서 일어난 결과 때문에 세계와 자신의 문제에 대해 사견邪見을 허다하게 일으킨다. 이는 우리의 고뇌가 생산되는 근원이다. 그러므로 우선 도덕적인 수양을 해야 하며, 사회의 일반적인 지식에 있어서도 올바른 견해가 요구된다. '정견正見'은 4제의 이치를 명백하게 관찰함으로써 그에 대한 정확한 견해를 지니는 것을 의미한다. 정확한 견해가 있어야 도덕적인 수행을 올바르게 하여, 끝내는 열반으로 진입해 들어갈 수 있다.

(2) 정사유正思惟

4제의 이치를 올바르게 관찰하고 그에 대한 정확한 이해와 지식을 지니게 되면, 다시 치밀한 마음으로 사유思惟하여 진실한 지혜가 더욱 증가하게 해야 한다. 이를 통해 도덕적인 수행을 제고하여 욕념欲念을 멀리 여의는 한편, 사념邪念을 소제해야 그 사상이 정당하여 악의 번뇌를 소멸할 수 있다.

(3) 정어正語

정사유正思惟를 통한 정확한 사상을 지니게 되면, 일상생활에서 그 사상은 다시 실제적인 실천에 부합해야만 공리공론에 떨어지지 않게 된다. 우리의 사상을 현실로 나타낼 때 가장 용이한 것은 언어이다. 여기에서 말하는 '정어正語'는 허망하지 않은 말, 비방하지 않는 말, 꾸미지 않는 말을 의미한다.

격언에 '병은 입을 따라 들어오고 재앙도 입으로부터 나온다'고 하였다. 말을 조심해야 원한을 부르지 않음은 물론이고 번뇌를 일으키지 않게 된다.

(4) 정업正業

업은 모든 행위를 지칭한다. 앞의 정어가 정사유의 초보적인 실천이라면, 올바른 행위는 그보다 더욱 중요하다. '정업正業'은 생명을 손상하지 않는 것까지 포괄한다. 즉 일체 부정한 일을 하지 않는 것을 말하는 것이니, 행동을 근신하고 악업을 짓지 않아야 괴로움의 과보가 없기 때문이다.

(5) 정명正命

'명命'은 올바른 정업으로 3업을 청정히 하여 삶을 이어간다는 뜻이다. 우리의 일상생활 하는데 필요한 모든 사물들은 정당한 방법으로 구해야 한다. 의롭지 않은 물건을 취하지 않아야 하며, 사치스러운 생활도 추구하지 않아야 한다. 이것을 가리켜 '정명正命', 즉 '올바른 생활태도'라고 한다.

(6) 정정진正精進 또는 정근正勤

'정정진正精進'은 수행하는 데 굽히지 않고 의연하며 씩씩하게 매진하는 것이다. '정精'은 의지가 전일하여 게으르지 않고, 사상은 순수하고 정직하여 끝없는 진보를 추구한다는 의미이다.

그러나 부정하고 나쁜 일을 하는 사람이 밤낮없이 부지런하게 목적

달성을 위해 노력하는 경우, 이는 올바른 정진이 아닌, 게으름[懈怠]이다. 정도正道에 위배할수록 선공덕善功德으로부터 퇴보하기 때문이다.

8정도의 '정정진'은 의연한 힘을 발휘하여 지혜를 수양함으로써 궁극적으로 도의 경지에로 깊이 깨달아 들어가 정각해탈을 증득하는 것을 뜻한다.

(7) 정념正念

'념念'은 우리의 몸과 마음이 대상경계에 대하여 감정적으로 받아들이고 일으킨 모든 생각을 지적한 말이다. 사람이라면 육신 밖의 사물로부터 자극을 받지 않을 수가 없다. 한번 감정을 일으키면 생각이 변화하지 않을 수 없기 때문에, 자기의 마음을 올바르게 바로잡지 않으면 바로 사악한 생각을 일으키게 된다.

수도하는 사람이라면 올바른 견해[正見]의 방편으로 마음을 잘 다스려 감정적으로 치우치지 않도록 해야 한다. 즉 지혜로써 감정을 조화하고 행동을 인도하여, 사악한 생각을 일으키지 않고 여유롭게 중도를 따라야 한다. 이를 가리켜 '정념正念'이라 한다.

(8) 정정正定

앞서 열거한 일곱 항목의 덕목을 관조하고 따르면서 수행해야 순수하고 진실한 마음에서 올바른 지혜가 일어난다. 그리고 사물을 깊이 있게 성찰하고 무엇이 진리인가를 올바로 살펴봄으로써 외물外物에 의한 간섭과 뇌란을 받지 않게 된다. 이와 같이 한다면 마음이 청정해져 외부의 잡염雜染을 받아들이지 않게 되므로 번뇌가 일어나지 않는다. 이를 가리켜 '정정正定' 또는 '선정禪定'이라 한다.

이상에서 서술한 내용을 결론짓는다면, 부처님이 오도悟道하신 이후 12인연·4제·3법인을 설파하셨으며, 이 같은 3대강령을 수행 실천하는 방편으로 8정도를 설했음을 알 수 있다. 실천론으로서의 8정도는 계정혜3학으로 다시 요약할 수 있다. 그리고 연기법을 따라 업·윤회·인과·5온 등의 학설이 있음을 알 수 있다.

본 『반야심경』은 혹업고惑業苦와 멸도제滅道諦, 즉 세간의 인과와 출세간의 인과문제를 따라 서술하다 보니 차제次第를 따르지 않았음을 명기해 둔다. 이 점 혼선 없기 바란다.

지금까지 서술한 5온·12처·18계·12연기·4성제·3법인 등의 이치를 올바르게 관찰하고 분명히 알아서 8정도를 실천해야 3계 6도의 혹업고를 영원히 벗어나 보리열반을 증득할 수 있다. 이것이 세간 생사해탈의 구경究竟이며, 자타가 동시에 완성하는 것을 '반야바라밀다般若波羅蜜多'라 한다.

『반야심경』의 통론적인 서술과 더 나아가 불교사상의 근본강령에 대한 고찰은 끝내고, 지금부터 『반야심경』 본문에 대한 강의를 서술해 보기로 한다.

2부

마하반야바라밀다심경
摩訶般若波羅蜜多心經

『반야심경般若心經』은 만법萬法의 근원이자 6백부 『대반야경大般若經』의 정요精要이다. 그 의미는 고원하여 범부의 지혜로는 당도할 수 없다. 때문에 보살이 대승의 지혜로서 자재自在한 실상진공實相眞空의 이치를 관조하여 자각각타自覺覺他를 성취하였으므로 이 경전을 설하게 되었다.

1. 경명經名이 지니는 의미

　본 경전을 해석하려면 제목부터 설명하는 것이 순서이며, 경전을 해석하는 방법은 천태학天台學에서 수립한 5중현의五重玄義를 따르는 게 통례이다. 5중현의는 명名을 해석하고, 자체自體를 드러내며, 종지[宗]를 밝히고, 현실 효용[用]을 드러내며, 교상敎相의 위치[相]를 판석하는 일이다.

　먼저 이 경전의 명칭[名]부터 해석해 보기로 한다. 이 경전은 단순한 도리[單法]만으로 명칭을 수립하였지 여타의 비유는 들지 않았다.

　'반야般若, prajñā'는 범어로 이를 한역하면 지혜智慧이다. 우주의 실체도 반야이고, 우주를 관조觀照하는 것도 반야이며, 우주의 작용도 반야이다. 요컨대 우주와 인생이 모두 반야작용의 발현일 뿐이다.

　반야는 그 작용하는 특징에 따라 실상반야實相般若 · 관조반야觀照般若 · 문자반야文字般若 등 세 종류로 분류하는데, 실제로는 실상반야일 뿐이다. 이른바 3계일심三界一心의 이치를 또 다른 반야로 설명한 것이다. 각각의 의미는 다음과 같다.

첫 번째, 우주만법의 실제 모습이라는 의미를 지닌 실상반야이다. 반야진공般若眞空의 이치는 따로 실재하는 모습이 없으나 인연 따라 그 어떤 모습으로도 자유자재하게 나타나지 않음이 없다[無相不相]. 이러한 반야의 도리를 우주인생의 실체적인 모습이라는 의미에서 실상實相이라 한다. 다시 말해 우주만유의 실제적인 모습은 중생 개개인이 본래 갖추고 있는 반야가 그 참 모습이라는 것이다. 실상반야의 경지는 절대평등하고 보편하여 생사와 열반 및 모든 현상만법의 차별상이 없으며, 차별상이 없는 따로의 무상無相까지도 역시 없다는 것이다. 이러한 이치를 실상반야의 체상體相이라 한다.

두 번째, 관조의 의미를 지닌 관조반야이다. 진공眞空의 절대 평등한 실상반야의 이치에는 다시 실상반야를 관조하는 지혜의 마음도 동시에 갖추고 있어, 내 마음 실상반야의 이치를 분명히 관조할 수 있는 지각작용을 본래 갖추고 있다. 이러한 관조의 지혜가 분명해야 이를 통해 실상의 이치가 환하게 드러난다. 그리고 끝내 무명미혹無明迷惑을 타파하고 우리의 자성에 본래 갖추고 있는 법신法身 · 반야般若 · 해탈解脫 등 열반3덕涅槃三德의 오묘한 마음이 나타날 수 있다.

세 번째, 문자표현의 의미를 지닌 문자반야이다. 이를 방편반야方便般若라고도 한다. 실상진공의 이치는 형체가 따로 없다. 상대적 분별인 사려思慮나 언어의 길이 단절하였기 때문에 실상반야의 이치는 반드시 표현된 문자를 의지한다. 이를 통해 그 내재한 의미에 대하여 이해해야 본래의 이치가 드러나게 된다. 의미와 이해라는 상대적 관점이 모두 끊기면, 문자의 체성이 공적空寂하게 되는데, 그곳이 다시 실상반야 이치로의 회귀이다.

비유하면 물고기와 토끼[實相]를 잡으면 통발과 덫[文字]은 버려야 하는 이치와 같다. 표현된 문자는 반야의 현실적 방편인 그림자에 불과하다. 이러한 현실 응용적 방편이 필요한 이유는 일반적으로 문자방편을 통한 올바른 교육이 아니면 반야의 오묘한 이치로 깨달아 들어가기 어렵기 때문이다.

문자방편반야와 관조반야의 차이점을 좀 더 명확히 구분해보자. 방편반야는 표현된 문자의 의미를 의지해서 이해하기 때문에 상대적 분별에 의해 이해하는 분별지分別智이다. 다시 말해 눈앞에 나타난 현실 사경事境을 분별하는 지혜이다. 세간에서 말하는 비량지比量智가 바로 여기에 해당된다. 후득권지後得權智, 또는 여량지如量智라고도 한다.

관조반야는 상대적인 문자가 아닌 실상진공의 이치를 상대적 간격이 없이 직접 그 자체에 의지하여 관조하는 지혜이다. 이는 상대적 분별이 없이 있는 그대로의 자체상[自相]을 바로 아는 무분별지無分別智이다. 이를 현량지現量智라고도 하는데, 근본실지根本實智가 여기에 해당된다. 또는 여리지如理智라고도 표현하는데, 문자반야와는 달리 실상진공의 이치를 바로 관조하면서 분별없이 알기 때문이다.

실상반야·관조반야·문자반야를 본 경문에서 예를 들면 '조견照見'은 관조반야, '5온개공五蘊皆空'과 '제법공상諸法空相'은 실상반야, '도일체고액度一切苦厄'은 문자방편반야에 해당된다.

이를 다시 열반3덕에 배대한다면, 실상반야는 우주의 근본이치인 법신덕法身德, 관조반야는 어리석음이 없는 반야덕般若德, 문자방편은 집착 없는 해탈덕解脫德에 해당된다.

열반3덕을 대략 설명하면, 일심반야一心般若는 우주만법이 의지하는 자체의 몸이라는 의미에서 법신이라 하고, 이러한 법신반야는 본래 어리석음 없이 항상 관조하면서 아는 작용이 있으므로 반야라 한다. 반야로 법신실상의 자재한 이치를 관조했을 때 어떠한 상대적 속박도 없으므로 이를 해탈이라 한다.

요약하면 우주만유 가운데 그 어느 것 하나도 내 마음 반야의 이치 아님이 없고[實相], 모든 실상을 아는 것 또한 내 마음 반야 아님이 없으며[觀照], 그 어떤 현실상황의 차별 인과적 전개도 내 마음 반야의 모습 아님이 없다[文字]. 이 3덕과 3종반야의 이치는 우리의 현전일념現前一念에 본래 빠짐없이 갖추고 있다 한다. 이상은 반야가 지닌 개략적인 덕상이다.

다음은 '바라밀다'에 대해 설명하기로 한다.

범어의 '바라밀다波羅蜜多, pāramitā'는 도피안道彼岸으로 번역한다. 생사는 차안此岸에, 열반은 피안彼岸에 비유된다. 번뇌는 차안과 피안 사이를 가로막고 흐르는 중류中流에, 반야지혜는 중류를 건너는 도구인 배와 뗏목에 비유된다.

본 경문에서 '행심반야바라밀다시조견5온개공行深般若波羅蜜多時照見五蘊皆空'이라 하였는데, '5온'은 생사차안이고, '조견'은 배와 뗏목이며, '개공'은 열반피안에 당도함을 뜻한다. 즉 반야의 수행실천이 심오한 경지에 이르면 적멸한 열반피안의 경지를 증득한다는 의미이다.

다음으로 '심心'은 출세간 성인[四聖]과 세간의 범부[六凡]를 일으키는 근원적 주체이자 선악이 일어나는 발원지이기도 하다. '심'을 중생의 망심妄心과 진심眞心을 따라 나누어보면, 초목심草木心 · 연려심緣慮心 · 진여심眞如心 · 적취정요심積聚精要心 등으로 구분할 수 있다.

이 가운데 초목은 사려하는 연려작용緣慮作用은 없고 단순히 생장生長하는 의미만 있다. 때문에 그 상태를 굳이 초목심이라고 흡사하게 설명했을 뿐, 실제의 마음이 따로 있는 것은 아니다.

연려심은 여지심慮知心이라고도 한다. 이는 10법계十法界 가운데 중생계에 해당하는 9법계九法界에서 상대적으로 인식하고 사려하는 망상분별의 마음을 말한다.

이러한 현전여지심現前慮知心이 상품10악上品十惡을 상대적으로 사려하면 9계 가운데 지옥을 건설하는 마음에 해당되고, 중품10악中品十惡을 연려하면 아귀를 건설하는 마음이며, 하품10악下品十惡을 연려하면 축생을 건립하는 마음이다. 이상이 3악도三惡道를 건립하는 주체적 중생의 망상심이다.

다시 하품10선下品十善을 연려하면 아수라를 건립하는 마음이고, 중품10선中品十善을 연려하면 인간세계를 건립하는 마음이며, 상품10선上品十善을 연려하면 하늘나라를 건립하는 마음이다. 이상이 3선도三善道를 건립하는 중생의 연려심이다.

다시 현실사상을 떠나 편공적멸偏空寂滅의 경지만을 연려하면 성문승을 건립하는 마음이고, 인연성공因緣性空의 이치를 연려하면 연각승을 건립하는 마음이며, 6바라밀을 빠짐없이 수행하는 쪽으로 마음을 연려하면 대승보살을 건립하는 마음이다. 또 실상반야의 이치에서는 자타가 평등하여 10법계가 무장무애無障無礙하여 청정하고 오묘하고 투명한 진여의 이치를 연려하면 부처님 일심진여一心眞如를 성취하는 마음이다.

이상이 출세간 4성정법四聖淨法을 건립하는 연려심이라 할 수 있는데, 이 가운데 오직 부처님 진여심만이 구경무분별지[現量智]이다.

『화엄경華嚴經』 계송에서는 이렇게 찬탄하였다.

3세三世의 일체 부처님을 명료하게 알고 싶거든
법계法界의 성품 모두가 마음의 조작일 뿐임을 관찰하라.

또 말하였다.

마음은 뛰어난 화가와 같아 갖가지 5음五陰을 조작하네.

또한 『능엄경楞嚴經』에서는 다음과 같이 풀이하였다.

만법萬法의 일어남이 오직 분별分別하는 마음이 나타남일 뿐이다.

이것은 우리의 연려심이 10법계의보정보十法界依報正報의 인과관계의 주체라는 것을 잘 대변해주고 있는 것이다.

법성法性, 즉 반야는 원만하고 분명하여 세계와 중생의 인과차별이 없다. 단지 원명圓明한 반야체상般若體相에서 본래적인 반야의 이치를 깨닫지 못했기 때문에 일념무명이 허망하게 요동하여, 10법계의 성인과 범부의 차별이 일어나게 된 것이다.

이 가운데 중생들은 원명한 법성반야法性般若의 이치를 관조하지 못하고 대상경계를 따로의 실체적 모습으로 추구하면서 끝없는 무명번뇌를 일으킨다. 이것이 바로 중생의 생사가 끝없이 유전상속하는 이유이자, 반야법문을 심오하게 깨달아야 할 또 다른 이유이기도 하다.

다음의 '적취정요심積聚精要心'은 『반야심경』이 6백부 『대반야경』[六百卷般若]의 정요임을 말하고 있다. 경전의 제목을 '심心'으로 표시한 이유는 모든 중생이 망상으로 일으키는 연려심을 전환하여 반야진심般若眞心을 이루게 하려 했기 때문이다.

가령 중생들이 반야진심을 의지한다면, 9계 중생의 망상심이 즉시 불세계佛世界의 청정한 진여심으로 전환될 것이다. 따라서 이 『심경』 한 권만으로도 여유롭게 성불할 수 있는 첩경이 되는 것이다.

다음으로 '경經'의 의미에 대해 해석하기로 한다. 범어 수다라修多羅, sūtra를 한역하면 계경契經이다. 즉 이 경전에 수록된 이치는 위로는 모든 부처님의 마음에 일치하고, 중간으로는 3공三空의 이치에 합하며, 아래로는 모든 중생이 현재 처한 상황에 걸맞다는 의미이다.

이상으로 『반야바라밀다심경』이라는 제목[名]에 대해 대략 서술하였다.

다음은 이 경전의 자체상[相]을 드러내어 보기로 하자.

이 경전은 실상반야를 자체상으로 하고 있는데, 그 의미는 앞서 서술하였다. 경문에서 예를 들면, 공空·무無·6상공六相空에 나타난 여섯 불不이라는 글자들이 모두 여기에 해당된다. 이 글자들의 의미가 이 경전의 자체상인데, 자체가 바로 반야이다. 반야는 본래 소소영영昭昭靈靈하여 인위적인 수행을 의지하여 새삼 조작되지 않는다. 어두운 중생이라 해서 부족하거나, 지혜가 분명한 부처라 해도 여유로움이 없는 절대평등이다. 때문에 반야의 이치를 굳이 이름하여 실상반야라고 한다.

다음으로 이 경전의 정론적인 종지[宗]는 다름 아닌 관조반야인데, 이 역시 앞서 서술한 의미와 같다. 그 예를 경전에서 찾아본다면, '관觀/ 조견照見/ 의반야依般若'에서 의依라는 글자가 모두 이 경전의 본론인 정종正宗에 해당된다. 종宗은 종요宗要, 즉 근본 요점 또는 종취宗趣를 말한다. 다시 말해 근본 의미의 귀결점이라는 뜻이다.

반야진공의 이치는 무상무명無相無名이어서 상대적 분별인 언어와 사려가 도달할 경지가 아니다. 반드시 무분별현량지인 관조반야만이 실상진공의 이치를 관조할 수 있다.

실상은 여여부동如如不動한 이치[如如理]이며, 관조는 여여如如한 지혜[如如智]이다. 여여한 지혜밖에 여여한 이치가 없고, 여여지가 바로 여여리여서 주관과 객관이 쌍으로 단절하였다. 이것이 바로 관조반야의 진실한 종취로 실상진체를 나타내는 이치이다.

네 번째로 이 경전의 현실적 응용[用]은 방편반야라 하였는데, 방편은 바로 후득권지後得權智, 즉 비량지比量智다. 보살은 이러한 방편으로 중생들의 상황에 걸맞게 제도하는 작용을 일으킨다.

본 경문에서 그 예를 찾아보면 '도일체고액度一切苦厄'과 '능제일체고
能除一切苦' 등이 여기에 해당된다. 이처럼 중생제도의 사업으로 작용
하는 모습이 나타났을 때의 경우가 방편반야이다.

문자반야가 현실작용으로 풀이되는 것은 문자는 실상반야로부터 유
출되어 그 문자를 의지하여 관조의 지혜를 일으킴으로써 다시 실상진
공의 이치를 증득하는 작용이 있기 때문이다. 따라서 문자반야로서 실
상진공의 이치를 증득하는 작용을 삼게 되는 것이다.

다섯 번째로 이 경전은 대승을 그 교상敎相으로 삼는다. 부처님께서
최초로 성도하신 이후 열반에 이르기까지 설법시기를 천태학의 교상
별로 분류하면 다섯 시기로 나눌 수 있다. 최초의 화엄시華嚴時로부터
아함시阿含時 · 방등시方等時 · 반야시般若時 · 법화열반시法華涅槃時가 그
것이다. 본 경전은 네 번째 설법시기인 반야시에 해당된다.

반야시에 이르러 모든 법을 반야공般若空의 이치로 융통하여 유有와
무無 등의 어느 한쪽으로 치우친 잘못된 집착을 모두 도태시킨다. 때
문에 본 경전의 교상은 대승경전에 속한다고 판별하는 것이다.

이상 천태학에서 수립한 5중현의로, 경전의 처음 제목으로부터 마지
막 교상에 이르기까지의 구성과 의미에 대해 간략하게 서술해보았다.

당唐 삼장법사 현장三藏法師 玄奘 역譯

경문의 제목 다음에는 나라 이름과 번역했던 분의 존호가 뒤이어 나

온다. 당唐나라 고조高祖 이연李淵은 수隋나라의 벼슬을 거쳐 공제恭帝의 선위禪位를 받아 천하를 소유하게 되었다. 그는 도읍을 장안長安으로 정하고, 국호를 당唐이라 하였다.

'3장三藏'은 경율론장經律論藏을 말한다. 3장의 도리를 심오하게 통달하여 모든 사람의 사범이 되므로 '삼장법사三藏法師'라 칭하였다.

경문을 번역하신 대사의 속성은 진씨陳氏이고, 본명은 위褘, 휘諱는 현장玄奘이다. 대사는 하남낙주河南洛州로 이주한 한태구진중궁漢太邱陳仲弓의 후예이다. 대사의 어릴 때 생활은 무척 궁핍하였으나, 어려운 환경 속에서도 굴하지 않고 학문에 전념하여 어린 나이에 이미 3학三學을 통달하였다. 15세에 형[長捷법사]과 함께 출가하여 수행하니 모든 사람들이 대사를 영웅으로 호칭하며 찬탄하지 않은 이가 없었다.

불교성전을 구할 뜻이 있던 대사는 29세에 의연하게 홀로 서역으로 구법여행을 떠날 결단을 내렸다. 대궐로 나아가 천자에게 표문表文을 올려 그 뜻을 진정하려 하였으나 관리가 도와주지 않았다. 그렇지만 좌절하지 않고 모든 변방에서 온 외국인들로부터 그들의 문자와 언어를 두루 배움으로써 차근히 구법여행을 준비하였다.

당 태종 정관貞觀 3년, 서울 장안에 커다란 재앙이 일어나 조정의 감시가 소홀해진 틈을 타 대사는 장안을 떠나 서역으로 발길을 재촉하여, 마침내 계빈국罽賓國에 당도하였다. 그곳은 호랑이와 표범 같은 맹수가 우글거려 도저히 도보로 통과할 수가 없을 정도로 험난한 지역이었다. 간신히 도착한 대사가 문을 잠그고 앉아 있다가 상황을 살피려 문을 열어 보았더니 한 노승이 머리와 얼굴이 만신창이가 된 채 고름과 피를 흘리며 위태로운 몸으로 홀로 앉아 있었다. 그러나 그가 어디에서 왔는지는 도무지 알 수가 없었다.

대사는 노승을 급히 구하여 그에게 예배를 간절히 하였더니, 노승은 『반야심경』을 구수口授하면서 즉시 외우라 하였다. 대사는 노승의 가르침대로 『반야심경』을 독송하자 산천이 일시에 평온해지고 사나운 맹수들은 홀연히 자취를 감추었다고 전기에서는 전한다.

이후 대사가 머나먼 인도 땅에 천신만고 끝에 당도하자, 그곳의 계일왕戒日王은 학술을 논쟁하는 토론좌석을 마련하고 대사에게 불교의 이치에 대해 논쟁을 청하였다. 18국에서 선발되어 온 논사들 모두가 대사 한 분의 논리를 당하지 못했다. 이어 대사는 오천축국五天竺國을 두루 유람하면서 모든 범본梵本 경전을 구할 수 있는 데까지 구하여, 정관 19년에 이르러 장안으로 되돌아와 긴 구법여행을 마쳤다.

당시 천자인 태종은 굉복사宏福寺와 옥화궁玉華宮에 대사의 거처를 마련해주고 범본경장梵本經藏의 번역을 부탁했다. 이에 73부 1천 3백 30권을 완역하게 되었다.

다음은 경문의 구성상 두드러지는 특징을 살펴보겠다.

모든 경전에 두루 갖추고 있는 5사증신五事證信, 즉 여시아문如是我聞 / 일시一時/ 불佛/ 재모처在某處/ 구모대중具某大衆의 제경통서諸經通序 형식은 지금의 현장역본玄奘譯本에는 누락되어 있다. 그러나 월리月利 등이 번역한 다른 세 이역본을 참조해 보면, 이 『반야심경』 역시 여타 다른 경전과 마찬가지로 서분序分 · 정종분正宗分 · 유통분流通分의 형식을 모두 갖추고 있음을 알 수 있다.

세 이역본에 의거해 그 내용을 살펴보면, 본 경전의 서두는 다음과 같이 서술되어 있다.

부처님께서는 영축산靈鷲山에서 1천 2백 50인과 모든 보살 등과 함께 하셨다. 그때 부처님께서 심심광명선설정법삼매深甚光明宣說正法三昧에 드시어 대중들은 도저히 설법을 들을 길이 없었다. 때문에 사리불존자[舍利子]가 그곳에 함께 계신 관자재보살觀自在菩薩에게 '심오한 대승반야법문을 어떻게 수행해야 깨달아 들어갈까요'라고 질문하였다. 이로 인해 관자재보살이 이 경전을 설하였다.

경문에 이렇게 언급되어 있는 바, 경전의 서분에 해당된다. 송역본宋譯本에는 이와 같이 기록되어 있다.

관자재보살이 『심경心經』 설법을 끝내자 부처님께서 삼매三昧로부터 일어나 '훌륭하고 훌륭하다. 너의 설법이여!'라고 찬탄하셨다.

이는 경문의 유통분에 해당된다.

그러나 지금 현장역본은 간략한 것을 따랐기 때문에 서분과 유통분을 생략하고 본문에 해당되는 정종분만을 번역하기로 한다.

2. 인법진공人法眞空의 이치를 내증內證하고 모든 고액苦厄까지 제도하다

觀自在菩薩

실상진공實相眞空의 자재한 이치를 현량지現量智로 관조하시는 관자재 보살이

먼저 '관자재보살觀自在菩薩'의 의미에 대해 잠시 살펴보기로 한다.

보菩는 보리菩提인데, 각覺으로 풀이한다. 살薩은 살타薩埵인데, 유정有情의 의미로 해석한다. 따라서 보살菩薩은 각자覺者가 된다.

세간의 유정들은 어리석고 미혹하지만, 보리살타菩提薩埵는 내적으로 자각自覺을 성취하고 다시 모든 유정들까지 깨우쳐 각타覺他까지 실현한다. 이 때문에 보살을 '자각각타의 2리二利를 함께 실천하는 이'라는 의미에서 '각자'라 한다.

자각은 지혜이며, 각타는 자비이다. 따라서 자각과 각타를 실천하여

자비와 지혜가 일제히 향상 증가하는 수행인을 보살이라 한다.

보살의 수행지위는 많은 종류가 있으며, 그 지위의 고하高下에 따라 깨달음에도 심천의 차이가 있다. 10지十地 가운데 초지初地 이전, 즉 진여평등眞如平等의 법공法空 이치를 아직 여실하게 증득하지 못한 3현三賢보살은, 단지 여래의 성교량聖教量을 의지하여 제법성공諸法性空의 이치를 비량지比量智로 관찰한다. 따라서 현량지로 진실하게 평등법공진여平等法空眞如의 이치를 아직 깨닫지 못한다.

이러한 깨달음을 『대승기신론大乘起信論』에서는 진여의 모습을 흡사하게 비교추리로 깨달았다는 의미에서 상사각相似覺이라 한다. 즉 분별지分別智로 비교 추리해서 단지 사변적思辨的으로만 법공法空 진리의 이치를 이해한 지위라는 것이다.

그러나 10지초지 이후부터는 현량무분별지現量無分別智로 평등법공진여의 이치를 여실하게 깨달았기 때문에 이 경지부터 진실한 깨달음이라 한다. 이는 3현위三賢位에서 10성위十聖位로 진입한 경우를 말한다. 이 수행경지를 『대승기신론』에서는 분증각分證覺이라 하는데, 자기 수행분야만큼 진여평등의 이치를 깨우쳤다는 의미이다.

하지만 제7지까지는 번뇌장煩惱障·소지장所知障을 아직 끊지 못해 법공진여의 자유자재한 이치를 관찰하지 못한다.

수행이 제8지를 지나면 번뇌·소지 2장이 영원히 잠복하여 종자세력이 현행現行의 속박으로 활동을 일으키지 않는다. 이 단계는 무상진관無相眞觀, 즉 선정에 들었을 때나 나왔을 때 마음이 진공무상眞空無相의 이치로 여여如如하여 인위적인 수행노력이 필요치 않다고 한다.

이 선정의 상태는 출정입정出定入定에 따른 간격단락 없이 장시간 삼매가 상속된다. 이 경지를 '관자재'라고 한다. 실상반야實相般若의 자유자재한 이치를 관조반야觀照般若로 관조하여, 관조와 자재가 둘이 아닌 상즉相卽관계라는 것이다.

또한 이 경지에 이르면 커다란 신통력을 갖추고 위엄과 공덕이 걸림이 없다. 따라서 자기의 의식을 따라 모든 신통변화를 눈앞에 나타내면서 특수한 지해[勝解]가 자유자재하므로 '관자재'라고 한다.

이러한 이사理事 두 가지 측면에서 치우침 없이 자유자재함을 갖춘 보살이기에 '관자재보살'이라 한다. 이는 5온개공이라는 실상진공實相眞空, 즉 법공평등진여의 이치를 관조하여 일체고액一切苦厄을 제도하는 주체적 수행인인 능관인能觀人에 해당된다.

참고로 여기에서 번뇌장·소지장에 대해 정리하고 넘어가는 것이 본 경문에 대한 이해를 도울 뿐만 아니라 불교전반을 이해하는데 도움이 되리라 여겨 간략히 서술하고자 한다. 이 두 집착을 끊는 일이 바로 모든 불자들의 수행과정이자 목표이기 때문이다.

1) 아법2집我法二執과 2무아二無我

번뇌장·소지장에 들어가기에 앞서 1부에서 설명했던 '아집我執'과 '법집法執'에 대해 다시 총론적으로 고찰해 보기로 한다.

『대승백법명문론大乘百法明門論』에서는 일체법무아一切法無我, 즉 5온개공의 이치를 총체적으로 밝히고 있다. 먼저 어떤 의미에서 '아我'라는 명칭을 수립하였는지부터 살펴보기로 하자.

규기법사窺基法師의 『유식술기唯識述記』 제2권에서는 이 문제를 다음과 같이 풀이하고 있다.

'아我'는 주재主宰의 의미이다. 자유자재한 능력을 행사하기를 마치 국왕과 같이 하기 때문이다. 또 보재輔宰의 의미도 있는데, 자유자재한 권능을 행사함으로써 모든 일을 분할하고 결단할 수 있기 때문이다. 자유자재한 권능과 그에 따른 결단력이라는 이 두 가지 의미는 곧 '아'와 동일하기 때문에 이 두 가지 의미를 합성하여 '아'라고 한다.

규기법사의 이러한 해석은 단지 인아집人我執의 측면에서 접근한 것이다. 불교에서 일반적으로 사용하는 '아我'의 의미를 통상적인 관점에서 이해한다면, 이는 '실재하는 사물이 있다고 헤아리고 굳게 집착하는 모든 관념'을 말한다. 나아가 실재하는 법이 따로 있다고 집착하는 법집까지 포함하여 법아집法我執이라 한다.

이 인아집은 '보특가라아상補特伽羅我相'이 있다고 굳게 집착하는 어리석은 중생들의 마음이다.

그렇다면 무엇을 '보특가라'라고 하는지에 대해 점검해 보아야 할 필요가 있다. 이에 대해서 두 가지 해석이 있는데, 일반적으로 쓰이는 세속 통념적인 측면에서 번역하면 당연히 '인人'으로 해석해야 하겠지만, 의미적인 측면에서는 '삭취취數取趣'라고 번역해야 한다.

앞서 언급했듯이 일반적으로 세속에서 말하는 사람[人]이란 5온의 화합을 의지하여 임시로 붙여진 허구적인 명칭이다. 그럼에도 불구하고 세속인들은 항상 의식의 은미한 가운데 실재하는 사람의 모습이 따로 있다고 굳게 집착한다. 결국 이로 인해 실재하는 자아상自我相이 있다고 굳게 집착하는데, 이렇게 집착하는 관념을 인아집이라 한다.

다음으로 '삭취취'에 대해 알아보기로 하자.

'취趣'란 6취六趣를 말하는데, 인간 · 천상 · 지옥 · 아귀 · 수라 · 축생의 세계를 뜻한다. 다른 표현으로 6도六道라고도 한다. 중생들은 끊임없이 무명의 미혹을 일으키고 그에 따른 모든 선악의 행위를 신구의 3업으로 조작한다. 이로 인해 미래의 갖가지 세계[六趣世界]에서 업에 따른 생사윤회를 반복해서 받게 된다.

그렇다면 삭취취라는 번역은 바로 혹업고惑業苦라는 생사윤회의 인과적인 측면에서 설명되어지고 있다고 말할 수 있다. 불교에서는 윤회설을 주장하기 때문에 사람[人]을 가리켜 삭취취라고 번역하고 있는데, 이러한 관점에서 비롯된 것이다.

다음으로 '법法'의 의미에 대해 살펴보기로 한다.

'법'에 대한 대표적인 의미해석은 '물物'이다. '물'이라는 글자는 보편명사로 쓰이는 경향이 있는데, 일체의 물질현상과 그 실정까지 통틀어 '물'로 표현하고 있다. 뿐만 아니라 우리 마음속에서 상상으로 구성한 모습까지도 '물'이라는 글자로 대변되고 있다.

또한 이 '물'이라는 글자는 단순히 현상계에만 국한되는 것이 아니라, 현상계의 본체인 진리까지 포함하여 활용되고 있다. 근원적인 도

道나 성誠의 이치까지도 '물'로 표현하고 있다.

예를 들면 『노자老子』에서는 "도道라는 물건[道之爲物]"이라 표현하였고, 『중용中庸』에서는 "성誠이라는 물건은 둘이 아니다[誠之爲物不二]"라고 표현하였다. 이 모두 '물'이라는 한 단어로써 실체적인 세계까지도 지목하여 지극히 광대하고 보편하게 쓰이는 보편명사로 활용하고 있는 것이다.

불교에서 쓰이고 있는 '법'이라는 글자의 의미도 이상에서 설명한 '물'자와 그 뜻이 서로 근접한 보편명사로 쓰이고 있다. 예를 들면 6근 6진六根六塵을 색법色法이라 말하고, 주관적인 인식활동을 심법心法이라 하는 경우가 그 좋은 예이다. 뿐만 아니라 우주만법의 실체인 진여까지도 역시 무위법無爲法이라 표현하고 있다.

불교에서 언급하는 '법'은 '부처님의 가르침', '일체의 진리', '존재' 등 수많은 의미를 담고 있다. '법'에 대한 여러 해석 가운데 유식종에서 설명하는 '법'에는 대표적으로 두 가지 의미가 내포되어 있는데, 궤軌와 지持가 그것이다.

우주간의 모든 사물은 개체마다 각자의 일정한 특성을 지니고 그에 대한 일정한 이해를 내게 하는데 이를 '궤'라 한다. 그러한 특성을 지닌 사물들이 자체의 모습을 임의로 지니면서 버리지 않는 측면을 '지'라 한다. 두 의미를 종합해서 하나의 '법'이라는 글자로 표현하고 있다.

일반적으로 세속에서 헤아리고 있는 색법이니 심법이니 하는 것은 단지 가법假法을 따라 중다한 차별적인 명칭을 시설하고 있다고 한다.

이처럼 가법인 줄 알고, 이 가법을 따라 일어난 가명假名 역시 허구적인 명칭일 뿐 그곳엔 실아實我가 주재하면서 절대자재한 작용을 일으키는 일도 없다고 관찰한다면, 부처님의 가르침 내지 오롯이 전승해 내려오는 불법佛法의 교설을 수용함에 최소한의 허물이 없을 것이다.

근원적인 진여법은 근본적으로 허구적인 명칭이 없건만 단지 중생 교화의 방편으로 그들이 처한 상황적인 인연을 따라 불·보살·성문·연각, 또는 5온·12처·18계·6도·4섭법四攝法 등의 '가명'을 임시방편으로 시설하였을 뿐이라는 것이다. 이를 성교聖敎의 가아법假我法 내지 유체강설가有體强設假라고 한다.

그러나 이러한 이치를 모른 채 일체법은 실재하는 사물로 존재해 있다고 집착하는 관념이 일어나면, 이것이 바로 집착하는 모습이다. 이렇게 집착하는 모습이 아상我相이므로 이를 법아집이라 한다.

인아집이라는 하나의 명사를 줄여 아집이라 하고, 법아집을 생략하여 법집이라 표현한다. 또 아법집我法執에서 아我는 인아人我이며, 법法은 법아法我를 가리킨다. 이 둘에 대한 집착을 인법2아人法二我라 하며, 단지 '집執'이라는 말만 했을 경우는 인법2아를 종합한 것이다.

다시 '인아법아人我法我'라는 두 가지 집착을 판별해보면, 광의적인 면과 협의적인 측면이 있다. 이 둘 중에 법집의 의미가 가장 광범위하다. 일체 그 어떤 법에 대해 실재하다고 집착하면 그 관념을 통체적으로 법집이라 부르기 때문이다.

출세간 진여법의 이치까지 실재하는 도리나 사물로 있다고 집착하면 이 역시 법집에 해당된다. 진여의 이치는 본래 갖추고 있다고는 하지만, 언설言說과 사려思慮가 단절된 현량現量으로만 직접 증득할 수 있기 때문에 상대적인 외물처럼 추리해서는 안 되기 때문이다.

아집은 오직 주관적인 자신만을 객관적인 상대방에 나란히 대비하여 내적인 자아상自我相으로 집착할 뿐, 일체의 모든 사물을 전부 자아상으로 헤아리지 않는다. 때문에 아집의 의미는 법집에 비해 협의적으로 쓰이는 단어이다. 그러나 아집은 법집 밖에 따로 있는 것이 아니다. 광의적인 법집 가운데 자신만을 집착하는 특수성을 감안하여 법집에서 따로 분리하여 아집이라 말한 것이다.

결론적으로 다시 말하자면, 일반적으로 집착이 일어나면 그 대상이 어떤 사물이거나 통체적으로 법집이라 한다. 그렇다면 아집도 자아상이라는 사물이 실제 있다고 집착하기 때문에 법집의 범주에 포함된다. 그러나 단지 외부적인 사물에 상대적으로 대비해서 내적인 자아상으로 집착하는 관념이 유별나게 특수하기 때문에 법집과 구별하여 아집이라는 명칭을 붙였을 뿐이다.

그렇다면 『대승백법명문론』에서는 무엇 때문에 이 모든 것을 무아[二無我]라고 했을까. 이 논서에서는 먼저 보특가라무아[人無我]에 대해 언급하고, 그 다음으로 법무아法無我의 이치를 설명하고 있다.

'보특가라무아'란 사람[有情]들을 구성하고 있는 5온색심법五蘊色心法은 상호관계성인 인연의 화합으로 존재하므로 실재하는 자아상自我相을 도무지 얻을 수 없다는 것이다.

만약 5온에 자아상이 있다고 헤아리는 자가 있어 5온을 떠나 외부에서 그 자아상을 주재하는 절대권능의 실아實我에 집착한다면, 그 어디에서도 실아를 찾을 수 없을 것이다. 5온은 하나가 아닌 다섯 요소가 쌓여 구성되었기 때문에 절대자재한 별도의 실아상實我相이 없기 때문이다.

사람[人]이라는 하나의 명사는 단지 5온의 화합, 다시 말해 가아인假我人을 의지해서 성립한 가명일 뿐이다. 여기에는 5온을 주재하는 어떠한 자재한 관능도 없다. 이러한 이유 때문에 보특가라무아를 설명하고 있는 것이다. 이를 인무아[人空] 또는 인공人空이라 하며 아공我空 또는 생공生空이라고도 한다.

결국 실재하는 자아상이 있다고 집착하는 관념이 일어나면 그것은 법집이고, 자아상이 실재하기 때문에 실제로 주재하는 작용과 권능까지도 있다고 집착하면 이를 아집이라 한다. 반대로 자아상이라는 실물도 그것을 주재하는 실아까지 모두 없다고 관찰하면 인무아라는 것이다.

다음으로 법무아에 대해 살펴보자.

5온·12처·18계를 구성하고 있는 모든 색심법色心法은 상호관계성의 인연으로 존재할 뿐이다.

이에 대해 불교의 연생론緣生論에서 말하는 핵심을 정리하면 다음과 같다.

상대방은 이쪽을 의지하고 이쪽 역시 상대편을 의지하여, 이 둘은 동시적으로 성립하는 관계이다. 공간적인 상호연기相互緣起만 그럴 뿐 아니라, 시간적인 차제연기次第緣起의 측면에서도 후 찰나가 전 찰나에 이르지 못하고 전 찰나 역시 후 찰나에 도달하지 못한다.

따라서 갑甲이라는 사물은 을乙이라는 사물을 성립하지 못하고, 을乙 역시 갑甲을 이루지 못하는 것은 당연한 이치이다. 일체법은 상호 의존관계를 유지하면서 동시적인 화합의 모습으로만 존재하기 때문이다. 그러므로 이 우주에 절대 홀로 따로의 개체로 존재하는 사물은 단 하나도 있을 수 없다.

바꾸어 말하면 일체법은 실제의 자성이 홀로 독립된 모습으로 있을 수 없다. 만일 실제의 자성이 있다면 법아法我라 하겠지만, 실제의 자성이 없다면 일체의 제법은 본래 공적한 것이다. 일체법이 공적하기 때문에 일체법도 무아이다. 이를 법무아라 하며, 법공法空이라고도 한다.

현상세계는 이상에서 고찰한 것처럼 일체의 인아법人我法의 자성은 본래 공적하다. 그렇다면 현상제법의 근원적인 진여의 이치는 과연 어떠한 것일까. 이 역시 자성이 없는 것인지에 대해서도 고민해 보아야 한다.

진여자성眞如自性은 주관적인 분별심과 언어의 모습을 떠나 있다. 주관적인 사량분별思量分別을 일으켰다 하면 진여도 하나의 객관적인 사물을 이루고, 언어로 설명하기만 하면 역시 마찬가지 결과를 도출하기 때문이다.

언어와 분별이 끊긴 진여의 이치는 인연을 따라 삼라만상이라는 위대한 작용을 일으키므로 단멸의 공이라 말하지 못한다. 삼라만상을 일으키지만 본성은 스스로 고요하여 모든 허망한 집착을 떠나 있기 때문에 공적하지 않다는 말도 부적합하다.

이미 공空과 불공不空 그 어느 쪽으로도 진여의 이치를 분명하게 따로 적시하지 못하는데, 진여에 법아가 실재한다는 집착을 어찌 일으킬 수 있겠는가.

그 좋은 예로 부처님께서는『열반경涅槃經』제55권에서 말씀하셨다.

내가 열반의 이치를 설명하고 있기는 하지만 이 역시 허깨비나 꿈과 같고, 열반을 능가하는 법이 있다 할지라도 그것도 역시 허깨비나 꿈과 같다.

이 말씀이야말로 법집을 타파하는 데 적절한 묘약인 듯하다.

불교에서는 일체법의 명칭과 도리를 설명하면서도 그것이 '가명'임을 알고 실재의 법으로 집착하지 않도록 강조하고 있다. 이러한 까닭에 3법인三法印 교설에서 일체법무아一切法無我를 설하고 있으며, 『대승백법명문론』에서는 만법유식萬法唯識의 도리에 입각하여 가장 먼저 2무아二無我의 이치를 밝히고 있다.

2) 번뇌장煩惱障과 소지장所知障

이제 '2중장二重障'을 일으키는 '혹惑'의 의미에 대해 알아보기로 하자.

'혹'은 미혹迷惑의 줄임말이다. 모든 중생들은 일체법의 자체성질이 본래 공적한 이치임을 모르고 허망한 집착심을 일으켜 올바른 2공二空의 이치에 미혹하고 생사유전生死流轉한다. 이를 두고 번뇌라고도 하는데, 이 때문에 아법2집이 일어나 올바른 정도를 장애한다. 따라서 '두 가지 장애하는 번뇌[我法執]'라는 의미에서 '2장二障'이라 불리게 된 것이다. '2장'에는 '번뇌장煩惱障'과 '소지장所知障'이 있다.

먼저 '번뇌장'을 살펴보면, 이를 다시 두 종류로 나누어 설명할 수 있다.

하나는 견혹見惑이다. '견見'은 분별分別의 의미인데, 우리의 주관적인 의근意根이 대상경인 법진法塵, 즉 일체법을 상대적으로 마주하면 2공의 이치에 어긋난 헤아림 때문에 잘못된 분별심을 일으킨다. 외도가 일으키는 단견斷見이나 상견常見, 내지는 유무有無 등의 견해적 분별이 모두 여기에 해당된다.

또 하나는 사혹思惑인데, '사思'는 탐애를 의미한다. 이는 우리의 주관적인 5근五根이 5진五塵 경계를 상대적으로 마주할 때, 나의 심식心識 밖에 따로 실재하는 사물인 양 탐애하고 집착하여 미혹을 깨닫지 못하는 상태이다.

앞의 둘을 합쳐 '번뇌장'이라 하는데, 이러한 번뇌는 우리의 마음에 혼란을 일으켜 오묘하게 밝은 진실한 성품이 환하게 드러나지 못하게 한다.

다음은 '소지장'에 대해 살펴보자. 이는 우리의 근본무명번뇌가 최초

평등법성平等法性, 즉 진여일심眞如一心의 이치를 뒤덮고 가려 일심중도一心中道의 올바른 지혜에 있어서 장애를 일으키는 상태를 말한다.

이 '소지장'으로 인해 우리가 수행을 통해 증득한 만큼의 평등법성의 이치를 실재법인 것처럼 탐애하여 올바른 지혜를 얻는 것을 장애한다. 그러므로 이를 '소지장'이라 한다.

결론적으로 '번뇌장' 때문에 생사윤회가 상속하면서 진실한 해탈[大涅槃]의 이치를 증득하지 못한다고 한다면, '소지장'으로 인해 올바른 깨달음[菩提]을 얻지 못하게 된다.

3. 보살이 실천 수행하는 모습

行深般若波羅蜜多時

심오한 법공반야바라밀다法空般若波羅蜜多를 수습하는 지혜가 일어날 때

'반야般若'가 지혜를 의미한다는 것은 앞서 서술한 바와 같다. 그 의미에 대해 좀 더 살펴보기로 하겠다.

사리事理를 결정 선택하는 이 지혜에도 여러 종류의 차별이 있다. 범부의 지혜는 미혹과 오류 때문에 사리 가운데 어느 한쪽으로 치우쳐 집착하고 있기 때문에 그것을 반야라 부르지 않는다. 이는 철저하게 잘못 인식한 비량지非量智이기 때문이다.

10지초지十地初地 이전의 3현三賢보살이 지닌 지혜는 부처님의 가르침에 상대적으로 의지하여 사변적思辨的으로 이해한 비량지比量智이다. 이 단계의 지위는 진여의 모습을 이해했다고는 하지만 아직 심오하지

못한 유루분별지有漏分別智의 범주를 벗어나지 못한다.

요컨대 출세간 근본무분별지로 제법실상, 즉 법공실상반야法空實相般若의 이치를 증득한 현량지現量智만이 비로소 심오한 반야[深般若]라 할 수 있다. 이러한 반야야말로 불가사의하여 일상적인 망상의 집착을 초월했기 때문이다.

'바라밀다波羅蜜多'는 도피안到彼岸이라고 앞서 설명했다. 피안의 의미를 간단히 설명하면, 진여법성眞如法性 · 자성열반自性涅槃이다. 이 경지는 '반야'의 지혜만이 도달하여 현량지로 증득할 수 있다. 이 경지를 '도피안'이라 하며 줄여서 '도度'라고도 한다.

피안에 당도하는 방법에는 혜시惠施 · 정계淨戒 · 안인安忍 · 정진精進 · 정려靜慮 · 반야般若 등 여섯 종류의 실천덕목이 있다. 이는 6바라밀六波羅蜜이다.

첫 번째, '혜시'는 보시布施의 뜻이다. 재물이나 자신이 알고 있는 진리법을 아끼지 않고 모든 유정들을 불쌍히 여겨 여법如法하고 은혜로이 보시하는 것을 가리킨다. 이는 재물과 진리법으로 상대방이 궁핍의 두려움과 생사의 두려움이 없도록 보시하여, 유정들의 일체고액一切苦厄을 구제하고 궁극적으로 열반의 안락을 얻게 하는 것인데, 3종보시三種布施가 있다.

3종보시란 재물보시[財施=自利]를 통해 굶주림과 추위 등의 고통을 구제하고, 진리법의 보시[法施=利他]를 통해 미혹과 망상으로 일으키는 모든 사견邪見을 제거하며, 두려움을 없애주는 보시[無畏施=二利圓滿]를 통해 궁핍과 액난과 생사의 고통을 제거해 주는 것을 말한다.

두 번째, '정계'는 지계持戒의 뜻이다. 내적으로는 율의律儀에 의지하여 모든 악업을 멀리 여의며[諸惡莫作=自利], 외적으론 모든 선법善法을 수행하여[衆善奉行=利他] 모든 유정들을 보리열반菩提涅槃의 안락과 이익으로 구제함[廣度衆生=二利圓滿]을 말한다. 이는 세 종류가 있다.

하나는 섭률의계攝律儀戒인데, 부처님이 금지하신 계율을 의지하여 내적으로 모든 악업과 욕행欲行을 멀리 여읨으로써 악도에 떨어질 원인을 제거하고 동시에 선업을 닦아 악도에서 벗어날 원인까지 수행하는 것을 말한다. 신구의 3업으로 10악업을 짓지 않고 10선업을 닦는 경우가 여기에 해당된다.

또 하나는 섭선법계攝善法戒이다. 내적으로 악업을 중지한 그 자리에서 모든 선업을 적극적으로 부지런히 수행하고 받아들이는 것을 말한다. 6도4섭六度四攝의 모든 보살행이 여기에 해당된다.

마지막 요익일체유정계饒益一切有情戒는 모든 유정들을 넉넉한 이익으로 거두고 받아들여 자비로 구제하고 제도하는 것을 말한다. 모든 행하기 어려운 방편[廣度衆生]이 여기에 해당된다.

통상적으로 성문聲聞의 정계淨戒는 오직 섭률의계만으로 악업을 멀리 여의고 선업을 행함[攝善法戒]으로써 구경究竟을 삼지만, 보살은 요익일체유정계까지 모두 갖추어 빠짐없는 구족계具足戒를 지녀야 한다.

세 번째, '안인'은 인욕忍辱의 뜻이다. 올바른 수행을 함에 뭇 고통을 감인堪忍하며 타인으로부터 능욕을 당하더라도 자비심으로 관용을 베풀며, 심오한 법의 의미에 대해 승해심勝解心으로 결정 선택함을 말한다. 따라서 심지가 견고하여 감정을 위배하는 역경계에서도 동요되지 않는다. 험난함도 평이하게 여기고 괴로운 환경을 만나도 편안한 마음으로 안주하게 된다. 여기에 세 종류가 있다.

뭇 고통을 편안한 마음으로 받아들여 참는 마음인 안수중고인安受衆苦忍[自覺]과, 타인이 자신을 원망하고 해친다 하더라도 인내심으로 참는 마음인 내타원해인耐他怨害忍[利他]과, 올바른 법을 사려하여 확고하게 이해하고 깨닫는 마음인 법사승해인法思勝解忍[二利圓滿]이 그것이다.

네 번째, '정진'은 마음의 수행이 용맹하고도 강력하여 한량없고 빠짐없는 선법을 섭수함으로써 일체유정들을 이익 되고 안락하게 하는 것을 말한다. 치연한 정진을 통해 뛰어난 공덕을 완수하므로 이를 '정진'이라 하는데, 세 종류가 있다.

하나는 환갑정진環甲精進[自利]인데, 이는 서원을 견고하게 세우고 용맹하게 수행함으로써 퇴굴하는 것이 없기 때문이다. 또 하나는 섭선법정진攝善法精進[利他]이다. 이는 모든 선 공덕을 부지런히 받아들이고 정근함으로써 그 공덕이 원만하게 성취되게 하므로 섭선법정진이라 한다. 그 다음은 요익유정정진饒益有情精進[二利圓滿]인데, 모든 이타행利他行을 용맹하게 정진하여 그 일을 이루기 때문이다.

다섯 번째, 선정禪定의 뜻으로 풀이되는 '정려'는 모든 보살들이 대승장법大乘藏法에 있어서 문혜聞慧·사혜思慧와 함께 얻어진 오묘한 선 공덕과 세간·출세간의 지관선정止觀禪定을 가리킨다.

이 선정은 내적으로 목석처럼 고고적막槁槁寂寞한 것도 아니고, 외적으로 번뇌의 오염으로 요동하지도 않는다. 번뇌가 고요하면서도 사리를 분명히 사려할 수 있고, 사리를 분명하게 사려하면서도 다시 고요하기 때문에 '정려'라 하는데, 세 종류가 있다.

하나는 현법락주정려現法樂住靜慮[自利]이다. '정려'를 증득한 수행인은 몸과 마음이 경쾌하고 안정되어 모든 근심과 번뇌를 떠나 선정의 법열에 안주하기 때문이다. 또 하나는 능인보살등지공덕정려能引菩薩等持功德靜慮[利他]이다. 보살이 '정려'를 의지하여 해탈解脫 · 승처勝處 · 변처遍處 · 4무애해四無碍解 · 무쟁無諍 · 원지願智 등의 6종신통六種神通과 10력十力 · 4무외四無畏 등의 공덕을 이끌어내어 발기하기 때문이다. 그 다음은 요익유정정려饒益有情靜慮[二利圓滿]이다. 정려를 의지하여 일체유정들을 가없는 이익으로 수습하기 때문이다.

이상에서 열거한 다섯 바라밀법은 반야바라밀般若波羅蜜을 성취하는 밑바탕인 요인[因], 즉 종자種子이다. 이는 계戒 · 정定의 자비공덕慈悲功德을 실천해야만 구경에 반야의 지혜를 깨우쳐 법공지法空智를 발기할 수 있기 때문이다.

다섯 바라밀은 계정혜3학 가운데 계 · 정에 해당된다. 또는 자비공덕과 지혜 가운데 자비에 해당되며, 반야바라밀법의 권속이라 할 수 있다. 다섯 바라밀법을 하나도 빠뜨림 없이 일제히 수행하여 자비공덕으로 장엄해야만 반야바라밀이 원만하여 반야의 작용, 즉 다섯 바라밀법을 다시 더욱 광대하게 구족할 수 있기 때문이다.

따라서 열반피안법을 진실한 현량지로 증득할 수 있는 능력은 오직 여섯 번째 반야바라밀에만 있으며, 반야바라밀법을 성취할 수 있는 공덕은 다섯 바라밀법에 있다.

이를 통해 알 수 있는 바는, 6바라밀은 자비와 지혜를 동시에 완성해 가는 덕목이라는 점이다. 자비와 지혜, 또는 계정과 혜의 상호관계성 때문에 여섯 바라밀법을 '도피안'이라고 동시적으로 명시하고 있다.

또 여섯 번째의 반야바라밀법을 따르기 때문에 다섯 바라밀이 무루출세선공덕법無漏出世善功德法, 즉 무주상無住相의 실천을 이룰 수가 있다. 때문에 6바라밀 모두가 '도度'라는 명칭을 얻게 되었다. 이 여섯 법은 이미 모든 유주상有住相의 상분별相分別을 멀리 여의고 무주상의 무루선공덕법無漏善功德法을 성취했기 때문이다.

다음으로 '행심반야行深般若'에서 '행行'은 수습修習을 의미한다. 이는 6바라밀법 등을 실천 수행하는 것을 뜻한다.

정리하면 보살이 반야바라밀을 이루는데 있어서 '정려'를 의지하여 근본무분별지根本無分別智를 올바르게 일으키는 것을 '행심반야바라밀다'라고 한다.

경문에서 언급되는 '시時'는 바라밀법의 실천을 통해 반야지般若智가 현재 행업行業으로 일어나는 그 시간을 말한다.

4. 보살이 수행 관찰하는 대상

照見五蘊皆空

5온이 모두 실상진공實相眞空인 공성空性의 이치로 나타났음을 관조하
시고[內證自覺]

선험적인 앎인 심왕心王과 경험분별적인 심소법心所法이 인식활동에
서 일어나면 반드시 구체적인 현상에 대해 사리분별事理分別의 활동 작
용이 있기 마련이다. 따라서 심오한 반야의 지혜가 일어날 땐 필연적
으로 위대한 작용이 있는 것이다. 그러므로 경문에서는 현상세계에서
'5온이 모두 공성空性임을 관조해 보았다'라고 하였다. 5온은 앞서 통
론부분에서 서술한 바와 같다.

그런데 무엇 때문에 여기에서는 '5온이 모두 공성'이라고 말하였을
까. 이를 위해서는 먼저 공空의 의미부터 명료하게 알아야 하겠다.

불교에서 언급하고 있는 공의 의미는, '아무 것도 없다'라는 단멸허무斷滅虛無의 공이 결코 아니다. 그것은 '있다 해도 실체라 할 만한 것이 없고 또한 자성이 없다'는 의미임을 명확하게 알아야 한다.

그렇다면 어떠한 연유로 인하여 5온은 실체가 없고 자성이 없다고 하는 것일까. 그 이유는 일체의 유위법有爲法은 상대적인 의존관계로 일어나기 때문이다. 설혹 가립假立하여 일어났다고 하더라도, 따로의 실존적 개체가 있는 것이 아니다. 인연이라는 관계성의 화합을 따르므로 성질이 결정적이지 못하여 일어나는 찰나의 순간이 바로 소멸하는 찰나이다. 때문에 그 자체는 견고한 모습으로 고정되거나 안주하지 못한다.

그런데도 어리석은 범부들은 일체제법에 대해 실유상주實有常住한다고 믿어 자체의 성질이 고정된 것으로 집착하고 있다. 그러나 일체제법은 상주하거나 정해진 것이 아니다.

만약 꿈속에서 보이는 산하대지나 사람의 모습이 환영幻影임에도 불구하고 그 환상의 세계가 실제로 존재한다고 집착한다면 어리석은 사람일 것이다. 또 마술사가 코끼리·말·수레 등 여러 가지 물건을 눈가림으로 만들었을 경우, 그 사물에 실체가 있다고 집착한다면 그 역시 어리석기는 마찬가지이다.

우리는 세간의 모든 유위법이 모두 꿈과 같고 허깨비와 같다는 것을 알아야 한다. 5온법도 이처럼 있다 해도 환상으로 있기 때문에, 즉 실체가 없기 때문에 '5온은 모두 공성'이라고 설하고 있는 것이다.

따라서 공성이라고 하는 말은 5온의 현재 모습에서 자체성질이 공성임을 말한 것이며, 허깨비 같은 5온이 아예 없는 단멸의 허무를 뜻하는 것이 아니다.

여기에서의 공空이라는 단어는 5온법을 없애서 타파한 것이 아니라, 실제로는 5온의 진실한 자체성질의 진실한 이치를 나타냈다고 하겠다.

본 경문뿐만 아니라 『대방등대집경大方等大集經』 제8권에도 다음과 같이 언급되어 있다.

일체제법은 동일하게 하나의 모습이다. 그 하나의 모습이란 이른바 무상無相, 즉 공성이다.

이는 일체 유위법은 모두 동일하게 공성으로서의 일성一性이라는 의미이다. 이 공성이 바로 법공무아法空無我로서 진여실성眞如實性이다. 공성이야말로 상대성이 없으므로 항구하고 상주하여 생멸변이가 없기 때문이다. 따라서 공성을 허망하지 않은 진실하고 한결같다는 의미로 진여眞如라고 한다.

또 이 진여실성은 오직 망상의 분별이 끊긴 반야의 지혜로 관조해 보고 번뇌중류煩惱中流를 건널 수 있다. 반야의 지혜만이 제법의 실제 모습인 공성의 이치를 분별없는 현량지로 증득할 수 있기 때문이다.

따라서 경문에서 언급되는 공은 소승으로 분류되는 성문이나 연각의 지혜로 인공무아人空無我를 관조하고 아집만을 끊는 것과는 동일하지 않다. 대승보살의 지혜는 아법2집我法二執을 함께 끊는 것이다.

5. 수행관찰을 통해서 얻어진 이익

度一切苦厄

일체중생들의 일체고一切苦와 일체액一切厄을 제도하시니라〔覺他有情〕

경문에서 '일체고一切苦와 일체액一切厄'을 건넌다고 하였는데, '고苦'는 현재 받고 있는 3계[三界世間]의 모든 고통을 말하며, '액厄'은 고통의 원인을 뜻한다. 이 고통의 원인이 유정들을 핍박하면서 뭇 고통으로 나아가 그 자리에서 벗어나지 못하게 한다.

'액'은 4제법문四諦法門 가운데 집제集諦에 포섭되는 무명번뇌와 모든 번뇌업에 해당되고, 고통은 집제의 결과인 고제苦諦에 해당된다. 다시 말해 중생이 무명미혹을 일으켜 그에 따른 번뇌업을 짓고 그 결과 고통의 과보를 받으며 끝없이 3계생사를 상속하고 반복하는 인과관계로서 혹업고惑業苦를 건넜다는 것이다.

5온이 모두 공성임을 관조하게 되면 무엇 때문에 바로 일체고와 일체액을 건널 수 있을까.

일체고와 일체액, 즉 고제와 집제의 인과관계는 아집을 연유해서 일어나며, 아집은 다시 법집을 의지하여 일어난다.

보살이 이미 반야의 지혜로 5온이 모두 공성임을 관조해보았다면, 5온제법에 대한 법집의 집착이 제거되고, 법집의 한 분야인 아집마저 스스로 끊어지게 된다. 두 집착이 동시에 끊어지고 고집2제苦集二諦가 설자리를 잃게 되면, 일체고와 일체액을 건너지 못할 이유가 없다.

일체고와 일체액은 허망한 집착을 따라 일어난다. 마치 꿈속에서 일어난 일에 대하여 실제인 것으로 착각하고 탐애심을 일으키는 것과 같다. 일체의 허망한 집착은 5온이 공성임을 통달하지 못하고 실제로 있다고 착각하기 때문에 일어난다.

만약 우리가 잠에서 깨어나 꿈속에서의 일들이 본래 공적한 이치임을 알았다면, 허망한 집착이 제거되고 미혹의 집착에서 비롯된 일체고와 일체액은 씻은 듯이 사라질 것이다.

사실 일체고와 일체액은 그 자체로서의 실제 성질이 있지 않고 단지 5온법 등을 의지해서 임시적으로 성립했을 뿐이다. 그렇다면 5온법도 실체가 없는 공성이므로, 그것을 의지해서 성립한 일체고액一切苦厄도 역시 공성일 것이다.

그런데 중생들은 무엇 때문에 고통스러운 것일까. 그것은 바로 상대방에 대한 원한과 증오심[怨憎會遇苦]과 탐애의 연정[愛別離苦], 그리고 탐욕의 추구[求不得苦] 때문에 일어난다.

만약 모든 유정들이 자비관慈悲觀으로 중생을 평등하게 바라보면서 마치 자기의 생명체와 같이 대한다고 가정해보자. 그렇다면 일체의 상대적인 어긋남이나 언쟁들을 인욕忍辱으로 받아들이게 될 것이므로, 일체고와 일체액에 대해 항상 이익과 안락으로 구제하게 될 것이다.

이처럼 상대방에 대해 원한과 증오심이 없어지면, 상대적인 원한과 증오의 대상을 만난다고 한들 무슨 고통이 있겠는가.

원한과 증오의 대상과 만나는 순간 일어나는 원증회우고怨憎會遇苦는 원한과 증오에 고통의 원인이 있으나, 원한과 증오는 본래 자체성질이 있지 않다. 고통은 자기 마음의 주관적 분별에 있으나 이 역시 허망한 분별일 뿐이다.

결론적으로 본래 없는 고통은 원한과 증오심이라는 자기의 주관적 허망한 분별심 때문에 성립된다. 따라서 원증회우고는 그 성질이 본래 공적한 단지 허망분별의 모습이다.

모든 유정들이 자비의 마음을 평등하게 운행하면서 상대에 대해 애착을 일으키지 않는다고 가정해보자. 여기에서 한 걸음 더 나아가 만나면 반드시 이별이 있고 이별한다 해도 영원한 이별이 아니므로 끝내 소멸함이 없어, 상주불변常住不變함도 없고 단멸斷滅로 끊길 수도 없는 이치임을 명료하게 안다고 하자. 그렇다면 사랑하는 사람을 이별하거나 잃는 경우를 당한다 해도 지나치게 근심하고 상심하여 본성을 해치는 데까지 이르지 않을 것이다.

사랑하는 사람과 이별하는 것에서 비롯되는 고통을 애별리고愛別離苦라 한다. 이 고통 역시 5온개공五蘊皆空을 모르는 지나친 탐애심에 그 허물이 있다. 탐애의 마음은 자기의 분별 집착심에 속하는 것이지 탐애의 대상에 있는 것이 아니다. 그러므로 애별리고의 성질 역시 본래 없는 공성일 뿐이다.

모든 유정들이 욕구를 줄여 만족할 줄 알고 초연하고 담박한 마음을 가진다면, 이로 인해 부귀영화를 탐애심으로 흠모하지 않는다면, 무슨 탐욕을 얻지 못하는 불만에서 일어나는 구부득고求不得苦가 있겠는가.

유정들은 망상 때문에 소중한 신명까지 해치면서 욕심경계를 추구한다. 그 때문에 악업을 짓고 그 결과 한량없는 고통을 받게 되는 것이다. 이러한 고통은 자신의 분수에 지나치게 너무 많이 탐구하는 마음에서 비롯된 것이다.

따라서 탐욕은 자신의 내적인 분별심에 있는 것이지, 그 실체는 외적인 탐욕경계에 있는 것이 아니다.

주관적인 분별심으로 비루한 탐욕심을 일으킨 까닭에 욕심이 내적으로 충만하게 되고, 욕구를 현실적으로 충족시키지 못하기 때문에 고통이 일어난다. 설사 추구해서 잠시 얻었다 하더라도 다시 잃어버릴까 근심하며, 설혹 얻은 것을 잃지 않았다 해도 애착으로 지키느라 항상 마음이 수고스럽기만 하다.

『대승입능가경大乘入楞伽經』권5에는 이와 같이 언급되어 있다.

3계三界는 허망한 분별심의 조작일 뿐이다.

그렇다면 추구해서 얻지 못하는 고통 역시 성질은 허망한 조작의 공성일 뿐이다. 우리가 고통의 성질이 본래 공적하여 허망한 분별심의 발현일 뿐이라는 것을 분명하게 알 수 있다면, 외부의 사물에서 책임을 추구할 필요성을 느끼지 않을 것이다.

우리의 마음이 탐애심과 증오심을 떠나게 된다면 애별리고와 원증회우고는 스스로 멀어져, 득실이해에 따른 집착으로부터 해방될 것임은 자명한 이치이다. 이것이 자재한 이치를 관찰하여 얻어진 해탈解脫이다.

그러므로 우리의 마음에 집착을 없애고 대상경계에서 물욕에 따른 지배를 받지 않는다면, 일체 미혹의 번뇌를 즉시 떠나게 된다. 미혹의 번뇌가 일어나지 않으면, 악업 또한 일어나지 않아 생사의 고통에서 벗어날 수 있을 것이다.

또 다시 분명히 알아야 될 것은 5온의 성질이 모두 공성이므로, 그에 의해서만 성립하는 고통 역시 실제 있지 않은 허상이라는 점이다. 그렇다면 5온에 의한 생로병사의 고통도 두려워할 것이 없으므로 욕심스럽게 급히 벗어나기를 구하지 않아도 될 것이며, 열반해탈의 기쁨도 빨리 증득하려 추구하지 않아도 될 것이다.

그러므로 생사와 열반, 그 어느 쪽에도 치우침이 없는 대자대비大慈大悲의 마음으로 자기라는 아집을 버리고 일체중생을 나와 같은 모습으로 제도할 때, 집착 없이 천상과 인간세계를 내왕하게 될 것이다.

이러한 집착 없는 반야바라밀행般若波羅蜜行을 두고 지장보살은 서원을 세워 말씀하셨다.

지옥이 텅 비지 않으면 맹세코 성불하지 않겠으며, 중생을 끝까지 제도해야만 보리菩提를 증득하리라.

대승의 정신을 본원력本願力으로 실천 수행하는 대승보살은 5온개공의 이치, 즉 제법진공諸法眞空의 이치를 통달했기 때문에 집착 없는 행을 감당할 수 있다. 보살행이야말로『금강경金剛經』에서 이야기한 여래의 아뇩다라삼먁삼보리阿耨多羅三藐三菩提를 걸머질 능력이라 하겠다.

진공의 이치를 치우침 없이 오묘하게 관조해야만 그 원력이 지장보살처럼 끝없이 광대해질 수 있다. 이처럼 광대한 마음으로 일체고통을 없애주는 실천행을 몸소 닦은 분이 바로 대승보살의 현실적인 모습임을 알아야 한다.

본 경문에서 말하고 있는 '일체고와 일체액'은 일체중생들이 다 함께 공유하고 있는 고통이다. 중생들의 일체고액을 제도한다고 하는 것은 『금강경』의 "일체중생을 무여의열반無餘依涅槃에 들게 하여 제도했다"는 말씀에 해당될 것이다.

이상은 보살이 내적으로 증오證悟한 진공의 이치로 모든 중생들의 고액까지 제도하는 것을 총론적으로 말하였다.

보살은 진공의 이치를 관조하여 중생의 고통을 제도하는 분이며, 반야는 관조하고 제도하는 도리이다. 5온은 관조의 대상이며, 고액은 제도할 대상이다.

지금까지 경문의 첫 단에 해당하는 대목을 살펴보았다. 이는 아난존자阿難尊者가 법장法藏을 결집할 때 관자재보살이 중생을 제도하는 수

행 실천부분을 서술한 부분으로 굳이 분류하면 제경별諸經別序에 해당
된다. 즉 발기서發起序이다.

시호역본施護譯本을 참조하면, 본 경문에 대해 다음과 같이 서술하고
있다.

세존께서 영산회상靈山會上에 계시면서 심심광명선설정법삼매甚深光明宣
說正法三昧에 드셨을 때 사리자가 관자재보살에게 고하였다.
"만약 어떤 사람이 심심반야법문甚深般若法門을 수학하고자 한다면, 어떻
게 해야만 합니까."

관자재보살은 그에 대한 답변으로 이 경전을 설하게 된 것이므로
"사리자여!"하고 이름을 직접 부르며 그의 질문에 대한 답변을 하셨
다. 이는 앞서 대략 서술한 바와 같다.

6. 심오한 반야법문을 배우려면
5온이 모두 공성임을 관찰하라

舍利子

사리자여

'사리자舍利子, Śāriputra'는 부처님의 10대 제자 가운데 한 분이며, 성문승聲聞僧 가운데 지혜가 제일 뛰어나 '지혜제일'이라 불린다. 마가다국 왕사성의 바라문婆羅門 논사論師 집안의 여성인 '사리舍利, Śāri'의 아들[子]이라는 뜻에서 '사리자'라 하였다. 참고로 덧붙인다면 인도에서는 부모 이름을 따라 자녀의 이름을 짓는 경우가 많다. 존자尊者의 이름도 그 중 하나의 예이다.

존자는 소승의 경지에서 생공生空, 즉 인무아人無我의 이치를 증득했으나, 아직 대승 법공法空의 이치까지는 증득하지 못했다고 한다. 그러다가 대승의 반야법문般若法門의 이치를 깨달을 시절인연이 도래하였기에 관자재보살이 특별히 그의 이름을 부르며 대승법문을 가르치고 있는 것이다. 이를 선종禪宗에서 말하는 스승과 제자간의 '줄탁동시啐啄同時'에 빗대어 살펴본다면 이해에 큰 도움이 될 것이다.

色不異空
6도범부중생은 색온色蘊을 실재한다고 집착하나 색온色蘊은 공성空性과 다르지 않으며

이 문장부터는 수행관법修行觀法에 대해 가르치고 있다. 이에 대해 송역본宋譯本에서는 다음과 같이 서술하고 있다.

관자재보살이 사리불존자에게 고하기를 "만약 매우 심오한 반야법문을 배우고자 한다면 5온의 자체성질이 모두 공성임을 관찰하라."

다시 말해 공성과 5온이 서로 다르지 않은 모습임을 관찰하라는 것이다. 하지만 6도의 범부들은 자연현상계의 사물이나 자신의 육신을 실재하는 존재로 집착한다. 이것이 범부들의 통상적인 유상有相에 대한 집착이다.

범부들은 '모든 물질은 실체가 분명히 목전에 존재해 있는데, 무엇 때문에 공성이라고 말할까'하고 의구심을 일으키기 마련이다.

보살은 이에 대한 답변으로 '그대들이 실제 있다고 집착하는 색법色

法은 있다 해도 공성과 다르지 않다'고 풀이해 주고 있다. 색법은 있다 해도 인연환유因緣幻有의 모습이므로 실제로는 공성과 다르지 않기 때문이다.

그렇다면 5온 가운데 물질부분에 해당하는 색온과 공성은 따로 두 가지 모습이 아니다. 색온이 바로 공성이어서 색色과 공空이 다르지 않은 이치를 모르는 중생들은 눈앞에 색온을 마주하면 바로 집착심을 일으킨다.

그러므로 9계九界의 근신根身과 기계器界가 허망한 분별, 즉 『대승기신론大乘起信論』에서 이야기 하고 있는 홀생무명忽生無明 때문에 일어나게 된다. 그러나 중생들은 진여공성眞如空性 가운데 실재하는 색의 모습이 본래 없는 이치를 전혀 모른다.

따라서 일념一念 사이의 홀생무명에 의한 집착심을 일으켰다 하면 원래 적나나赤躶躶하고 적쇄쇄赤灑灑했던 한 덩어리 청정한 진여가 허망한 생멸의 인연법을 이루어 한량없는 고통을 받게 된다.

『기신론직해起信論直解』에서는 이를 두고 말하였다.

최초 일념무명一念無明이 요동하자마자 번뇌망상의 구름이 만리를 덮는구나.

색온을 좀 더 분명하게 개념정의하면, 9계의 정보正報로서의 근신根身과 의보依報로서의 기계器界이다. 즉 5근五根과 6진六塵이 모두 여기에 포함된다. 이러한 색법은 우리의 일심一心이 망상생멸의 인연을 따라 나타났을 뿐이다. 그런데도 6도중생들은 내 마음 밖의 실제의 색법으로 집착하므로, 보살이 그들의 잘못된 집착에 대해 '공성과 다르지 않으므로 여실히 관찰하라'는 이치를 가르치고 있는 것이다.

지금까지는 6도범부의 유상에 대한 집착을 타파하였다. 다음은 소승들의 공성에 대한 집착을 타파한 부분을 살펴보기로 하겠다.

空不異色
소승인은 색온色蘊 밖에 공성空性이 따로 있다고 집착하나 공성은 색온과 다르지 않으며

앞의 구절에서 '색온色蘊은 공성空性과 다르지 않다'고 하자 법法에 어리석은 소승인들은 다시 의심하여 '공空은 아무 것도 없는 무법無法인데, 아무 것도 없는 무법이 어떻게 유법有法인 색온을 용납해서 색色과 공空이 다르지 않을 수 있겠는가'라고 질문하였다.

보살은 이에 대한 답변으로 '공성은 색온과 다르지 않다'고 경문에서 재차 교설하고 있다. 왜냐하면 공무상空無相의 진공眞空이 색환상色幻相과 다르지 않기 때문이다.

이는 색온 밖에 우리 마음의 공성이 따로 있다고 집착하는 소승인들의 잘못된 이해를 척파해 주는 부분이다.

만일 소승인의 이해에 따르게 되면, 색온은 더 이상 '공성으로서의 색온'이 아니게 된다. 따라서 공성은 색이라는 인연환유因緣幻有의 모

습으로 떠오르지 않아, 이 둘은 완전히 별개의 모습을 이룰 것이다. 다시 말해 색과 공이 서로의 관계성이 전혀 없는 별개의 사물로 되어 단견斷見에 봉착하게 되므로 이 공상空相을 완공단상공견頑空斷常空見이라 한다.

공상이 색온과 다르다고 판단하면, 색온의 자체가 공성이 아니므로 색온은 상주불변常住不變해야 하며, 색온이 끊기면 별도의 공상을 이루어 공은 별개의 단멸상을 이루게 되므로 심각한 논리적 오류에 빠짐과 동시에 이는 희론戲論이 된다.

지금 이 경문에서 말하고 있는 5온개공으로서의 우리 마음, 다시 말해 진공眞空의 이치는 그러한 모순되고 단견의 편협한 견해에 머물러서는 참되게 볼 수 없다.

'색온이 공성과 다르지 않다' 함은 색온이라는 환상이 공성을 떠나지 않았으므로, 그것은 있다 해도 실재하는 색온의 성질이 따로 없다는 의미이다. '공성이 색온과 다르지 않다' 함은 공성 또한 색온을 떠나 따로 의지하며 나타날 곳이 없다는 의미를 나타낸 것에 불과하다.

이미 색온의 자체는 공성으로서 실성實性이 따로 없다면, 색자체가 바로 공성이어서 색온을 떠나 따로의 공성은 없는 것이다. 그렇다면 공성은 바로 색온 내에 보편하게 된다. 즉 우리의 일심진공一心眞空의 이치와 삼라만상이 애초에 두 모습이 아닌 것이다.

여기에서의 '공'은 진공묘성眞空妙性으로『대승기신론』에서 말하고 있는 일법계대총상법문체一法界大總相法門體이다.

『능엄경楞嚴經』에서는 이에 대해 다음과 같이 서술하고 있다.

여래장성如來藏性의 모습으로 떠오른 성색性色은 여래장성 진공眞空의 모습으로서의 색법色法이다. 따라서 여래장성 진공의 진실한 공성으로서의 색법이다. 이처럼 진공의 모습으로 떠오른 색법은 본래 천연적으로 청정하여 우리 마음의 이치와 함께 법계에 두루 부족함 없이 원만하다. 그러나 이러한 이치를 모르는 중생들의 분별심을 따라 인식하는 범주만큼의 염정색법染淨色法이 차별적으로 떠오른다.

『능엄경』의 말씀대로라면 우주법계 삼라만상이 우리의 여래장성 진공의 모습 아님이 없지만 단지 중생의 미혹한 분별심을 따라 천태만상의 정보와 의보의 인과차별因果差別이 난다는 것이다. 즉 본성本性의 측면에서는 이러한 차별이 단지 허구의 모습일 뿐이라는 것이다.

『대승기신론』에서도 '삼계허위三界虛僞 유심소현唯心所現'이라고 갈파하였다.

자신의 여래장성 진공의 이치와 색법이 서로 다르지 않은 이치를 모르고 색법에 대해 마음 밖에 따로 실재하는 것이라 집착하면 사물마다 서로의 간격이 막혀 장애를 이루지만, 진공과 색법이 서로 다르지 않은 하나의 이치로 융합한다면 색법마다 하나의 이치로 원만하게 소통될 것이다.

이것이 『화엄경華嚴經』에서 수립하고 있는 이사무애법계관理事無碍法界觀이다. 이것을 무량하게 더 극대화한 것이 사사무애법계관事事無碍法界觀이다. 이러한 이치에 따라 다시 다음의 관법觀法이 이루어질 수 있다.

色卽是空 空卽是色

대승 초기보살初機菩薩은 색공色空이 다르지 않은 중도中道가 따로 있다고 잘못 헤아리지만, 색온色蘊이 바로 공성空性의 모습이며, 공성의 발현이 바로 색온이다.

당나라 현수賢首스님은 「소문疏文」에서 다음과 같이 말하고 있다.

색온이 있다 해도 환유幻有로서의 색온이라면 필연적으로 차별 없는 공성을 장애하지 않을 것이며[色不異空], 공성은 차별 없는 진여성공眞如性空이므로 반드시 환유의 색온을 장애하지 않는다[空不異色].

이는 진공眞空에서 떠오른 색과 그 본질인 공이 다르지 않은 이치를 순차적으로 풀이한 것이다.
스님은 다시 다음과 같이 서술하였다.

만일 실재하는 따로의 공성이 실재하는 따로의 색온을 장애한다면, 그것은 바로 색온과 관계성이 전혀 없는 단멸斷滅의 완공頑空이다. 이는 자체가 진실하게 공적하지 않은 모습이기 때문이다[色卽是空]. 만일 이와 반대로 색온이 공성을 장애한다면, 그것은 그 자체로서 실재하는 색온이다. 이는 환유의 색온이 아니기 때문이다[空不異色].

이 말씀은 색공色空이 서로 다르지 않으므로 서로가 상즉相卽 관계임을 반증적으로 나타냈다고 하겠다.

앞서도 이미 약술했듯이, 색온은 일심진공의 이치를 떠나지 않은 상태에서 일심분별一心分別의 모습으로 나타났으므로 우리의 분별하는 마음을 떠나 따로의 실체란 없는 것이다. 이러한 이치를 모르는 6도중생들은 그것을 따로 실재하는 마음 밖의 색법으로 집착하고, 소승인은 색온을 떠난 밖에 별개의 공성이 실제로 있다는 치우친 편공偏空에 막혀있다. 대승 초기보살은 색공이 다르지 않은 중도中道의 이치만을 깨달았고, 유일하게 모든 부처님만이 법계의 색법과 심법이 본래 다르지 않은 진공성색眞空性色의 이치에 끝까지 융합하였다. 때문에 부처님의 마음에 떠오른 색법의 세계는 상적광토常寂光土인 것이다.

옛 조사스님은 이에 대해 다음과 같이 풀이하였다.

색즉시공色卽是空은 보편한 법계가 우리의 여래장성 진공성색眞空性色 아님이 없는 이치를 나타냈고, 공즉시색空卽是色은 법계를 끝까지 추구해 보아도 우리 본성 묘유妙有의 이치 아님이 없음을 나타냈다.

그러나 6도중생은 5온이 실제 있다고 집착하기 때문에 '색불이공色不異空'의 구句로 타파하고, 2승二乘은 색온을 떠나 편공에 치우쳐 있으므로 '공불이색空不異色'의 구로 논파하였다. 대승보살[初機菩薩]은 출정出定과 입정入定에 따른 마음상태, 즉 삼매의 경지가 달라 색공이 둘이 아닌 따로의 중도를 선정속에서 집착하는 법집을 일으키므로 '색즉시공 공즉시색色卽是空 空卽是色'의 구로 교화하였다.

우리마음 진공의 이치는 바로 묘유妙有의 색법이며[眞空妙有], 묘유가 바로 진공[妙有卽眞空]이다. 우리 마음의 이치가 오묘하지 않다면, 어떻게 색과 공이 상즉관계를 이룰 수 있겠는가.

부연한다면, 색즉시공色卽是空이므로 색온은 있다 해도 실제 있지 않으며, 공즉시색空卽是色이기 때문에 공이 없다 해도 단멸의 무無가 아니다. 이처럼 색온은 있다 해도 실제 있지 않고, 공은 없다 해도 단멸의 무가 아니다[非有非無].

그렇다면 유有와 무無라는 2변二邊을 떠나지 않은 상태에서 색과 공, 어느 쪽에도 치우침이 없는 일심중도一心中道의 이치를 나타낼 수 있다. 이 경지를 언도도단言語道斷이고 심행처멸心行處滅인 불가사의라고 한다.

참고로 천태학天台學에서는 이것을 공가중3관空假中三觀으로 관찰하고 있다. '색불이공色不異空'의 구는 색법의 가유假有로부터 일심진공의 이치로 깨달아 들어가는 수행인 종가입공관從假入空觀이며, '공불이색空不異色'의 구는 다시 일심진공의 이치로부터 환유속제로 깨달아 들어가는 수행인 종공입가관從空入假觀이다. '색즉시공 공즉시색色卽是空 空卽是色'의 구는 일심진공과 가유색법假有色法이 본래 평등한 이치를 관찰하는 수행인 공가평등관空假平等觀이다. 즉 자각自覺·각타覺他·원만각圓滿覺의 3관법三觀法으로 파악하고 있는 것이다.

이처럼 본경문은 3관을 빠짐없이 갖추고 있어 종가입공관을 통해 내적인 자각을 성취하고, 다시 종공입가관을 통해 외적으로 각타를 성취하게 된다. 다시 공가평등관을 통해 자각진제본공自覺眞諦本空과 각

타속제여환覺他俗諦如幻이 둘이 아닌 중도원만각中道圓滿覺을 성취하게

된다. 실로 아뇩다라삼먁삼보리阿耨多羅三藐三菩提를 성취하는 수행관

문이 여기에 모두 구족해 있는 것이다.

受想行識 亦復如是

대상색온을 괴로움과 즐거움으로 받아들이는 감정작용인 수온과, 그

감정에 따라 선·악 등의 인상을 지우는 지적활동인 상온과, 그 지적

판정에 따라 일으키는 의지적 활동인 행온, 이 세 가지 경험적 심소법

心所法과 모든 개별인식활동이 자체로 의지하는 선험적 인식주체인 8

식심왕八識心王의 총체적 인식활동, 즉 이 모든 심왕·심소법까지 역시

색온의 예와 같은 논법으로 논파하고 그에 따라 수행 관찰하도록 하

라.

이 대목에서는 심왕心王인 식온과 심소법心所法인 수·상·행 등의 4

온四蘊 역시 색온과 같은 논법으로 논파된다는 관법을 가르치고 있다.

이에 대해 좀 더 구체적으로 정리해 보기로 한다.

6도범부는 색온과의 상대적 감촉에서 일어나는 감정작용[受]이 실제

있다고 집착하나 이는 공성과 다르지 않으며[受不異空], 소승인은 감정

작용을 떠나 별도의 공성에 막혀 있으나 그 공성은 감정작용과 다르지

않으며[空不異受], 대승 초기보살은 감정작용과 공성이 다르지 않은 따

로의 중도中道가 있다고 집착하나 감정작용이 바로 공성이다. 공성이

바로 감정작용이어서 감정과 공성이 바로 평등한 일심중도一心中道의 이치이다[受卽是空 空卽是受].

나머지 상온 · 행온 · 식온도 이와 같다. 수 · 상 · 행온은 심소법, 즉 견분見分에 해당되고 식온은 심왕법, 즉 자증분自證分에 해당된다. 심왕이 대상경계인 상분색온相分色蘊을 마주하면, 개별적 인식활동이 반드시 동시에 일어나기 때문이다.

다시 말해 모든 색온상분과 견분심소는 동시에 심왕자증분心王自證分을 의지해서 일어났으므로 우주만유를 분별하는 색심법色心法이 모두 심왕자증에서 일어난 만법유식萬法唯識일 뿐이다. 이것이 유식학에서 수립한 우주전변론宇宙轉變論이다. 이것은 통론 부분에서 서술하였으므로 참고하기 바란다.

5온제법, 즉 자증분 · 견분 · 상분 등의 근원을 추구해 보면, 진여증자증분眞如證自證分인 진공무위眞空無爲의 이치를 근본자체로 의지해서 중생들이 허망한 분별인연을 따라 떠오른 인연환유의 모습인 것이다. 『능엄경』에서는 이를 진공성색眞空性色이라 한다.

이는 우리 의식분별의 허망한 의타기환유법依他起幻有法일 뿐이다. 만법유식, 즉 우주만법은 모두 우리의 주관적인 식분별識分別을 떠나지 않은 허망한 모습이며, 식온자증분識蘊自證分은 우리의 증자증분인 진공본성眞空本性의 이치를 떠나지 않는다. 이것이 『화엄경』에서 수립한 진여법계연기眞如法界緣起의 골간임을 유념해야 할 것이다.

이 시점에서 우리가 알아야만 될 것은, 식분별의 차별적 모습인 5온은 여래장성성공如來藏性性空의 이치와 다르지 않고, 공성은 5온과 다르지 않으며, 5온이 바로 공성이고 공성이 바로 5온인 일심중도의 이치로 귀결된다는 점이다.

이러한 공성으로서의 5온의 이치를 미혹하면 이는 마치 물이 얼음으로 결빙結氷하는 것과 같고, 5온이 공성인 것을 깨닫는다면 결빙된 얼음이 풀려 다시 물로 되돌아오는 이치와 같다. 여기에서 물은 진공, 얼음은 5온에 비유했다. 진공의 이치는 식온 가운데 일분무위법一分無爲法에 포함된다. 이를 총론적으로 다시 정리해 보자.

5온은 현실 사법[事]에 해당되고, 공상은 본질인 이치[理]에 해당된다. 현상사법이 일어나려면 반드시 일정 법칙으로서의 밑받침이 되는 이치가 있어야만 한다. 때문에 5온사법五蘊事法의 밑바탕의 이치가 바로 공성이다.

또한 본질적 법칙인 진공의 이치는 현상사법을 떠나 따로 존재할 수 없기 때문에 바로 현상사법과 상즉한다.

천박한 식견으로 이理와 사事를 관찰하면 공과 색이 천지현격天地懸隔으로 다른 듯하지만, 심오한 반야로 사리事理를 관찰하면 바로 5온사법에 상즉한 공성인 것이다. 즉 견분·상분·자증분이 모두 증자증분인 진여무위眞如無爲로 귀결된다. 이를 일심중도라 한다.

이치가 이러하다면, 삼라만상의 색온을 의지해서 공성이 끝까지 나타나고, 공성이 끝까지 나타난 그 자리에서 우주의 실제 모습이 환해진다. 공성으로서의 5온제법은 상대성이 단절된 내 마음 여여如如의 모습이어서, 잘못된 헤아림과 집착을 떠났기 때문이다.

이상으로 진공의 이치는 5온과 다르지 않은 상즉관계임을 나타냈다. 따라서 부처와 중생과 우리의 심법[心佛衆生] 셋이 진공의 측면에서는 본래 차별이 없다는 논리성립이 가능한 것이다.

7. 5온공상은 상주불변하고 보편 원만하게 융합 소통한다[六相空]

舍利子 是諸法空相 不生不滅 不垢不淨 不增不減

사리자여, 이 모든 5온법상五蘊法相은 그 자체가 공성空性이므로 모든 법상의 생멸을 따라 일어나는 것도 소멸하는 것도 아니며, 모든 법상의 차별을 따라 번뇌로 더러워지는 것도 지혜로 청정해지는 것도 아니며, 모든 법상의 훈습인연을 따라 증가하는 것도 감소하는 것도 아니다.

이 대목은 공상空相이 상주불변하고 두루 보편하고 원만하게 융합 소통함을 나타낸 것이다.

제법은 5온법과 12처 · 18계 · 12인연 · 4제 등 모든 세간법과 출세간법을 망라한다. 공상空相은 모든 제법의 실제성품인 여래장성진공如來藏性眞空의 이치를 말한다.

5온 등 일체제법은 인위적으로 작위作爲하는 유위법有爲法이기 때문에 인연화합을 따라 일어났다가 인연의 분리를 따라 소멸한다.

그렇지만 여래장성진공의 이치는 일체의 분별작위가 없는 무위無爲이기 때문에 인연의 화합과 분리를 따라 생성되거나 소멸되는 일이 없다. 또한 인위적인 수행을 떠났기에 수행에 따른 증가나 감소가 없는 여여부동如如不動이다.

일체제법은 염정染淨의 차별이 있지만 진공眞空의 이치에는 어떠한 차별도 없으므로 세간의 오염된 번뇌나 출세간의 청정함 등 모든 상대적인 차별이 단절되었다.

또한 일체제법은 훈습의 인연에 의해 번뇌와 보리菩提가 상대적으로 증가하기도 감소하기도 한다. 이는 자체의 성질에 상주함이 없으므로 상대적인 인연을 의지해서 일어나며, 일어나는 즉시 소멸하기 때문이다.

그러나 생멸이 없으면 유위법이 성립하지 않으므로 일체제법상一切諸法相도 역시 없게 된다. 일체제법은 찰나찰나 생멸상속하면서 잠시도 안주함이 없기 때문에 제법의 실성實性은 완전한 공성이다. 실성은 완전한 공성이므로 그 공성은 상주불변이다. 일체유위법은 바로 생멸하는 모습이자, 그 생멸상이 바로 공적한 성질이다. 때문에 공성은 생멸하는 인연을 의지하여 일어나지 않는다.

일체제법의 생멸은 다함이 없으나 항상 공성을 의지하여 일어나는 생멸이다. 그러므로 제법의 실성인 공성은 생멸자체 속에서 생멸이 없다. 이처럼 생멸하는 당체에서 생멸이 끊겼기 때문에 상주불변이라 말하는 것이다.

일체제법은 원인이 다르면 결과도 다른 모습으로 나타난다. 5
온·12처·18계 등만 차이가 날 뿐 아니라, 5온이라는 한 무더기 가운
데 색·수·상 등이 각자 다르다. 다시 색온 가운데서도 형색形色·표
색表色 등으로 분류되고, 수온도 고수苦受·낙수樂受 등으로 차별이 난
다.

그리고 심소법心所法은 선심소善心所·번뇌심소煩惱心所가 서로가 서
로를 위배하며, 이는 다시 유루법과 무루법, 세간법과 출세간법이 서
로가 서로를 장애하고 대치한다.

불선법不善法은 더러운 번뇌가 되고, 선법善法은 청정이 되며, 유루
有漏는 번뇌, 무루無漏는 청정이 된다. 세간은 더러움, 출세간은 청정
이 대립한다. 이처럼 5온제법은 더러움과 청정의 차별이 상대적으로
대립하지만 그 실성인 공성은 이와 같지 않다.

앞서 살핀 대로 5온제법은 서로가 다르지만 공성은 한결같은 보편
의 이치이며, 더러움과 청정함은 서로 위배하고 다르나 공성은 한결같
다.

실성인 공성은 선악의 차별이 없고, 역시 더러움과 청정함이 없이
일체의 보편한 한결같은 성질일 뿐이다. 이처럼 세간과 출세간 두루
원만하게 융합하고 소통하는데, 그 어느 처소에 더러움과 청정의 차별
상이 따로 있겠는가.

그러므로 번뇌의 속박에 있다 해도 허깨비 망상분별인연妄想分別因緣
의 모습이므로, 공성 자체는 번뇌에 오염되지 않는다. 번뇌의 속박에

서 벗어났다 하더라도 망상인연의 소멸일 뿐, 공성자체가 새삼 청정해진 것이 아니다. 이처럼 공성은 상주하고 보편하며, 그 어떤 세간의 더러움이나 출세간의 청정함도 별도의 실체적 모습으로 존재하지 않는다.

모든 유위제법有爲諸法은 더러움과 청정이 서로 위배하면서 다른 모습으로 나타난다. 따라서 청정한 선법이 세력을 얻으면 그 세력은 배나 증가하며, 선법이 증가하면 불선법은 상대적으로 감소한다. 또 불선법이 세력을 얻으면 그 증가와 감소 역시 선법에 비례한다.

그러나 실체적인 공성은 이 모든 법들의 증감增減에 상관없이 모든 처소에 상주하고 보편하며 한결같다. 지옥도 이와 같고, 인간·천상도 이와 같으며, 3계도 이와 같고, 3계를 벗어나도 역시 그러하다. 상주보편하고 한결같은 공성은 세간 6범六凡에 있다 해도 감소하지 않고, 출세간 4성四聖에 있다 해도 증가하지 않는다.

부처님이 세상에 출현하거나 출현하지 않거나 법성法性은 상주하여 법계를 원만하게 성취한다. 그 때문에 공성은 증가와 감소가 없는 것이다. 이미 생멸生滅·구정垢淨·증감增減이 없는 공성의 이치를 통달하면, 일체제법은 평등하고 한결같은 성질임을 통달하게 된다.

평등한 이치를 통달하고 나면, 제법차별상에 따른 모든 분별심도 잊게 되어 그 자리에서 열반의 안락을 증득하게 된다. 그 자리가 바로 모든 중생의 참 모습인 여래장성진공의 이치이다. 즉 법신여래法身如來인 것이다.

8. 공성의 이치를 증득하고
   5온제법 상분별을 멀리 여의다

是故 空中無色 無受想行識〔五蘊空相〕

無眼耳鼻舌身意 無色聲香味觸法〔十二處空相〕

無眼界乃至無意識界〔十八界空相, 이상 三科法門은 世間法空相〕

無無明亦無無明盡乃至無老死 亦無老死盡〔染淨十二緣起空相〕

無苦集滅道〔四諦空相〕

無智〔能證般若智空相〕

亦無得〔所證五蘊諸法理空相〕

以無所得故〔總出空相因, 色等諸空無所得故, 이상은 出世間法空相〕

이러한 이유 때문에 진공여래장성眞空如來藏性 가운데는 색온色蘊의 모습이 없고, 수受·상想·행行·식온識蘊까지도 없으며〔五蘊空相〕, 안眼·이耳·비鼻·설舌·신身·의근意根도 없으며, 색色·성聲·향

香・미미味・촉촉觸・법진法塵까지도 없으며[十二處空相],

안계眼界도 없고 내지는 의식계意識界까지도 없으며[이상은 十八界空相, 世間空相],

무명無明이 없고 역시 무명이 새삼 소멸함까지도 없으며, 내지는 노사老死가 없으며, 역시 노사가 새삼 소멸함까지도 없으며[十二因緣空相],

고고苦・집집集・멸멸滅・도도道도 없으며[四諦空相],

제법공성諸法空性의 이치를 깨닫는 주관적인 반야般若의 지혜도 없고[能證智空相],

역시 증득할 객관 공성空性의 이치까지도 없다[所證理空相].

왜냐하면 일체제법은 그 자체가 공적하여 따로의 실제 모습으로 얻을 수 없기 때문이다. [이상은 出世間空相]

제법공성의 이치를 증득하고 나면 세간과 출세간의 모든 법상法相에서 분별 집착심을 멀리 여읠 수 있다.

앞서 이미 색과 공이 다르지 않은 즉색즉공卽色卽空의 중도적 이치에 대해 언급하였다. 그렇다면 색온 가운데 공성이 있고, 공성 가운데 색온이 있게 된다.

그런데 무엇 때문에 다시 '공성 가운데는 색온이 없고 지혜도 없고 얻을 이치도 없다'고 앞서 했던 말과는 상반되는 논리를 펴고 있을까.

대체로 5온제법은 공성이 의지하는 차별적인 사상事相에 해당되고, 공상空相은 모든 만법에 보편하게 융통되는 이치이다. 5온인 사상과 공성의 이치가 상호의존관계이기 때문에 항구하게 서로 분리되지 않는다. 그렇지만 제법사상諸法事相에 집착한 자는 공성의 이치에 미혹한다. 이는 범부가 아집과 법집으로 분별이 치연하게 일어나는 까닭이기도 하다. 그렇기 때문에 그들은 제법공성의 이치에 대해 무지하다.

그러나 제법공상의 이치를 통달한 자는 현실사상에 초연하다. 성인은 아법2집 분별이 다하여 현실사상에 대한 집착을 잊기 때문이다. 반야는 범부를 인도하여 성인의 경지로 깨달아 들어가게 한다. 때문에 경에서는 5온제법의 사상적 차별에 대한 분별 집착을 버리고 절대보편인 총체적 공성의 이치를 관조하라고 가르치고 있다.

이를 통해 총체적인 모습[空相]을 증득하고 차별상에 대한 집착을 잊게 된다. 이러한 까닭에 '공성 가운데 색온의 차별상이 없고, 공성의 이치를 깨닫는 주관적인 반야지般若智도 따로의 모습으로 없으며, 증득할 따로의 공성이라는 이치까지도 없다'고 경문에서 교설하였다. 절대공성의 이치에는 모든 주관과 객관이 단절한 절대평등이라는 것이다.

대체로 차별적인 현상사상의 측면에서 관찰한다면, 5온·12처·18계 등이 갖가지 차별이 난다. 하지만 차별이 끊긴 절대공성의 이치에서 관찰해 보면, 이상의 모든 차별이 동일한 공상空相일 뿐 자성에 있어서는 전혀 차이가 없다.

'제법공상'은 상주하고 보편하므로 생멸·구정·증감의 차별적인 모습이 없다. 때문에 실성實性으로 상주하는 진공의 이치는 따로 얻을 모습이 없는 것이다. 따로 얻을 것이 없다면, 5온 등의 차별상과 반야지와 진공의 이치라는 분별심마저 여의게 된다.

분별이 끝까지 떠나면, 모든 차별상에 대한 집착도 끝까지 버리게 된다. 그런 뒤에야 제법진성諸法眞性의 이치를 실증할 수 있다.

무엇을 '제법진상諸法眞相'이라 하는가. 그것은 다름 아닌 무성無性이다. 무엇을 '실증진공實證眞空'이라 하는가. 그것은 관찰하는 주관과 관찰 대상의 상대적 대립이 끊긴 절대평등을 말한다. 따라서 5온 등의 제법만 존재하지 않을 뿐만 아니라, 지혜와 공성의 이치까지도 성립되지 않는다. 5온 등의 제법은 본래 공성이어서 따로의 실체를 얻지 못하기 때문이다.

공성이 무자성無自性이라면, 공성의 이치가 보편 충만한 세간의 이치 역시 그러하다.

세속의 삶을 살아가는 우리들이 이 말을 체득하기가 쉽지 않은 일이다. 따라서 이해하기 쉽게 그 예를 유교경전인『시경詩經』에서 들어보기로 하자.

뽕나루 숲에서 우는 비둘기
그 새끼 일곱 마리라네.
점잖은 군자여
그 거동 한결같네.
그 거동 한결같으니
모든 마음 하나로 통하네.

이 내용을 음미해 보면, 어진 사람의 마음과 행동은 공평하고 균일하여 모든 사람들을 자신과 평등하게 바라본다는 의미이다. 어진 사람의 마음은 차별상에 따른 고하高下가 없고 감정에는 편사偏私가 없다. 그것은 마치 비둘기가 일곱 마리의 새끼를 기를 때 사랑하는 마음이 균일하여 차별이 없는 것과 같다.

따라서 마음이 공평무사하여 모든 현상사법에 탐애와 증오심을 일으키지 않고, 이로 인해 희로喜怒의 감정이 일어나지 않는다. 이처럼 거동이 한결같으므로 상하가 화동和同하여 동체대비同體大悲를 실현할 수 있는 것이다.

그러나 이러한 이치를 모르는 사람은 차별에 따라 허망한 분별심을 일으켜 자기만이 옳고 다른 사람은 틀렸다고 비난하기 때문에 서로가 절대 하나로 동화되는 동체대비를 이루지 못한다.

장자는 「제물론齊物論」에서 이를 간파하였다.

동일한 측면에서 관찰한다면 만물의 차별이 하나의 자체이지만, 차별적인 사상의 측면에서 분별한다면 우리 몸속의 간과 쓸개의 맞붙은 간격도 차이가 천지현격天地懸隔이다.

분별심으로 관찰한다면 동일한 모습도 모두 다르게 보이겠지만, 분별없는 마음으로 관찰한다면 서로 다른 모습들이 모두 동일한 하나의 공성이라고 불교에서는 강조해왔다.

대승보살은 만법성공萬法性空의 이치를 반야의 지혜로 관조한다. 그런데 무슨 5온제법의 차별상에 따른 분별심을 일으키겠는가. 깊이 있

게 궁리한다면 대승에서 가르치고 있는 '공성'에 대한 일말의 실마리라
도 얻을 수 있을 것이다.

9. 반야바라밀다를 수행하여
   위없는 깨달음을 얻다

菩提薩埵 依般若波羅蜜多故 心無罣礙 無罣礙故 無有恐怖 遠
離顚倒夢想 究竟涅槃 三世諸佛 依般若波羅蜜多故 得阿耨多羅
三藐三菩提

보리살타는 심오한 제법공상諸法空相의 반야바라밀다수행을 의지하기
때문에 마음에 집착의 걸림이 없고, 마음에 집착의 걸림이 없으므로
공포가 없어 뒤바뀐 꿈같은 망상을 멀리 여의고 끝내는 열반을 증득하
게 되리라.
3세의 모든 부처님은 제법공상의 반야바라밀다 수행을 의지하여 수행
했기 때문에 아뇩다라삼먁삼보리를 이미 증득하셨느니라.

이 대목은 반야의 지혜로 일체고一切苦와 일체액一切厄을 건너고 위
없는 깨달음의 과보를 증득함을 서술하고 있다.

'위없는 과보'에는 두 종류가 있다. 하나는 무명번뇌를 끊는데서 얻어진 과보로 열반을 말한다[斷果]. 또 하나는 지혜의 관찰을 의지해서 얻어진 과보로 보리를 의미한다[智果]. 이것을 두 가지 수승한 과보라고 한다. 즉 번뇌장煩惱障을 끊음으로써 열반의 이치를 증득하고, 소지장所知障을 끊음으로써 보리의 깨달음을 증득한다는 것이다. 불교에서는 이 두 과보를 진정한 이익과 안락[利樂]이라 한다.

두 과보 가운데 먼저 '단과斷果'인 열반부터 살펴보자. 열반은 자성自性 · 무주처無住處 · 유여의有餘依 · 무여의無餘依 등의 네 종류로 분류할 수 있다.

2승二乘은 4종열반 가운데 유여의열반과 무여의열반만을 증득하였고, 대승보살은 무주처열반까지 증득하였다. 범부 역시 동일하게 열반의 이치를 갖추고 있는데, 모든 중생들이 평등하게 법신진여法身眞如의 이치를 자성으로 하고 있기 때문이다. 이를 자성청정열반自性淸淨涅槃이라 한다.

그러나 범부들은 열반의 이치를 자성에 본래 갖추기만 했을 뿐, 전혀 증오證悟하지 못했다. 소승인은 생공生空의 이치를 관찰하여 나타난 생공진여生空眞如를 수행한 만큼 증득했을 뿐이며, 대승보살은 법공法空의 이치를 관찰하여 나타난 법공진여法空眞如까지 동시에 증득하였다. 따라서 4종열반을 모두 증득한 경지는 오직 대승에만 있을 뿐이다.

예컨대 2장번뇌 가운데 번뇌장을 끊으면 아집이 다하여 유여의 · 무여의열반을 증득하게 되고, 소지장까지 함께 끊으면 법집이 다하여 무주처열반까지 증득한다고 한다.

열반의 이치에 대해 좀 더 자세히 고찰하고 살펴보기로 하자.

1) 4종열반四種涅槃과 법보화3신法報化三身

• 4종열반

'열반涅槃'의 개념을 한마디로 정의하면 '안락한 이상경理想境'이다. 역사적으로 고찰했을 때 '열반'이란 단어는 불교에서 최초로 창안한 독자적인 개념은 아니다. 고대 인도의 바라문婆羅門이나 여타의 종교에서도 열반을 극치의 귀결점으로 삼고 있다.

'열반涅槃, nirvāṇa'은 범어로, 이를 번역하면 소산消散이다. 이는 번뇌가 소멸하고 흩어지는 것을 뜻한다.

불교에서 말하고 있는 열반은 그 의미가 매우 광대하다.

『열반경涅槃經』제4권에서는 "모든 번뇌의 소멸을 열반이라 한다."고 하였으며, 『대반열반경大般涅槃經』에서는 "열반이란 해탈解脫을 두고 하는 말이다."라고 하였다.

구역舊譯에서는 열반을 멸멸滅滅·멸도滅度·적멸寂滅·불생不生·무위無爲·안락安樂·해탈解脫 등으로 번역하고 있으며, 당나라 현장대사의 신역新譯에서는 원적圓寂으로 번역하고 있다.

그 의미에 대해 순차적으로 풀이해 보면 다음과 같다.

'멸'은 생사인과生死因果의 소멸을 뜻하며, '멸도'는 생사인과를 소멸하고 생사의 표류를 건넜음을 의미한다. '적멸'은 유위법有爲法 · 무위법無爲法 모두 단절하여 생사의 대환란이 소멸한 안온한 상태를 뜻한다. '불생'은 생사의 괴로운 과보가 거듭 일어나지 않는다는 의미이다. '무위'는 혹업고인연惑業苦因緣의 조작이 없다는 의미이다. '안락'은 안온하고 쾌락하다는 뜻이며, '해탈'은 욕계欲界에서 해방되어 번뇌를 벗어났음을 의미한다. '원적'은 일체의 공덕이 원만하여 모든 악업의 장애가 고요하게 소멸하였음을 의미한다.

또한 열반은 불사不死 · 청량淸涼 · 절대 · 안온 등의 의미까지 포함하고 있다. 요컨대 열반이라는 이 한 단어는 지극히 선善하고 안락한 이상적인 세계인 것이다.

대부분의 종교에서는 추구하고자 하는 지극히 선하고 안락한 이상향이 있기 마련이다. 그 경지가 궁극적 목표가 되어 금생이나 내생에서라도 반드시 실현되기를 굳은 믿음으로 기대하고 있다. 중국의 도교道敎에서 말하는 신선의 세계나 서구의 기독교에서 말하는 천당 역시 모두 이 범주에 포함될 것이다.

불교에서는 '인생의 모든 것은 다 괴로움일 뿐이다'라고 분명하게 선언함으로써 자아상自我相의 실체를 간파하고 있다. 태어난다 해도 기뻐하지 않고, 죽는다 해도 두려워하지 않으며, 끝내는 생사에서 해탈한다. 해탈을 통해 살아서는 번뇌를 영원히 끊고, 사후엔 멸도滅度하여 생사윤회의 세계로 다시는 들어가지 않는다. 이를 열반에 들었다고 한다.

과보는 업인業因을 따르게 되어 있고, 업인은 다시 무명미혹을 연유해서 일어난다. 미혹은 사견邪見이며, 사견은 아집과 법집 때문에 일어난다. 사견을 따라 악업을 짓게 되고, 악업은 다시 스스로를 속박하면서 또 다른 번뇌를 일으킨다.

부처님께서는 2무아二無我의 이치를 통달하셨다. 때문에 사견을 일으키지 않고, 악업을 짓지 않으며, 번뇌를 일으키지 않는다. 그러나 중생들은 아집견我執見을 타파하지 못하여 현세에 태어나 이미 고뇌를 받으면서 앞으로 다가올 죽음을 두려워한다. 그리고 현재의 삶을 탐욕심으로 추구하면서 스스로 죄악을 다시 짓는다. 결국 중생들은 간단없이 상속유전하는 생사인과로 영원토록 고통을 받게 되는 것이다.

여기에서 주의할 바는, 불교에서 제시하는 열반이 단순한 육신의 죽음 정도로 국한된다고 오해해서는 안 된다는 점이다. 죽은 뒤에만 열반으로 들 수 있다는 착각을 해서도 안 된다. 부처님께서는 보리수하菩提樹下에서 성도하신 이후 바로 열반에 드셨으며, 80세에 사라쌍수沙羅雙樹사이에서 열반하지 않으셨다. 이 같은 열반의 이치는 심오하고 오묘하여 언어로서 비유하기가 불가능하다.

범부중생이 불합리한 욕망을 제거하고 세속사물의 지배를 벗어나 자유자재한 인생을 살고 있다면, 그 경지가 어쩌면 열반의 근사치에 가까운 것이 아니겠는가.

현생에서 열반을 증득하고 허망한 견해가 다하여 다시는 악업을 짓지 않는다면, 현생에만 안락할 뿐만 아니라 미래생에서도 생사해탈을 증득할 수 있을 것이다. 이를 가리켜 『대장일람大藏一覽』 권6 「유정품

有情品」에서 '염념보리심처처안락국念念菩提心處處安樂國'이라 했을 것이다.

사실 인생의 고뇌는 한량이 없다. 그렇지만 고통을 요약해본다면 크게 두 종류에서 벗어나지 않는다.

하나는 육신의 고통인데, 생명활동에 관계되는 것으로 굶주림이나 추위 등이다. 또 하나는 마음의 고통인데, 외부의 사물을 얻거나 잃는 데 따른 근심과 생사이별에 따른 슬픔을 말한다.

『잡아함경雜阿含經』 제5권을 살펴보면, 사리불舍利佛존자가 나구라那拘羅장자에게 이 문제에 대해 이야기한 부분이 있다.

나는 육신은 고통스러우나 마음만은 괴롭지 않다.

부처님 제자인 사리불존자는 선정과 지혜를 닦아 분명하고 청정한 경지에 도달하였지만 늙고 죽는 육신의 고통에서는 벗어나지 못하였다. 그렇지만 이처럼 고통 속에서도 마음만은 태연할 수 있다.

육신을 지니고 있는 한 신체적 고통은 면하기 어렵다. 그러나 선정력이 심오한 수행자는 고통을 좀 더 줄일 수도 있고, 전혀 고통을 느끼지 않을 수도 있다.

육신이 살아있는 동안 마음의 고통에서 해탈을 할 수 있다 하더라도 육신의 고통은 순간에 소멸하기 어렵다. 이런 측면에서 접근해 볼 때, 열반은 두 종류로 나눌 수 있다.

하나는 유여의열반有餘依涅槃이다. 수행을 통해 마음에서 일어나는 고통은 이미 초월하였으나, 현재의 육신만은 그대로 생존해 있는 상태이다. 때문에 고통을 의지할 육신이 아직 남아 있는 상태에서 마음만은 안락한 열반이라는 의미에서 유여의열반이라 한다.

또 하나는 무여의열반無餘依涅槃이다. 이는 번뇌가 깨끗이 다하여 윤회로부터 이미 해탈하였고, 현재의 육신마저도 버림으로써 청량한 열반의 경지에 은몰하여, 다시는 번뇌가 나타나지 않는 상태를 말한다. 마음과 육신의 고통을 모두 버리고 더 이상 의지할 대상이 없다는 의미에서 무여의열반이라 한다.

『중아함선인왕경中阿含善人往經』에서는 다음과 같이 서술하고 있다.

> 착한 사람은 현세가 다하면 거듭 생사를 받지 않는데, 이를 무여의열반이라 한다.

이를 통해 알 수 있는 바는, 열반에는 '인간 세상에 거듭 찾아와서 생사를 받지 않는다'는 의미가 포함되어 있다는 점이다. 이는 현세를 멀리하므로 금생에 염증을 느끼는 염세적 의미가 있는 듯하다.

부처님께서는 모든 중생들의 고통을 구제하기 위해 출가하셨다. 처음에는 염세의 뜻이 있는 듯 하나 도를 성취 하신 이후에는 염세심을 일으키지 않으셨다. 때문에 설산에서 하산하여 49년 동안 장광설법을 하셨던 것이다.

부처님의 근본원력은 중생을 고통으로부터 구제하는 자비행에 있다. 만약 부처님이 도를 이루신 이후 무여의열반에 바로 드셨더라면,

중생구제라는 본원本願의 이치와 일치하지 않게 된다. 때문에 대승 법상유식法相唯識에서는 열반을 다시 본래자성청정열반本來自性淸淨涅槃 · 유여의열반有餘依涅槃 · 무여의열반無餘依涅槃 · 무주처열반無住處涅槃 등의 4종으로 분류하게 되었다.

(1) 본래자성청정열반本來自性淸淨涅槃

모든 중생들의 본성은 설사 객진번뇌客塵煩惱가 있더라도 자성은 청정하여 헤아릴 수 없는 미묘한 공덕을 본래 갖추고 있다 한다. 생멸이 없이 허공처럼 담연하여 일체 분별의 모습을 떠났기에, 이 경지를 본 경문에서는 '불생불멸 불구부정 부증불감不生不滅 不垢不淨 不增不減'이라 설파하였다.

이러한 이치는 일체유정이 모두 평등하게 공유하였으며, 언어분별의 길이 끊겼으며 의식으로 조작하는 바가 소멸한 경지이다. 오직 진실한 성인만이 스스로 내적으로 증오證悟할 수 있는데, 그 성질이 본래 고요하므로 이를 '본래자성청정열반本來自性淸淨涅槃'이라 한다. 이러한 열반의 이치를 의지하여 일체중생 모두 성불할 수 있는 불성佛性이 있다고 한다.

(2) 유여의열반有餘依涅槃

2장번뇌二障煩惱 가운데 번뇌장을 끝까지 모조리 끊은 데서 나타난 생공진여평등生空眞如平等의 이치를 '유여의열반有餘依涅槃'이라 한다. '유여의'란 유루생사법有漏生死法이 의지하는 육신을 말한다. 이미 끊은 번뇌에 대비해보면 육신의 남음이 있게 된다[餘]. 이런 측면에서 유루 생사가 의지하는 육신이 남아 있기는 하지만 번뇌장이 영원히 적멸하 다고 보기 때문에 이를 열반이라 지칭한다.

(3) 무여의열반無餘依涅般

육신과 정신이 모든 생사의 고통에서 벗어난 진여평등眞如平等의 이 치를 '무여의열반無餘依涅般'이라 한다. 번뇌장이 다하고 나면 고통의 과보가 의지하는 육신에서도 공적空寂한 이치를 증득하여 생사의 고통 이 영원이 소멸하기 때문이다. 그러나 단지 육신의 있고 없는 차이이 기 때문에 생공生空, 즉 아공진여我空眞如를 증득한 열반일 뿐이다.

(4) 무주처열반無住處涅槃

'무주처열반無住處涅槃'은 소지장을 끊은 법공진여평등法空眞如平等의 이치를 뜻한다. 소지장은 올바른 지혜, 즉 법공관法空觀을 일으키는 반 야지般若智를 장애한다.

소승인은 소지장번뇌 때문에 생사와 열반이 본래 차별이 없는 이치 를 모른다. 따라서 싫어해야 할 생사가 실재하고, 기뻐할 열반이 따로 있다고 굳게 집착한다. 이는 생사가 공적함을 알고 열반법은 생사를 떠나 따로 실재하다고 착각하는 것이다. 다시 말해 생사의 아집은 잊었으나, 열반에 대한 법집이 또 다른 집착으로 남아 있는 경우에 해당된다.

부처님께서는 소지장마저 끊고 보리菩提의 진실한 지혜를 얻어 생사와 열반에서 염증과 기쁨의 집착을 평등하게 모두 떠난 분이다. 단지 대반야大般若의 지혜만 있을 뿐이다. 그러므로 열반에 기쁨으로 집착하지 않고 3계생사三界生死에 현신하여 대자비大慈悲를 시행할 수 있는 것이다.

따라서 소승처럼 열반의 기쁨으로 머물지 않고, 유정들을 보리열반의 이익과 안락의 세계로 인도할 수 있다. 지혜와 자비행을 중생계가 다하도록 행하기 때문에 열반과 생사, 그 어느 쪽에도 집착으로 안주하지 않는다는 의미에서 무주처無住處라 한다.

이를 통해 밖으로는 모든 중생들에게 자비와 이익과 안락을 행하면서 동시에 내적인 마음은 항상 지혜로 열반에 집착하지 않고[不住涅槃] 중생제도를 버리지 않는[不捨度生] 중도행中道行을 실천한다.

이상에서 천명한 대승의 4종열반이라야만 치우침 없는 중도로 원만하여 조금도 부족함이 없게 된다. 4종열반을 대승의 측면에서 요약하면 다음과 같다.

자성청정열반은 부처님처럼 진실한 성인만이 완전히 깨달을 수 있으며, 이 경지는 언어로써 비유가 불가능하다. 중생들은 설사 열반의 이치를 모든 부처님과 공유한다 해도 무명불성無明佛性의 이치로 있을 뿐 깨닫지는 못한다. 이를 두고 불전에서는 "중생마다 불성이 있다[衆

生皆有佛性]."고 하였다. 그러나 이치는 이치로만 알고 있을 뿐, 어리석은 중생은 죽을 때까지 모르고 살고 있다.

유여의열반과 무여의열반은 소승에서 증득한다고 설명한 내용과 동일하다.

무주처열반은 소승들이 무여의열반에서 영원히 적정寂靜하여 열반을 실재하는 이치로 집착하고 안주하는 병통을 다스리고자 수립한 이론이다. 열반에 집착하면 그것은 또 하나의 새로운 고뇌이기 때문이다.

대승에선 열반은 상덕常德·낙덕樂德·아덕我德·정덕淨德 등의 네 가지 덕[四德]을 함유하고 있다 한다.

• 열반4덕

① 상덕常德

열반의 자체는 항구불변恒久不變하여 생멸이 없다. 그러나 자성自性을 따로 고집하지 않고 인연을 따라 변화하는 작용이 단절하지 않기 때문에 '상常'이라 한다. 예를 들면 물의 젖는 성질은 항구하게 불변하지만, 외부 기온의 차이에 따라 얼음으로, 물로 변할 수 있는 이치와도 같다.

② 낙덕樂德

열반은 내적으로 적멸寂滅한 경지에서 영원토록 편안하며, 외적으론 현실운용이 자유자재하다. 그래서 하는 일마다 내 마음과 하나로 일치하여 알맞으므로 '낙樂'이라 한다.

③ 아덕我德

'아我'에는 두 종류가 있다. 하나는 자체가 진실한 측면에서 '아'라고 한다. 예를 들면 『열반경涅槃經』의 「애탄품哀歎品」에서는 이와 같이 해석하였다.

가령 어떤 도리가 진실하고 주재가 되어 그 자체성질이 변역하지 않으면 그것을 '아我'라고 한다.

또 하나는 작용이 자유자재한 측면에서 '아'라고 한다. 예를 들면 같은 경[열반경]의 「고귀덕왕품高貴德王品」에서는 이와 같이 언급하였다.

대아大我가 있기 때문에 대열반大涅槃이라 하며, 대자재大自在이기 때문에 대아大我라고 한다.

④ 정덕淨德

열반 그 자체는 일체의 번뇌오염을 해탈시킬 뿐 아니라, 중생교화의 인연을 따르되 번뇌에 오염되지 않으므로 '청정[淨]'이라 한다. 이는 처념상정處染常淨의 의미이다.

부처님께서는 번뇌를 끝까지 다 끊고 생사고해를 초월하여 열반피안에 도달함으로써 상락아정常樂我淨을 증득하셨다. 그러나 부처님 마음은 자비로 충만하여 중생들이 생사고해 가운데 있는 모습을 보고 상락아정에 홀로 앉아 중생들을 방치하지 않으셨다.

그리하여 커다란 본원심本願心을 따라 일체중생을 두루 제도하신다. 아울러 서원을 세우고 말씀하시기를 "나의 서원이 만족하지 않으면 맹세코 나 홀로 열반에 안주하지 않으리라"고 하셨다.

이에 대해 『무량수경無量壽經』에서는 다음과 같이 언급하고 있다.

나는 세속을 초월하고자 세운 발원심으로 반드시 자타가 원만하게 성불하는 위없는 깨달음의 도에 이르리라. 만약 이 원력이 만족하지 않으면 맹세코 나 홀로 자각적인 정각正覺을 성취하지 않으리라. 한량없는 세월 동안 대시주大施主가 되어 모든 빈궁과 고통을 구제하지 않는다면 맹세코 나 홀로 성불하지 않으리라. 내가 불도佛道를 이루고 명성이 시방세계에 충만하여 모든 중생을 끝까지 다 제도하지 않는다면 맹세코 나 홀로 정각을 성취하지 않으리라.

부처님은 이처럼 광대한 자비심으로 중생 구제하는 일에 희열을 느끼며 위안으로 삼는다. 때문에 생사에 염증을 내지 않을 뿐만 아니라 열반에 집착하여 안주하지도 않는다. 이것이 치우침 없는 중도행中道行이다. 부처님께서는 이미 고해를 벗어났지만 중생의 고통을 자신의 고통과 동일시한다. 따라서 동체대비심同體大悲心으로 생사고해로 뛰어들어 일체중생을 구제하여 그들과 함께 열반피안으로 도달하신다.

그러므로 『금강경金剛經』에서는 이와 같이 천명하였다.

일체중생을 내가 무여의열반無餘依涅槃에 들도록 제도한다.

여기에서 무여의열반은 소승열반이 아닌 대승무주처열반大乘無住處涅槃이다. 이상이 대승불교의 중도적 열반법이다.

소승불교에서는 열반의 의미가 대승처럼 광대하지 못하다. 단지 번뇌를 소멸하고 자신만 해탈하여 안락적정安樂寂靜으로 되돌아가 다시는 3계생사를 받지 않고, 따라서 다시는 인간세상으로 거듭나지 않는 것을 '지극하고 청정한 열반'이라 한다. 이는 유교에서 말하는 자신만을 홀로 선하게 하는 독선기선獨善己善과 유사하다.

그러나 대승은 자신을 선善하게 할 뿐만 아니라, 동시에 온 천하까지도 선으로 교화[兼善天下]하는 것이 근본자세이다. 자신을 구제할 수 있어야 타인까지 구제할 수 있으므로, 내적인 자각의 측면에서는 대소승의 열반에 대한 의리가 하나로 일치하는 부분이다.

• 법보화3신

인간이 죽은 뒤에는 영원한 단멸이 아니다. 다음의 생사가 간단없이 상속하면서 3생三生으로 전생轉生하는 이치가 있다.

부처님께서는 생사를 싫어하지도 않고 그렇다고 열반에 집착심으로 머물지도 않으신다. 이와 관련하여 대소승 모두 법보화3신法報化三身 사상이 있는데, 이는 시사하는 바가 많다.

대승 법상종法相宗에서는 불신佛身에 자성신自性身과 수용신受容身과 변화신變化身이 있다고 보았다.

'자성신'은 바로 법신法身에 해당되는데, 이 몸은 진여의 이치와 그 이치를 깨닫는 지혜에 의해 나타난다. 이는 바로 진여이성眞如理性에 해당된다. 따라서 법신은 진여의 또 다른 명칭이기도 하다.

여기에서 '신身'은 자체自體의 의미이다. 세속에서는 5근과 5근이 의지하는 육체를 '신'이라 한다. 이는 단지 임시적인 명칭일 뿐, 실제적인 몸이 아니다. 진실로 '신'이라 부를 수 있는 것은 오직 법신뿐이다.

법신은 일체법의 근원적인 실체이다. 모든 부처님의 자성이기도 하지만, 역시 모든 중생들의 자성이기도 하다. 때문에 모든 부처님과 중생, 혹은 일체법이 법신의 이치에서는 동일하여 두 모습이 없고 따로의 모습도 없다.

시간과 공간이 차별상을 떠난 적정인 까닭에 모든 상대적 관점에서 일으키는 희론이 단절되었으며, 동시에 진실하고 상주하는 무량한 공덕을 빠짐없이 갖추고 있다 한다. 이 때문에 법신이라 한다. 법신의 의미는 이같이 심오하다.

'수용신'은 3신 가운데 보신報身에 해당되는데, 두 종류가 있다. 하나는 자수용신自受用身이다. 한량없는 복덕과 지혜의 자량資量을 보살위菩薩位에서 수행하고 집합해서 끝내 정각正覺을 성취한 뒤, 여래께서는 그곳에서 일으킨 가없는 공덕으로 항상 광대한 법락法樂을 스스로 수용함을 뜻한다. 즉 보살이 '수행의 인지因地에서 수행한 만큼 자신이 보답을 받은 몸'이라는 뜻이다. 이는 자리적인 측면이다.

또 하나는 타수용신他受用身이다. 여래께서는 3밀가지三密加持를 통해 방편의 정법륜正法輪을 굴려 모든 중생들의 의심을 끊어줌으로써 대승법락을 수용하게 한다. 이는 이타행利他行이 실현되는 측면이다.

마지막으로 '변화신'을 살펴보겠다. '변화신'은 바로 화신化身을 뜻한다. 여래께서는 모든 12류十二類의 중생들에 대하여 그들에게 알맞은 변화의 몸을 나타내고, 정토淨土와 예토穢土에 거처하면서 중생을 교화하고 안락하게 하여 갖가지 신통변화의 일을 나타내는 몸을 말한다.

법상종뿐만 아니라 천태종에도 3신설이 있다. 부처님의 화신이 있어야 중생들의 3생윤회설이 확립되고, 무주처열반의 의미까지 원만하게 설명된다.

결론적으로 열반의 심오한 의미는 언어로 설명이 불가능하다. 열반의 경지는 모든 번뇌가 끊어져 일체의 속박에서 해탈한 안락청정安樂淸淨하고 자유자재한 이치라는 개념정의 정도만 겨우 할 수 있을 뿐이다.

부처님께서는 "열반의 이치는 모름지기 스스로 증오證悟해서 실현해야 한다"고 하셨다. 그렇지만 우리는 아직 자증自證하지도, 스스로 실현하지도 못하는데, 어떻게 열반의 의미를 말할 수 있겠는가. 때문에 부처님께서 열반에 머물지 않고 세상에 감응하는 무주처열반을 3계에서 간단없이 시현한다 해도, 우리는 그 이치를 전혀 알 수 없다.

부처님께서는 속진세상俗塵世上을 버리지 않고 49년간 설법을 하면서 중생들을 구제하는 일을 안락으로 삼으셨다. 세상을 초월한 진신眞身과 다시 세상을 떠나지 않은 무주처열반의 경지는 우리 범부들이 상상할 수 있는 일상적인 도리를 뛰어넘었다.

이와 같이 불법의 심오한 의미는 현실의 일상적인 이치로 비교하고 헤아려 설명할 수 있는 도리가 아니다. 부처님께서는 이에 대해 물질현상계를 초월한 경험을 말씀하셨는데, 이 경험은 내적인 지혜로서만 깨달을 수 있을 뿐, 단순히 이론적인 논술을 의지해서 밝힐 수 있는 문제가 아니다.

이는 현실에서 실증적으로 경험하는 경지가 아니며, 변증적 논리를 의지하여 증명하지도 못하며, 일상의 경험적인 관념이나 언어를 의지해서 설명할 성질도 아니다. 바꾸어 말하면, 모름지기 언어도단言語道斷하고 심행처멸心行處滅한 자증자오自證自悟한 경지에 도달해야 깨달을 수가 있을 것이다.

이러한 사상에 영향을 입은 후세 불교학자들은 형이상학적 초월론의 철학체계를 수립하기도 하였다. 그것은 부처님이 열반의 이치에 이르러 묵연히 말씀하시지 않은 바, 후대의 선불교가 이러한 설법방식을 가장 많이 원용하였다.

지금까지 설명한 열반은 두 종류의 무상과無上果, 즉 열반단과涅槃斷果와 보리지과菩提智果중에 단과斷果에 해당된다.

무엇 때문에 열반을 단과라고 했을까. 다시 말해 번뇌를 끊은 만큼에서 나타난 과보라고 했는지에 대해 이 시점에서 반문해야 할 필요성이 있다.

그것은 다름이 아니라 수행과정에서 한 분야의 수행이 다하지 않으면, 다시 말해 한 분야에 집착하는 만큼의 번뇌가 남아있다면, 열반의 이치에 있어서 아직 구경각究竟覺이 아니다. 때문에 열반을 번뇌를 끊은 분야만큼의 증오證悟라는 의미에서 단과라고 하는 것이다.

단과로서의 열반에 대해 결과를 부를 수 있는 원인, 즉 수행의 인지因地를 꼽는다면, 그것은 본 경문에서 설하고 있는 반야바라밀다의 혜도慧度이다. 반야바라밀다의 혜도를 의지하기 때문에 제법공성諸法空性의 이치를 증득하고, 공성을 증득한 만큼 아집2장我執二藏의 집착을 일으키지 않아, 두 집착은 반야바라밀다를 수행한 만큼 끊기기 때문이다. 그러므로 단과로서의 열반은 혜도가 그 원인제공자라 말하는 것이다.

따라서 본 경문에서는 "보리살타가 반야바라밀다를 의지하여 수행하기 때문에 마음이 두 집착에 걸림이 없고, 두 집착이 마음에 걸림이 없기 때문에 공포가 없어 뒤바뀐 꿈같은 망상을 멀리 여의고 끝내 열반을 증득하리라"고 하였다.

일체제법의 자체는 공성임을 증득하기 때문에 모든 탐욕의 집착을 떠나, 내적으로는 심의식心意識의 분별을 일으키지 않고 밖으로는 6진경계六塵境界에서 집착을 떠나게 된다. 때문에 내적인 6근과 외적인 6진, 그 어느 쪽에도 걸림이 없게 된다.

이러한 경지를 선종의 동산洞山스님 문하에서는 다음과 같이 전하고 있다.

신령한 반야의 광채가 절대 홀로 드러나니,

그 경지는 6근과 6진의 분별을 아득히 벗어났도다.

이처럼 마음은 6근과 6진의 분별에 따른 걸림이 없기 때문에 근심과 걱정을 동시에 떠나 공포가 없게 된다.

탐욕은 어리석은 무명 때문에 일어난다. 탐욕 때문에 근심이 일어나고, 근심 때문에 공포가 일어난다. 마치 꿈속에서 허깨비로 일어난 경계에 대해 실재한다고 여겨 집착한다면, 탐애심을 일으켜 실재하지 않은 꿈속의 세계에서 걸림이 있게 된다. 꿈속의 세계에서 탐욕심을 충족시키지 못하면 근심을 일으키게 되고, 근심이 극에 달하면 공포심을 일으켜 꿈속의 허깨비 세계에 지배를 받게 된다.

꿈속의 세계는 실재하지 않고 오직 허망한 망상분별을 따라 일어난 것이다. 망상 역시 실재하는 모습이 없는 전도된 착각일 뿐이다. 전도된 꿈같은 망상으로 인해 혹업고의 3계생사 인과가 끝없이 왕복 순환하는 것이다.

부처님께서는 이와 같이 말씀하셨다.

생사는 꿈 가운데서도 가장 큰 꿈이다. 이 모두는 전도된 망상을 따라 일어난다.

만약 우리가 꿈에서 깨어난다면 전도된 망상은 저절로 떠나게 되고, 커다란 깨달음을 얻는다면 생사가 영원히 다할 것이다. 이러한 이유 때문에 뒤바뀐 꿈같은 망상을 멀리 여의면 구경열반究竟涅槃에 들게 된다. 다시 말해 끝내 열반피안의 세계에 당도하게 되는 것이다.

다시 본문으로 돌아가 '보리菩提'에 대해 살펴보자. 보리는 세 종류로 나눌 수 있는데, 성문보리聲聞菩提와 독각보리獨覺菩提, 그리고 대승의 아뇩다라삼먁삼보리阿耨多羅三藐三菩提가 그것이다. '보리'는 각覺, '삼三'은 정正, '먁藐'은 등等, '뇩다라耨多羅'는 상上, '아阿'는 무無로 번역된다. 이를 하나로 합하여 풀이하면 무상정등정각無上正等正覺이 된다.

깨달음이 사견으로 전도되지 않았기 때문에 올바르다는 의미에서 정正이라 하여 외도의 사견邪見과 차별화하고 있다. 2공二空의 이치를 빠짐없이 통달했기 때문에 아공我空과 법공法空 어느 쪽에도 치우침이 없다는 의미에서 등等이라 한다. 소승인들이 아공의 견해에만 치우친 것과 구별한 것이다.

유상有相의 집착을 떠난 진실한 관찰을 다시 정正이라 하였다. 이는 10지 가운데 초지初地이전 3현三賢보살의 유상관有相觀과 구별한 것이다. 깨달음이 원만하고 극치에 이르렀기 때문에 무상無上이라 하여 10지보살의 분증무상관分證無相觀, 즉 수행분야만큼 무상진여無相眞如의 이치를 증득한 것과 차별화하였다.

결론적으로 '보리'는 유일하게 여래만이 극치까지 원만하게 증득하였기 때문에 '무상정등정각'이라 한다. 보리를 증득하는 데는 반야가 수행인지修行因地가 되는데, 보리의 자체성질이 바로 반야지이기 때문이다.

그렇다면 인위因位에서 수행하는 반야의 공덕이 원만극치에 도달해

과위果位에서 성취한 보리는 어떻게 다를까.

인위의 수행에서는 훈습수행하는 정도에 따라 하중상품下中上品으로 전후 차이가 난다. 그러나 과위에 당도하면 이미 구경각究竟覺에 이르렀으므로 다시는 훈습수행이 필요하지 않고 한결같이 평등하다.

다시 말해 수행의 인위에서는 2장번뇌를 끊은 만큼 진여법공의 이치를 증득하기 때문에 반야의 지혜가 전후로 차별이 난다. 하지만 구경각인 과위에서는 2장번뇌를 이미 다 끊어 진여를 극치까지 증득했기 때문에 반야의 지혜 또한 항상 원만하고 분명하다.

이를 부처님의 4지심품四智心品으로 말해본다면, 수행의 인위는 제8식과 제7식의 활동에 국한되어 6식의 묘관찰지妙觀察智와 7식의 평등성지平等性智만 있다. 그러나 구경각의 과위에서는 제8식에 상응하는 대원경지大圓鏡智와 전5식의 성소작지상응심품成所作智相應心品까지 모두 성취하게 된다.

전5식은 제8식의 견분이므로 대원경지상응심품과 성소작지상응심품이 동시에 일어나게 된다. 또 수행의 인위에서는 망상식인 이숙식異熟識, 즉 제8아뢰야식을 의지하여 수행하지만, 구경각의 과위에서는 오직 망상이숙식이 끝까지 다한 무구식無垢識만을 의지할 뿐이다.

수행의 인위와 과위에서 발현하는 4지심품을 설명하였는데, 이 문제는 무척 중요한 대목이다. 이해를 돕기 위해 설명을 더해 보기로 한다.

2) 수행위차修行位次

『유식론唯識論』에서는 보살의 수행위차修行位次를 대략 자량위自量位 · 가행위加行位 · 통달위通達位 · 수습위修習位 · 구경위究竟位 등의 5위 五位로 분류하여 설명하고 있다.

자량위自量位

'자량위自量位'는 대승순해탈분大乘順解脫分에 해당된다. '순順'은 순종의 뜻인데, 수순해탈隨順解脫하여 미혹의 이장[惑障]에 떨어지지 않는다는 의미이다. 분分은 종자[因]의 뜻인데, 혹장惑障에 떨어지지 않는 것이 해탈의 종자라는 의미이다.

가행위加行位

'가행위加行位'는 대승순결택분大乘順抉擇分을 말한다. '결택抉擇'은 지혜의 의미인데, 앞서의 수행을 더욱 분발하여 올바른 정지正知를 수순함으로써 올바른 도를 선택해 볼 수 있기 때문이다.

통달위通達位

10지十地 가운데 초지입심初地入心을 견도위라 하는데, 보살이 이 경지에 마음을 머물면 이를 '통달위通達位'라 한다.

수습위修習位

'수습위修習位'는 모든 보살이 마음을 머무는 수도위修道位를 말한다. 10지 가운데 매 지위마다 입심入心 · 주심住心 · 출심出心의 3심三心이 있다. 초지初地의 주심과 출심으로부터 마지막 금강정무간심위金剛定無間心位에 이르기까지, 최후 구경각究竟覺에 당도하기 한 찰나 이전 등각위等覺位까지를 모두 합해 '수도위'라 한다.

구경위究竟位

'구경위究竟位'는 무상정등정각無上正等正覺, 즉 최후로 불과佛果에 깨달아 들어가 안주함을 말한다.

이상의 5위수행은 보살이 반야바라밀다를 수행하면서 점진적으로 승진해 올라가, 끝내는 불과佛果인 구경각에 당도하는 단계적 모습이다. 이를 순차적으로 서술해 보기로 한다.

(1) 자량위資量位

자기의 몸에 이익이 될 수행양식[量]을 근본바탕[資]으로 해야 끝내 보리과위菩提果位에 당도할 수 있기 때문에 '자량資量'이라 한다. 아뇩다라삼먁삼보리를 맹세코 이루리라는 발심을 하였으나, 이를 충족시킬 만할 수행이 순결택분順決擇分까지 진입하지 못한 상태는 일제히 자량위에 섭입된다.

대보리심은 무탐無貪 · 무진無瞋 · 무치無癡 등의 3선근三善根을 자체로 삼는다. 이를 바탕으로 한 심오하고 견고한 마음이 바로 대보리심이다. 이 보리심은 담연한 명각明覺이어서 어떤 여타의 유혹에도 동요함이 없기 때문에 '심오하고 견고한 마음'이라 한다.

『유식론唯識論』에서는 이와 같이 정의하였다.

자량위資糧位 보살은 능취심能取心과 소취경所取境 둘 다 공적한 이치임을 명료하게 통달하지 못한다.

이 보살은 능취심과 소취경의 2취습기二取習氣를 아직 조복 받거나 소멸시키지 못한 상태이다. 다시 말해 주관과 객관의 상대적 관점을 잊지 못한 상태이다.

부연하면, 허망한 주관적 분별로 상대적으로 집착하는 객관경계가 본래 공적함을 알지 못하는 것을 소취공所取空이라 한다. 이는 대상이 본래 공성空性임을 명료하게 통달하지 못하는 상태이다. 대상경계를 집착하는 주관적인 분별망식이 공적하지 못함을 능취공能取空이라 한다. 즉 주관분별마저 공성임을 명료하게 통달하지 못하는 것이다.

이것을 주관분별심과 인식대상경에 대한 내외의 동시적인 집착이라는 의미에서 두 가지 집착[二取]이라 한다. 습기는 활동세력인 종자의 다른 명칭이다. 능취는 집착하는 주체적인 망심이고, 소취는 집착하는 대상의 경계이다.

『유식술기』 권54에서는 다음과 같이 풀이하였다.

능취能取와 소취所取는 존재 자체만으로 단순히 2취二取라고 하지 않는다. 단지 능취성과 소취성, 즉 주관적인 분별심과 객관적인 사물의 실체 성질이 따로의 개체로 존재해 있다고 집착하면, 2취를 대상으로 하여 이 둘을 허망하게 집착하게 된다. 이러한 집착하는 마음의 상태를 '2취'라고 한다.

따라서 2취습기二取習氣는 번뇌장과 소지장의 종자세력을 뜻한다. 다시 말해 능취심能取心은 번뇌장을 일으키고, 소취경所取境은 소지장을 일으킨다는 의미이다. 이 가운데 번뇌장은 아집견이 근본이 되어 일으키는 모든 번뇌인데, 심소법心所法 가운데 번뇌심소煩惱心所가 여기에 해당된다. 이들 번뇌가 유정들의 몸과 마음을 어지럽혀 열반평등의 이치를 장애하기 때문이다.

다음의 소지장은 법집견을 말한다. 무명이 근본이 되어 일으키는 모든 악견과 의심 등이 여기에 포함된다. 이 악견 등이 알아야 할 진여열반의 이치[所知境]를 악견이 덮고 가리어 올바른 지혜를 일으키지 못하게 한다.

일체의 유위와 무위법이 소지경에 포함되며, 번뇌장은 번뇌 자체를 의지하여 수립된 이름이다. 여기에서 소지장은 소지경인 열반의 이치를 올바르게 아는 지혜를 장애하는 측면에서 수립된 명칭이다. 소지경 자체는 번뇌가 아님을 유의해야 한다.

이상에서 열거한 2장번뇌 가운데 후천적인 분별아집으로 일어난 경험적 번뇌는 견도위見道位에서 끊고, 선험적인 구생아집俱生我執에서 일어난 번뇌는 수도위修道位에서 단계적으로 끊어간다. 여기에서 아집은 인아집과 법아집을 합해서 하는 말이다.

보살의 수행이 자량위에 있으며 2장번뇌 중 후천경험적인 분별아집이 일어났을 경우에는 비량지로써 번뇌를 조복 받고 억제할 수 있다. 하지만 선험적인 잠재의식 속의 미세한 구생아집의 번뇌활동과 종자세력은 소멸시키지 못한다. 그 이유는 이에 대한 지관止觀 수행력이 아직 미약하기 때문이다.

(2) 가행위加行位

자량위資糧位보다 공력을 배가하여 수행하기 때문에 '가행위加行位'라 한다. 이 수행위에서는 2취습기二取習氣를 조복 받고 제거할 수 있다. 이 수행위는 다시 난煖 · 정頂 · 인忍 · 세제일법世第一法의 넷으로 분류한다. 이를 4선근四善根이라고도 한다. 이 중 난 · 정 두 수행위차는 분별 심사관尋思觀을 의지하여 수립하였고, 인 · 세제일법은 심사관을 통해 전입한 실지관實智觀을 의지하여 수립하였다.

심사尋思에는 명名 · 의義 · 자성自性 · 차별差別 등 네 종류가 있다. 『성유식론成唯識論』권9 제2항에서는 다음과 같이 정의하였다.

명칭과 의미의 자체차별[名義自性差別]은 가유假有일 뿐, 실체가 없음을 살피고 분석[尋思]한다.

'명名'은 구문句文까지를 포함하고 있는데, 많은 명사[名]가 집합하면 하나의 구절[句]을 이루고, 많은 구절이 집합하면 하나의 문장[文]을 이루게 된다. 이를 명구문신名句文身이라 한다.

다음으로 '의意'는 명구문신을 의지해서 표현하고 설명하고 있는 모든 제법에 내포된 의미를 말한다. 제행무상諸行無常이라 했을 때 제행은 무상이라는 의미가 여기에 해당된다.

모든 명구문신은 그 자체와 그에 따른 차별이 있다. 가령 색色이라는 하나의 명칭으로 색법을 부르면, 그곳엔 색법이라는 따로의 명칭만이 지닌 자체의 성질이 있다. 나머지 성聲·향香 등의 명칭자체에 대비했을 때, 그 명칭이 지닌 성질이 서로가 따로의 차별이 난다. '의' 역시 '명'과 마찬가지로 각자의 의미마다 별개의 자체 성질과 차별이 있다.

예를 들면 무상無常이라는 의미는 제행諸行이 생멸천류의 의미가 있음을 언어로 설명하고 있기 때문에 그 의미만이 지니는 자체 성질이 있다. 따라서 생멸이 없는 무아無我 등의 의미에 대비하면, 서로가 따로의 의미로서 차별이 난다. 때문에 '명의名義'를 네 종류로 분석하고 있다. 이를 도표로 표시하면 다음과 같다.

名　義　義　義
自　差　自　差
性　別　性　別

• 4종유식심사관四種唯識尋思觀

이상에서 열거한 개념은 단순하지 않으므로 좀 더 상세하게 서술할 필요가 있다. 보살이 반야바라밀다를 수행함에 있어서 그 수행이 막연한 공리공론적인 관념으로 이루어지는 게 아니다. 반드시 지혜로 실제 증오證悟하는 수행방편을 추구해야 한다.

보살이 가행위에서 어떤 지혜를 수행하고, 그 지혜를 통해 어떤 진리를 추구하는가 하는 문제에 대해 우리는 분명히 할 필요가 있다. 반야바라밀다를 수행함에 있어 가행위에서는 이미 언급한대로 4종유식지관四種唯識止觀을 수행한다.

수행을 하려면 먼저 부처님의 가르침을 이근耳根을 통해 들어야 하고[聞慧], 들었던 내용을 내적인 의식으로 올바르게 관찰해야 하며[思慧], 다시 현실로 실천수행하면서 번뇌습기를 제거해야 한다[修慧]. 이를 문사수3혜聞思修三慧라고 하는데, 초기보살이 수행하는 하나의 과정이다.

보살이 초기수행을 할 경우, 문사수3혜에 의지하여 4심사관四尋思觀과 4여실지四如實智를 수행하며, 10지초지인 견도위로 진입함으로써 이때부터 점진적으로 무루지혜無漏智慧를 증득한다.

이 수행은 제법의 명名 · 의義 · 자성自性 · 차별差別 등 네 가지에 대해 분별추리를 통해 관찰하는 수행이다. 즉 유식지관唯識止觀에 최초로 입문하는 관법이다. 이를 차례로 서술하기로 한다.

① 명심사관名尋思觀

세간과 출세간의 모든 유정과 사물들에게는 낱낱이 일정하게 부여된 명칭이 있다. 이 명칭은 원래 임시적으로 시설하여 그 대상에 대하여 '무엇'이라 부르는 것일 뿐, 사물의 본체와는 전혀 무관하다.

예컨대 책상을 처음부터 나무라고 불렀다면 오늘도 나무라는 이름으로 불리게 되었을 것이다. 또 이씨李氏 성을 가진 사람이 당초에 박씨朴氏 집안에서 태어났더라면 그는 박씨로 불리게 되었을 것이다.

명칭이란 임시적으로 부여한 것일 뿐, 그 명칭에 실체가 내재한 것이 아니다. 그럼에도 불구하고 중생들은 명칭에 의지하여 실재인 것처럼 집착을 일으키고, 희로애락의 허망한 감정을 일으킨다.

때문에 보살이 수행할 때 실체가 없는 명칭에 대해 심사관찰尋思觀察을 함으로써 명칭이 본래 공성임을 알고 분별심을 일으키지 않는다.

② 의심사관義尋思觀

'의義'는 사事라고도 하는데, 이는 명칭에 비교한 실재적인 현실사물을 말한다. 5온과 12처, 그리고 산하대지 · 사람 · 동물 · 초목 · 인간의 행사 등 모든 현실사물들을 포괄한다.

이러한 사물들은 독자적인 개체가 따로 실존하는 것이 아니라 인연화합으로 일어났으며, 주관적 심식분별心識分別로 생기하였다. 따라서 인연이 분리하면 있지 않고, 분별심을 떠나서는 따로 존재하지 않는다. 그것은 실존적인 자체성질이 없고 찰나찰나 변화 소멸하므로 현재 있는 그 자체에서 여실하게 공성이다. 있다 해도 인연환유의 의타기성

依他起性일 뿐이다.

그런 까닭에 보살이 수행할 때 허망한 인연변화로 나타난 눈앞의 사물에 대해 심사 관찰함으로써 외부의 허상을 실재하는 사물로 현혹당하지 않는다.

③ 자성심사관自性尋思觀

'자성自性'은 모든 사물의 자체성질, 또는 독립성을 뜻한다. 모든 사물마다는 독립된 따로의 자체 성질이라는 특수성이 있어, 다른 사물과 서로 차별된 개체성질을 지니고 있다.

그러나 제법이 공성인 측면에서는 외형적인 차별상에 상관없이 이 자성이라는 것은 내적으로 절대보편의 공성을 지닌다. 그러므로 법성진공法性眞空의 이치에서는 실체가 없는 단지 허망분별의 허상일 뿐이다. 때문에 보살이 수행할 때 제법의 자성에 대해 심사관찰을 하여 그것은 마치 허공처럼 실체가 없다고 여기는 것이다.

④ 차별심사관差別尋思觀

명칭과 사물의 갖가지 차별상差別相을 가리켜 '차별'이라 한다. 명칭의 차별상은 음성이나 의미 등이며, 사물의 차별상은 대소방원大小方圓 내지 고저선악高低善惡 등이다.

보살이 수행할 때 모든 차별상에 대해 심사관찰함으로써, 제법 자체도 실재하는 모습이 없기 때문에 제법을 의지하여 나타난 차별상에 대해 그 실재상이 없음을 분명히 알 수 있다.

• 4종여실지四種如實智

보살이 4종심사관四種尋思觀을 수행하고 나서 그 결과로 얻은 지혜를 '4여실지四如實智'라 한다. '여실如實'이란 실제성품과 같다는 의미인데, 제법의 실제성품은 진여이다. 즉 진여에 걸맞게 아는 지혜라는 뜻이다.

앞의 심사관은 수행 관찰하는 단계이며, 관찰이 완성되면 그 결과 지혜가 일어난다. 이 지혜로 제법의 명칭·사물·자성·차별이 실제 성품인 진여에서는 단지 공성일 뿐임을 증득하고, 모든 분별을 떠난다. 이처럼 6근과 6진의 상대적 분별이 일어나지 않은 경지가 바로 분별없는 진여로서 유식실성唯識實性이다.

만약 보살이 4심사관을 수행하지 않는다면 4여실지를 증득하지 못하며, 4여실지를 얻지 못하면 유식실성인 진여의 경지[見道位]로 진입하지 못한다. 그러므로 4심사관과 4여실지는 유식지관唯識止觀의 중요한 수행방편으로 여겨진다.

따라서 수행 관찰하는 심사관은 인위因位에 해당되고, 수행관찰을 통해 일어난 지혜는 과위果位에 해당된다. 이러한 인과위因果位의 상호 관계성에 의해 명·의·자성·차별의 4종을 여실하게 아는 지혜[四種如實智]가 일어난다.

여실지를 증득한 이후에는 만법萬法의 명·사[義]·자성·차별이 주관분별식에서 나타난 모습이므로, 우리의 심식을 떠나 따로의 모습이 없음을 여실하게 알게 된다. 이러한 지혜로 제법의 실성을 실제와 같이 알아 그에 대한 착각이 없기 때문에 여실지라 하는 것이다.

4여실지를 얻고 나면 제법에 대한 모든 허망분별심을 떠나 유식실성인 진여의 경지에 최초로 들어간다. 보살이 4관四觀을 수행하며 4지四智를 얻은 것은 유식지관을 수행한 확실한 결실이다.

이상의 4종심사관에서 네 종류의 여실지를 설명하였다. 앞의 네 심사관, 즉 분별추리의 심사관법尋思觀法으로 취할 대상[所取]인 네 경계는 그 대상이 우리의 심식을 떠나서는 실재하는 자성이 따로 있지 않은 공성임을 관찰했었다.

이 4종관법에서 인식대상경認識對象境에는 실재하는 모습이 없음[所取空]을 관찰했을 뿐, 공성으로 인식하는 주관적인 분별심마저도 따로 실체가 없는 이치임을 아직 관찰하지 못했다.

그러나 4종여실지로 인식대상이 이미 공적하다면, 그 대상을 공성으로 인식하는 주관적인 분별심도 결코 독립적으로 성립하지 못함을 알 수 있다[能取空]. 객관을 떠난 주관이 따로 독립할 수는 없기 때문이다. 다시 말해 인식대상인 허망한 경계가 공적하다면, 인식주관인 허망한 분별식도 역시 공적하다는 의미이다.

이렇게 관찰하는 지혜를 여실지라 하고, 이를 증득해 가는 수행과정은 다시 네 가지 단계로 나눌 수 있다. 그 순서를 차례로 살펴보기로 하자.

① 난위煖位

가행위에서는 진여의 이치를 깨달은 견도위에 바짝 근접하여 무루

진여지無漏眞如智가 일어나려고 하면 분명한 지혜가 있게 된다. 이는 마치 동산에 해가 솟으려면 우선 광명의 모습이 있는 것과도 같다. 이를 지혜광명을 증득한 선정이라는 의미에서 명득정明得定이라 한다.

가행위 가운데 최초로 얻은 명득정으로 하품심사관下品尋思觀(심사관을 상하품으로 나눈다)을 일으켜 인식대상경이 실체가 없음을 관찰한다. 이를 의지하여 '난위煖位'의 수행지가 수립된다.

난위 가운데 상대적으로 인식하는 명·의·자성·차별 등 이 네 가지 경계는 주관적인 심식분별이 변화해서 일어났기 때문에 임시로 시설해서 있을 뿐, 그 실체를 따로 얻지 못함을 최초로 관찰한다. 예를 들면 우리가 '부처님'이라는 언어를 의식의 분별로 구성해서 표현했을 경우, 그것은 의식분별의 언어적 시설일 뿐 그곳에는 따로의 부처라는 실체가 없다.

이 관법이 이루어져야 허구적인 대상경계에 집착하지 않고 무루지혜無漏智慧의 밝은 모습을 증득하게 된다. 이는 혜일慧日이 출현하려는 모습이므로 명득정이라 한다. 이 경지에서 진여의 광명[道火]이 눈앞에 나타난 듯하므로 난위라 한다. 이 수행지는 견도위에 근접하여 마치 오랜 어둠 속에서 지혜광명의 불을 얻은 것과도 같으므로 도화道火라 명칭한다.

② 정위頂位

난위에서 지혜광명이 더욱 증가하는 선정을 얻어 수행자는 상품심사관上品尋思觀을 일으켜 인식대상경이 공적한 이치임을 관찰한다. 이를 의지하여 '정위頂位'가 수립된다.

이 정위 가운데 인식대상경인 명·의·자성·차별 등의 네 경계가 모두 자기의 심식분별의 변현을 의지해서 임시로 시설했음을 거듭 관찰하므로 지혜광명이 더욱 증가하게 된다. 때문에 지혜광명이 증가한다는 의미에서 명증정明增定이라 한다. 이 경지를 분별심사관分別尋思觀의 위치에서는 극치점에 당도했기 때문에 정위라 한다. 여기서의 '정頂'은 극치의 의미이다.

③ 인위忍位

앞서 인식대상경이 공적함을 인식하고 이를 토대로 바로 뒤따라 주관분별심마저도 공적하게 되므로 인순정印順定이라 한다. 이 인순선정으로 하품여실지下品如實智를 일으켜 공적한 인식대상경에서 그 이치를 인지印持하고, 공적한 주관분별심 가운데서도 역시 순차적으로 즐겁게 옳다고 인식[忍可]한다.

여기에서의 '인忍'은 인식한다는 의미이다. 인식대상경은 공적했다할지라도 인식분별마저 쉽사리 공적해지지 않는다. 그런데 지금은 인식주관마저 공적한 경지에서 순차적으로 즐거운 마음으로 인가했다는 것이다. 수행인이 이 경지까지 도달하기는 참으로 어렵다고 한다.

이러한 경지를 의지해서 '인위忍位'가 수립된다. 이미 허망한 인식대상경계가 따로 없기에 허망한 인식주관 역시 홀로 존재하지 않는다. 인식주관과 대상경계는 반드시 상대적인 의존관계에서만 성립되기 때문에 공적하면 동시에 모두 공적하게 된다. 난위와 정위에서 인식대상경이 공적함을 인지하고, 인위와 세제일위世第一位를 따라 주관분별심마저 공적해지므로, 이를 총체적으로 인순정印順定이라 한다. 이는 인전순후印前順後의 순차를 따르기 때문이다. 전前은 난위와 정위를, 후後는 인위와 세제일위를 말한다.

이 수행지에서는 대상경계와 주관심식이 공적함을 옳다고 인식하므로 인위忍位, 즉 인가위忍可位라고 한다.

④ 세제일위世第一位

다음으로 무간정無間定을 얻어 상품여실지上品如實智를 일으키고 인식주관과 객관대상, 즉 능취能取와 소취所取가 모두 공적한 이치라는 것을 인지한다. 이를 의지하여 '세제일법世第一法'이 건립된다.

인위에서는 주관인식이 공적함만 인지했으나, 이 위치에서는 주관과 객관이 모두 공적함을 쌍으로 인지하였다.

이 무간정부터는 견도위로 반드시 진입하게 되어 있다. 때문에 무간정, 즉 견도위와 간격 단락이 없는 선정이라 한다. 이 선정은 생멸하는 세간법 가운데 가장 특수하게 뛰어나므로 세간에서 제일 으뜸이라는 의미에서 세제일법이라 한다.

이상에서 열거한 난위 등 네 수행지에서는 능취인 주관분별심과 소취인 인식대상경계가 모두 공적함을 관찰했다. 그러나 아직 진여평등의 이치를 실증한 단계는 아니다. 이 경지에서는 단지 우리의 심식 속에서 진여의 모습을 흡사한 모습으로 변현시켜 진여의 이치로 관찰할 뿐이다. 이는 변상공變相空, 즉 진여는 차별상의 모습이 아닌데도 진여라는 하나의 모습으로 변화시켜 관찰한다는 것이다. 진여의 이치를 흡사한 모습으로나마 관찰하기 때문에 이 경지의 수행인도 보살이라 부른다. 이 수행지의 보살을 3현三賢 또는 대승 초기보살初機菩薩이라 한다.

이들이 깨달은 경지를 『대승기신론』에서는 상사각相似覺이라 한다. 이는 진여의 모습을 흡사하게 비량관比量觀으로 깨달았다는 의미이다.

이상의 네 수행위에서는 목전에 약간의 진여라는 형태의 사물을 따로 성립시키고, 그것이 '유식의 진실한 승의성[唯識眞勝義性]'이라 여긴다. 그러나 2취二取가 공적한 진여의 모습이 따로 있다고 여기는 것은 또 하나의 상대적 분별의 함정에 빠지게 된다. 이러한 비량관 때문에 진실하게 진여평등의 이치를 현량관現量觀으로 분별없이 증득한 견도위見道位는 아니라고 한다.

(3) 통달위通達位

'통달위通達位'는 견도위見道位라고도 한다. 가행위에서 얻은 무간정을 따르기 때문에 진여평등의 도를 볼 수 있다[見道]. 이는 10지 가운데 최초의 수행지인 초지입심初地入心에 해당된다.

무엇 때문에 이 수행위를 '지地'라고 말하는가. 이 수행이 의지가 되어 올바른 지혜가 생장生長하는 것이 마치 대지를 의지하여 모든 만물이 자라나는 의미와 같기 때문이다. 여기서의 생生은 최초로 일어난 지혜이며, 장長은 이미 일어난 지혜가 더욱 자라남을 뜻한다.

이 수행지는 심천의 구별이 있으므로 심천의 단계에 따라 10지를 시설하는데, 초지로부터 10지까지의 구별이 되겠다.

앞서의 자량위와 가행위는 모두 지전地前이라 한다. 한번 초지初地로 진입하면 이로부터 등지登地라 하므로 지전의 3현초기보살과 등지等地 이후의 10성十聖, 또는 10지보살을 잘 구분해야만 한다.

또 이 수행지는 매지마다 입심入心 · 주심住心 · 출심出心의 세 단계의 차별이 있다. 이 견도위는 초지의 입심入心에 해당된다.

제2지로부터 10지에 이르기까지 각자 이와 같이 3심三心이 있다는 것을 올바로 알아야 한다.

견도위 가운데 비로소 분별없이 여실하게 아는 근본지根本智를 증득하게 되는데, 이를 무분별지無分別智, 즉 상대적인 분별이 없이 일어나는 정지正智라 한다.

근본지가 일어날 때는 진여를 증득하여 근본지와 진여의 이치, 즉 깨닫는 주관적인 지혜와 깨달을 대상인 진여의 이치가 평등평등平等平等하며 주관인식과 인식대상의 차별상을 모두 함께 떠난다. 능취지能取智와 소취진여상所取眞如相이 모두 차별이 없기 때문에 평등이라 일컫는다.

능취지와 소취상은 허망한 분별심의 모습이며, 상대적인 소득심所得心이 있으므로 분별희론分別戱論이 나타난다. 상대적인 소득심이 있으므로 평등한 진여의 이치와 절대의 하나로 일치하지 못하기 때문에, 그것은 단지 상대관점에서 일어나는 희론일 뿐이다.

지금의 무분별지는 진여의 세계를 상대적으로 얻었다는 소득심이라고는 없다. 따라서 이에 따른 주관적인 집착심도 없이 진여평등의 이치를 증오證悟한다. 이를 경문에서는 '무지역무득 이무소득고無智亦無得 以無所得故'라고 했을 것이다.

근본지가 일어나면 바로 그 근본지를 의지하여 후득지後得智가 일어나 일체법 자체상과 생멸하는 공상[自相共相]에 대해 분별없이 아는 지혜를 일으킨다. 현상 사법事法을 미혹하거나 오류 없이 분명하게 관조하게 된다. 이는 마치 거울에 끼어있는 때가 벗겨지면 바로 모든 물상이 환하게 나타나는 이치와 같다. 연관하여 정리하면, 제법자상諸法自相은 현량으로 증득한 제법의 자체모습이며. 제법공상諸法共相은 비량比量으로 인식한 제법의 차별적인 생멸상生滅相을 의미한다.

근본지와 후득지의 상호 관계성을 비유한다면, 근본지는 우리가 눈을 감았을 때 모든 차별이 시야에 들어오지 않은 상태에서 눈과 색상이 공적한 것과 같다. 후득지는 눈을 뜬 순간 모든 색상들이 일시에 차별적인 모습을 드러내는 것과 같다.

(4) 수습위修習位

'수습위修習位'는 수도위修道位라고도 한다. 앞의 견도위는 초지의 3심 가운데 입심入心에 머물 뿐이다. 그러나 수도위는 초지의 두 번째 마음인 주심住心으로부터 10지의 종심從心인 금강심金剛心·무간도無間道까지 모두 포괄한다.

장구한 세월의 수행위차가 모두 이 수도위에 포섭된다. 참고로 매지마다 입주출3심入住出三心으로 나뉜다 함은 앞서 언급한 바있다.

여기에 매 입심을 다시 가행도加行道·무간도無間道·해탈도解脫道·승진도勝進道 등의 4도四道로 나눈다. 그 이유는 처음 가행심加行心을 일으키고, 이어 무간심無間心을 일으키고 다음으로 해탈심解脫心을 일으키고, 마지막으로 승진심勝進心을 일으켜 지혜가 더욱 강성해지기 때문이다.

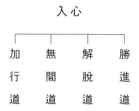

入心

```
加    無    解    勝
行    間    脫    進
道    道    道    道
```

주심과 출심에도 각각 4도가 있다는 것을 입심의 예를 의거해서 알수 있을 것이다.

수도위에서는 근본무분별지根本無分別智를 부지런히 빈틈없이 수습하여 2장번뇌종자를 끊어 버리고 광대한 전의轉依를 증득하게 된다. '전의'라는 말을 풀이해보면 그 뜻을 보다 명확히 알 수 있다. '의依'는 의지할 대상인 의타기성依他起性을 뜻한다. '전轉'에는 전사轉捨와 전득轉得의 두 가지 의미가 있다.

『성유식론成唯識論』에 의하면, 근본무분별지를 간단없이 수습함으로써 제8식 가운데 함장되어 있는 2장번뇌종자를 끊게 된다. 때문에 의타기성에서 잘못 일으키고 있는 변계소집성遍計所執性의 망상을 전환하고[轉捨], 의타기여환성如幻性 가운데 의타기성이 본래 공적한 이치인 원성실성圓成實性으로 전환해 그 이치를 증득한다[轉得]. 즉 전사에서 동시에 전득이 이루어진다. 2장번뇌 가운데 번뇌장을 전사해 버림으로써 대열반大涅槃을 전득하고, 소지장을 전사해 버림으로써 무상각無上覺을 전득한다는 것이다.

다음으로 10지에 대해 차례로 설명해 보기로 한다.

① 극희지極喜地

처음 견도위로 진입하여 2공의 이치, 즉 진여평등의 도를 증득하기 때문에 법에 대한 극도의 희열이 최초로 일어난다. 이를 '극희지極喜地'라 한다.

② 이구지離垢地

일체의 계행戒行을 파하는 데서 일어나는 거칠고 미세한 모든 번뇌를 끝까지 전부 떠난 경지를 '이구지離垢地'라 한다. 이 경지에서는 계력戒力이 수승하기에 가능하다고 한다.

③ 발광지發光地

선정력禪定力이 가장 수승한 승정勝定을 성취하여, 그때 한량없이 오묘한 지혜가 반드시 큰 선정을 의지해서 일어나기 때문에 '발광지發光地'라 한다.

④ 염혜지燄慧地

최승각最勝覺을 증득하면 지혜의 불꽃으로 번뇌의 섶을 소멸하기 때문에 '염혜지燄慧地'라 한다. 이 내용은 『10지경十地經』에 자세히 나와 있다.

⑤ 극난승지極難勝地

지금까지는 근본지와 후득지라는 진속양지眞俗兩地가 서로 서로 위반하면서 불완전하다가 이제 하나의 이치로 합하여 상응하기 때문에 이 경지를 '극난승지極難勝地'라 한다.

세친世親보살은 이에 대해 다음과 같이 말하고 있다.

진제眞諦의 이치를 아는 지혜가 무분별지無分別智이며, 세간의 모든 사물을 분석하는 지혜가 유분별지有分別智이다. 이 두 지혜는 출정出定과 입정入定에 따라 서로 위배한다. 선정에 들면 현실 분별지分別智를 잃고, 다시 선정에서 깨어나 분별지를 일으키면 선정 속에서 일어났던 근본무분별지를 잃는다. 때문에 무분별 속에서 분별이 분명하고 분별에서 다시 무분별로 합하여 서로가 하나의 이치로 호응해야만 한다. 수행이 이 경지에 도달하기는 극히 어려운데 이러한 난해함을 이겨냈으므로 극난승지極難勝地라 한다.

⑥ 현전지現前地

일체의 제법이 인연으로 생기하는 이치를 관찰하는 특수한 지혜로 최승반야最勝般若를 일으켜, 그 지혜가 항상 목전에 나타나기 때문에 '현전지現前地'라 한다. 또는 연기지緣起智라고도 한다.

⑦ 원행지遠行地

앞서 제법은 인연으로 생기한 무상無相, 즉 연기즉공緣起卽空의 이치를 심오하게 관찰하였으므로 일체의 외부경계가 마음을 동요시키지 못한다. 이러한 무상의 이치에 안주하였지만 아직 인위적인 수행력을 의지해야 이 선정의 유지가 가능하다. 때문에 '원행지遠行地'라 한다. 그러나 이 수행지는 진여의 이치를 깨우친 측면에서는 이미 구경究竟의 무위無爲와 다를 바 없다. 단지 수행이 유위有爲로 유지될 뿐이다.

⑧ 부동지不動地

여기서부터는 무분별지가 인위적인 수행력 없이도 임의로 상속하면서 일체에서 마음이 요동함이 없기 때문에 '부동지不動地'라 한다.

『무성론無性論』에서는 이 경지를 두고 말하였다.

일체의 유상有相과 일체의 가행加行이 마음을 요동시키지 못한다.

⑨ 선혜지善慧地

이 수행지는 4무애해四無碍解를 성취하는 것을 의미한다. '4무애'란 일체법에 장애가 없기 때문에 일체 법구法句를 명료하게 아는 '법무애해法無碍解', 일체법의 의미를 장애 없이 알기 때문에 일체 의리사물[義相]을 통달하는 '의무애해義無碍解', 표현하는 언어에 장애가 없기 때문에 일체의 언사를 분별하는 '사무애해辭無碍解', 변재의 장애가 없기 때문에 상황에 따라 자유자재하게 변설하는 '변무애해辨無碍解' 등이 그 것이다. 이 지혜는 오묘하고 훌륭하기 때문에 '선혜지善慧地'라 한다.

⑩ 법운지法雲地

이 수행지는 항구하게 진여법성에 안주하는 대법신大法身을 증득하여 자유자재함을 빠짐없이 갖춘 경지이다. 마치 구름이 비를 머금고 자유자재한 이익의 작용을 온 대지에 이르게 하는 것과 같으므로 '법운지法雲地'라 한다.

『성유식론』 제9권에서는 "10지는 유위와 무위의 공덕을 빠짐없이 포섭하는 것으로써 자체 성질을 삼는다"고 하였다.

참고로 제10지 가운데 최종의 마음인 출심은 마치 일체의 사물을 끊고 파괴할 수 있는 금강金剛과도 같으므로 이를 비유해서 금강심이라 한다. 이 출심은 선정력이 특수하기에 금강유정金剛喩定이라고도 하는데, 즉 등각위等覺位이다. 금강심의 무간도無間道에서 아직 미처 끊지 못했던 모든 유루번뇌의 종자를 찰나에 단박 끊고, 이로부터 극과極果인 불과佛果를 증득하여 수행위차가 마지막으로 끝나는 구경위究竟位로 들어간다.

(5) 구경위究竟位

'구경위究竟位'는 묘각妙覺 또는 불과위佛果位라고도 한다.
『유식삼십송唯識三十頌』에서는 구경위를 다음과 같이 묘사하고 있다.

此即無漏界 不思議善常

安樂解脫身 大牟尼法身

그 뜻을 헤아려보면, 불과위佛果位는 모든 번뇌가 영원히 다하여 청정하고 원만하기 때문에 무루無漏라 한다. 게송에서 '계界'는 간직한다 [藏]는 의미인데, 무량하고 희유한 대공덕을 함장하기 때문이다. 모든 부처님의 법신法身은 사물처럼 따로의 차별상으로 존재함이 없으므로 유상有相으로 집착하지 못하며, 단멸斷滅의 공空으로 없지도 않기 때문에 무상無相이라 하지도 못한다.

모든 상대적 분별을 떠나 모든 언어적 희론이 단절되었기에 불가사의하며, 순수하고 청정하여 그 어떤 오염도 없으므로 선善이라 한다. 항구하여 변역變易함이 없기 때문에 상常이라 하고, 뭇 차별상이 고요하므로 안락이라 하며, 장애의 속박을 영원히 떠났으므로 해탈신解脫身이라 하고, 위없는 적묵법寂黙法을 성취했기 때문에 대모니大牟尼라고 한다. 범어인 '모니牟尼, muni'를 번역하면 적묵寂黙이다. 구경위에서는 이 같이 모든 공덕과 지혜를 빠짐없이 갖추게 된다.

3) 4지심품四智心品

앞의 수행을 통해 광대한 전의轉依, 즉 전사전득轉捨轉得을 이루었기에 지금은 대각불위大覺佛位인 아뇩다라삼먁삼보리[無上正等正覺]을 성취하였다. 불성의 이치는 범부라 해도 본래 갖추고 있기는 하지만, 무루지혜無漏智慧의 종자가 번뇌장과 소지장의 장애로 일어나지 못한다. 때문에 중생은 단지 무명불성無明佛性일 뿐이다.

지금은 구경위究竟位에서 소지장마저 끊어 본래 갖추고 있는 무루지

無漏智의 종자세력이 활동을 일으켰는데, 이를 '아뇩보리를 증득함'이라 한다. 여기에서 일으킨 무루지는 미래제未來際가 다하도록 영원히 활동을 상속하면서 단절되지 않는다. 때문에 부처님의 자비와 지혜는 영원하다.

아뇩보리, 다시 말해 3세제불이 이미 증득한 아뇩다라삼먁삼보리의 활동세력을 '4지상응심품四智相應心品'이라 한다. 보다 깊이 궁구하고자 한다면『성유식론』제12권을 상세히 참조하기 바란다.

보리菩提가 바로 '4지상응심품'이라는 것은 이미 앞서 말했다. 그러면 '4지'란 무엇인지 알아보기로 하자.

(1) 대원경지상응심품大圓鏡智相應心品

제10지종심第十地終心인 금강유정金剛喻定에 들었을 때 함장됐던 번뇌종자가 마지막 끊어진다. 이때 대원경지상응심품大圓鏡智相應心品이 현행現行의 활동세력으로 일어나 동시에 청정한 무구식無垢識으로서의 제8식 심왕心王도 함께 일어나 대원경지상응심소大圓鏡智相應心所와 상응한다.

이 지혜는 적정寂靜하고 원명圓明하여 마치 크고 원만한 거울이 가없는 광명공덕을 갖추어 모든 형상이 부딪혀 오는 대로 거울 속에 빠짐없이 나타나는 이치와 같으므로 비유로 '대원경지'라고 이름을 붙였다 한다. 여기에서 상응심품은 심왕에 상응해서 일어나는 상응심소법相應心所法임을 말한다. 품품은 각 심왕에 따라 상응하는 심소법도 품류별로 다르게 작용한다는 의미이다.

(2) 평등성지상응심품平等性智相應心品

제7말나식은 수행위에 있을 때 잘못된 아집이 있었기 때문에 자타의 모습이 서로 차별이 난다. 하지만 지금은 올바른 보리의 지혜가 일어났으므로 잘못된 아집을 끊고 자타가 평등한 진여의 이치를 관조하게 된다. 이러한 까닭에 자타를 평등한 진여의 성품으로 분별 집착없이 관찰한다는 의미에서 '평등성지상응심품平等性智相應心品'이라 한다. 이 지혜가 일어나면 말나식심왕末那識心王이 그동안 일으켰던 번뇌염법煩惱染法을 버리고 무루정법無漏淨法을 증득하여 평등성지상응심소품平等性智相應心所品과 서로 호응하면서 일어난다.

(3) 묘관찰지상응심품妙觀察智相應心品

심心의 작용은 일정한 방향에 국한되지 않기 때문에 '묘妙'라 하고, 제법의 자상自相과 공상空相을 장애함 없이 훌륭하게 관찰하므로 '관찰觀察'이라 한다. 이 묘관찰지상응심품妙觀察智相應心品이 일어날 때 제6의식심왕은 그동안 일으켰던 번뇌염법을 모두 버리고 무루정법을 끝까지 증득하여 묘관찰지상응심소품과 동시에 상응하면서 일어난다.

(4) 성소작지상응심품成所作智相應心品

수행할 때 세웠던 본원력本願力을 성취한 것에 호응하여 현실적으로 모든 중생제도의 불사를 일으키고 성취하는 지혜를 '성소작지상응심품成所作智相應心品'이라 한다. 이 지혜의 심품心品이 일어날 때 전5식 심왕은 그간 일으켰던 모든 번뇌염법을 끝까지 버리고 무루정법을 남김없이 증득하여, 성소작지상응심소품과 상응한다. 8식 가운데 5식이 앞에 위치하므로 전5식이라 한다.

이상으로 보살이 최초의 발심하여 반야바라밀다를 실천함으로써 끝내는 아뇩다라삼먁삼보리를 증득하기까지의 수행과위修行果位를 대략적으로나마 살펴보았다.

이 같은 '4지보리四智菩提'는 오직 부처님만이 완전하게 증득할 수 있다. 그러한 이치에 입각하여 경문에서는 "3세三世의 모든 부처님이 반야바라밀다를 의지하고 수행했기 때문에 아뇩다라삼먁삼보리를 증득하였다"고 표현하였다.

혹자에 따라 이런 의문을 제기할 수도 있을 것이다.

단과斷果인 열반과涅槃果와 지과智果인 보리菩提는 모두 불과위佛果位에 있으므로 부처님만이 증득해야 하는데, 아직 보리지혜를 실천하는 수행인에 불과한 보살이 어떻게 구경究竟에는 열반에 들 수 있으며, 부처님께서는 보리와 열반 가운데 아뇩보리를 증득했다하여, 보리와 열반을 따로 나누어서 설명하는가.

이에 대한 답변을 다음과 같이 제시해 본다.

2장번뇌二障煩惱가 끝까지 다하면 열반이고, 지혜가 원만하면 보리이다. 제10지에서 무간도無間道 이후에 해탈도解脫道가 일어나면 2장번뇌를 영원히 끊고 진여평등의 이치를 증득하게 되는데, 이처럼 수행과정은 그 선후가 다르다.

진여열반은 보살이 앞으로 증득해야할 이치에 속하고, 수행이 끝난 완전한 지혜인 보리만 불과위佛果位에 소속된다. 지혜로 2장번뇌를 끊는 일은 보살의 일인데, 아직 부족한 지혜로 수행하는 바가 있기 때문이다. 완전한 깨달음으로 지혜가 끝까지 원만함은 부처님의 일로 다시는 수행이 필요치 않기 때문이다.

금강도金剛道 이후 이숙식異熟識, 즉 아뢰야식 속의 번뇌염법종자가 텅 비면 바로 청정무구식淸淨無垢識이 일어나 대원경지상응심품大圓鏡智相應心品이 호응한다. 그 이전을 수행인위修行因位로, 그 이후를 불과위로 나누는 이유가 이 때문이다. 그러므로 아뇩보리阿耨菩提는 불과위에 속하게 된다.

번뇌를 끊고 열반을 증득함은 모두 반야에 속하는데, 이는 보살 수행의 경지며, 번뇌를 끊고 열반을 증득함은 모두 불과에 속하는데, 이는 여래의 위치에 있다.

다시 인과적인 상호관계성에서 살펴보면, 보살의 수행인지와 여래의 과위果位가 서로 분리되지 않는다. 따라서 처음에는 보살의 인위因

位를 말하고 다음엔 제불의 과위를 말한 것은 인과의 순차관계성에서 도 서로 어긋남이 없다.

10. 반야바라밀다의 신통력은 가없다

故知般若波羅蜜多 是大神呪 是大明呪 是無上呪 是無等等呪 能
除一切苦 眞實不虛 故説般若波羅蜜多呪 卽説呪曰 揭諦揭諦 婆
羅揭諦 婆羅僧揭諦 菩提薩婆訶

그러므로 알아야만 한다. 반야바라밀다는 마군魔軍을 항복 받은 크게
신통한 다라니[呪]이며, 어리석음을 깨우치는 크게 밝은 다라니[呪]이
며, 공덕이 지고하여 위없는 다라니[呪]이며, 위력이 광대하여 절대 평
등한 다라니[呪]인 것을. 왜냐하면 이 다라니[呪]야말로 일체 유정들의
모든 고통을 제거하는 허망하지 않은 진실이기 때문이다. 그러므로 반
야바라밀다주를 즉시 설하노라.

아제아제 바라아제 바라승아제모지사바하

범어 '다라니陀羅尼, dhāraṇī'는 총지總持라고 번역하는데, 구역舊譯

에서는 주呪로 번역하였다. 이는 적은 문장으로 많은 가르침을 포섭할 수 있고, 많은 이치를 함용 할 수 있기 때문에 총지라 한 것이다. 총지는 법다라니法陀羅尼·의다라니義陀羅尼·주다라니呪陀羅尼·능득보살인다라니能得菩薩忍陀羅尼 등의 네 종류가 있다.

지금의 '반야바라밀다총지'는 4종의 다라니 가운데 능득보살인다라니에 해당된다. 이 주문은 모든 총지주문 가운데서도 신통력이 가장 광대하다. 여타의 모든 다라니[呪]는 중생들의 일상적인 고통, 즉 모든 병고病苦와 귀신·천재·인재만을 제거할 수 있을 뿐이다. 그렇지만 반야바라밀다주문은 모든 유정들의 신심에서 일으키는 모든 고통을 제거할 수 있다. 모든 고통은 악업에서 일어나고 악업은 번뇌미혹에서 일어난다. 그 미혹은 제법실상諸法實相이 진공眞空의 이치임을 모르는데서 일어난다.

반야로 제법공성의 이치를 관조하여 제법실상을 증득하고 망상이 끝까지 다하면 혹업惑業이 일어나지 않게 된다. 그 결과 일체의 고뇌와 재앙에서 영원히 해탈하게 된다.

경문에서 "그러므로 알라. 반야바라밀다는 크게 신통한 다라니이며, 크게 밝은 다라니이며, 위없는 다라니이며, 무등등無等等의 다라니인 것을"이라고 설하고 있다.

그 뜻을 풀이해보면, 모든 마군을 항복 받은 신통력이 있기 때문에 '대신주大神呪'이며, 모든 어리석음을 밝게 깨우칠 수 있기 때문에 '대명주大明呪'이며, 공덕이 위없이 높기 때문에 '무상주無上呪'이며, 위신력이 광대하기 때문에 '무등등주無等等呪'이다.

여타의 상대적인 평등으로는 이 같은 절대평등과 자리매김을 같이 할 수 없으므로 '무등등無等等'이라 하는데, 이는 반야바라밀다의 위신력이 가없이 광대함을 나타낸 것이다.

그렇다면 무엇 때문에 반야바라밀다의 위신력이 가없이 광대한 '무등등'이겠는가. 이 주문이야말로 유정들의 일체고액을 제거하므로 진실하여 허망함이 아니기 때문이다.

'일체고一切苦'란 몸과 마음에서 일으키는 모든 커다란 고통과, 3계생사三界生死 일체의 고통과, 일체 유정들의 모든 고통을 의미한다. 반야바라밀다의 이치는 깨달음을 통해서 모든 고통을 제거할 수 있으므로 '능제일체고能除一切苦'라 하였고, 제법실상을 증득하여 허망한 망상을 제거하기 때문에 '진실불허眞實不虛'라 하였다.

결론적으로 진실하게 제법실상을 증득하여[眞實] 허망을 타파하기 때문에[不虛] '일체고'를 제거할 수 있으며[能除一切苦], '일체고'를 제거할 수 있기 때문에 그 위신력이 가이없다[無等等]는 가르침이 되겠다.

이 신력의 작용이 모든 고통을 제거하여, 진실하여 허망이 아니다. 그러므로 매듭지어 말하기를 '진실하여 허망하지 않다'고 경문에서 언급하였고, 이처럼 진실한 신통력의 작용이 현실로 나타나므로 주문을 설하는 까닭을 밝혔다.

이 주문의 의미를 굳이 풀이하면 해석이 가능하다. 하지만 지금은 반야로 제법공성의 실상을 증득하여 문자의 의미적 분별심을 함께 떠났다. 그렇다면 본 주문의 모든 문자 구절마다 따로의 모습으로 실재하는 의미가 없다. 따라서 그 의미는 본래 공적하므로 언어도단 심행처멸言語道斷 心行處滅의 도리로 이해하여야 한다.

이러한 반야공성의 이치로 이해한다면 '아제아제揭諦揭諦'가 그대로 '아제아제揭諦揭諦'일 뿐이고, '바라아제婆羅揭諦'가 '바라아제婆羅揭諦'일 뿐이며, '바라승아제 모지사바하婆羅僧揭諦 菩提薩婆訶'가 그대로 '바라승아제 모지사바하婆羅僧揭諦 菩提薩婆訶'일 뿐이다. 만약 여기에 하나의 분별적인 의미를 더한다면, 생멸망상의 세간적 이해의 나락으로 떨어진다.

조금이라도 분별심을 일으킨다면 진정한 반야바라밀다주는 아닌 것이다.

그렇다면 필경 어떻게 해야만 반야바라밀다주의 참모습이겠는가. 바로 아래 한 구절 글귀의 주문으로 족할 것이다.

아제아제 바라아제 바라승아제 모지 사바하.

"저 위하여…아미타불"

'염불서승' 법문 내리며 좌탈입적한 동현 송찬우 거사님

_ 편집후기

"저 위하여 아미타불… 저 위하여 아미타불…(아미타부처님께서 오셨군요)"

2015년 1월 27일, 나무아미타불을 염불하며 좌탈입적한 동현 송찬우 거사님의 최후법문을 전해 들으니 거사님의 극락왕생에 대한 간절한 마음이 가슴깊이 전해오는 것 같습니다.

가족들께 마지막 모습을 여쭈니, 거사님은 직장암 투병 중 기력이 소진한 상태에서도 지성으로 아미타불을 염불하셨다고 합니다.

입적하기 직전, 몸을 일으켜 달라고 손짓을 하셔서 앉혀드리자 천장한곳을 응시하면서 "저 위하여 아미타불…"을 혼신의 힘을 다해 끓어

질 듯 끊어질 듯 이어가며 반복하셨다고 합니다.

호흡이 멈춘 이후 거사님은 앉은 상태에서 순간 저절로 눈꺼풀이 사르르 감기며 편안한 모습으로 입적하셨다고 전해 들었습니다.

이는 임종 직전에 깨달음의 세계인 정토(淨土)를 감득(感得)하고 아미타불과 여러 성중의 인도를 눈앞에서 마주한 광경[阿彌陀佛 與諸聖衆 現在其前]이라 할 수 있습니다.

〈불설아미타경〉에 "한결같은 마음으로 아미타불의 명호를 외우되 조금도 마음이 흐트러지지 않으면 그 사람이 임종할 때 아미타불이 여러 거룩한 분들과 함께 그 사람 앞에 나타날 것이다. 그러면 그가 임종할 때에 마음이 휘둘리지 아니하여 곧바로 아미타불의 극락세계에 왕생하게 되느니라"고 증명하고 있기 때문입니다.

거사님께서는 투병 중에도 세친보살의 〈왕생정토론〉을 마지막으로 강의하셨는데, 남은 생애는 정토법문을 강의하시겠다는 의지를 불태우셨다고 합니다.

일찍이 출가해서 탄허 큰스님으로부터 교(敎)를 배우고, 성수 큰스님으로 부터 선(禪)을 공부한 바 있는 거사님은 입전수수(入廛垂手)한 이후 중앙승가대 교수를 역임하기까지 선림고경총서 23권을 포함한 40여 경전을 번역하시고, 선(禪)과 유식(唯識)을 비롯한 가장 난해한 경전과 어록들을 강의하며 명성을 떨쳤습니다.

평생 청빈과 탈속의 무애행을 보이면서 오로지 불법의 대의를 선양하기 위해 온몸을 불사르시고, 말년에 투병의 와중에도 염불수행에 매진하신 교수님은 오탁악세에 보기 드물게 아미타부처님의 접인(接引)을 받는 뜻깊은 회향을 보이시니, 후학에게 큰 감명과 함께 재발심의 기회를 주셨습니다.

날로 수행풍토가 해이해져 이른바 '한국불교의 위기'로까지 일컬어지는 오늘의 현실에서 교수님이 보여준 생사자재(生死自在)의 걸출한 수행력은 사부대중에게 신선한 충격과 자극을 주고 있습니다.

특히, 염불수행의 성취는 많은 염불행자들에게 자신감과 신심을 고취해 신라시대처럼 통일한국의 밑거름이 되는 불교중흥의 원동력이 될 것이란 기대감마저 갖게 합니다. 앞으로 우리 후학들은 거사님의 유지를 받들어 수행 가풍을 진작하고 불법을 선양하는데 더욱 신명을 다해야 할 것입니다.

이승의 인연을 마감하는 마지막 순간, 일심으로 염불삼매에 들어 아미타부처님을 영접을 받고 '염불서승(念佛西昇)'의 모습을 보여주신 송찬우 거사님.
그의 너무나도 감동적이고 아름다운 마무리는 오직 구복과 탐욕에

휩싸여 정법 공부와 수행을 외면하는 적지 않은 사부대중에게 큰 울림의 사자후가 아닐 수 없습니다.

나무아미타불 나무아미타불 나무아미타불

2016년 1월 27일
동현 송찬우 거사님 1주기를 맞아
동현학림 후학 일동